教学关键问题解析丛书

指向核心素养的
小学语文

教学关键问题解析

主编 郑桂华

中国教育出版传媒集团

高等教育出版社·北京

内容提要

　　本书依据《义务教育语文课程标准（2022年版）》，紧密围绕义务教育语文课程培养的核心素养，梳理了27个小学语文教学关键问题，并对这些问题进行详细解析，提供了具有可操作性的问题解决策略和丰富的教学案例。本书旨在为小学语文教师根据课程标准内容开展核心素养导向的语文教学提供指导，帮助教师提升教学能力，发展专业素养，从而促进学生核心素养的发展。

　　本书为小学语文教师的培训教材和教学研修资源，可作为小学语文教师资格考试的参考书，也可作为高等院校相关专业师范生的学习参考书，还可供小学语文教育研究者参考使用。

图书在版编目（CIP）数据

　　指向核心素养的小学语文教学关键问题解析 / 郑桂华主编 . -- 北京：高等教育出版社，2024.7

　　ISBN 978-7-04-062064-1

　　Ⅰ. ①指… Ⅱ. ①郑… Ⅲ. ①小学语文课 – 教学研究
Ⅳ. ① G623.202

　　中国国家版本馆 CIP 数据核字（2024）第 067482 号

Zhixiang Hexin Suyang de Xiaoxue Yuwen Jiaoxue Guanjian Wenti Jiexi

策划编辑	傅雪林	责任编辑	傅雪林	特约编辑	倪伊瑶	封面设计	赵　阳
版式设计	李彩丽	责任绘图	马天驰	责任校对	吕红颖	责任印制	耿　轩

出版发行	高等教育出版社	网　　址	http://www.hep.edu.cn
社　　址	北京市西城区德外大街 4 号		http://www.hep.com.cn
邮政编码	100120	网上订购	http://www.hepmall.com.cn
印　　刷	山东韵杰文化科技有限公司		http://www.hepmall.com
开　　本	787mm×1092mm　1/16		http://www.hepmall.cn
印　　张	17.75		
字　　数	380 千字	版　　次	2024 年 7 月第 1 版
购书热线	010-58581118	印　　次	2024 年 7 月第 1 次印刷
咨询电话	400-810-0598	定　　价	49.00 元

本书如有缺页、倒页、脱页等质量问题，请到所购图书销售部门联系调换

前言

· · · · · · · · · · · · · ·

　　《义务教育语文课程标准（2022 年版）》的颁布与实施，给小学语文教学探索带来新的气象，基于 2022 年版课程标准提倡的理念和要求开展教学，如培养核心素养、强调单元整合、开展整本书阅读，都成为教学探索的热点。

　　2022 年版课程标准的主要变化有以下三个方面：一是依据社会生活的突出特点和变化调整了课程理念，即围绕核心素养培养确立课程目标体系，基于语文学习任务群规划学习内容，要求以语文实践活动为主线组织学习活动。与具体、明确的语文知识目标体系不同，核心素养对学科内容有高度的概括性，对解决社会生活问题有高度的迁移性，对人的自身发展有高度的结构性，教师在进行设计时，将它们转化为具体的教学目标，要做很多创造性工作。二是引入了一批代表新课程理念、反映新课程要求的概念和教学主张，如文化自信、语言运用、思维能力和审美创造，以及梳理与探究、学段要求、整本书阅读、跨学科学习、学业质量标准、学习任务等。这些概念中，有的代表国际教育界提出的新理念，其内涵还存在不同认识，需要进一步清晰界定，如核心素养、学业质量标准；有的是近年我国语文教育界独创的，具有很强的探索性，在语文教育实践中还没有形成高度共识，如语文学习任务群、学习主题；还有一些概念涉及整个社会乃至全人类学习和文化领域的难题，如整本书阅读、跨学科学习。这些新概念增加了课程实施的难度。三是调整了课程内容框架，将整个义务教育阶段的学习内容划分为三类 6 个语文学习任务群，并统一按识字与写字、阅读与鉴赏、表达与交流、梳理与探究等语文实践活动类型规划各学段的内容。以语文学习任务群和语言实践活动为框架组织课程内容，会大大提高课程的综合性、实践性，有利于核心素养培养，但无论语文学习任务群还是语文实践活动，都有很突出的非线性特点，这与现代学制下按学习阶段、学期、课时的时间顺序排列的线性特点有很大区别，如何将非线性的课程内容纳入实际教学实施的时间序列，会成为学校教学规划制定和教师教学操作的难题。

　　截至目前，新版课程标准的理解及落实仍然有许多工作要做。第一，以往对新课程标准的研究和解读大多数属于分专题式的零星解读，不够系统；第二，大多数研究和解读者是基于自己对课程标准理解中可能存在的疑难问题而确定题目、提供解答的，未必能切中一线语文教师的实际需要；第三，在课程标准实施中，有的问题一开始未必突出，但却可能会随着教学实践的展开而慢慢暴露、渐渐凸显，因而需要经过一段时间的积累和沉淀，才有可能发现更多真实、具体的问题。而教育研究者也只有经过更多调查和较长时间的研究，才可能透过现象抓住问题的本质，否则便有可能自说自话、无的放矢。

这本小学语文教学关键问题解析便是在了解一线教师的实际情况、反思以往的解读宣传得失的基础上编写的。这本书的主要特点如下：一是问题导向，即围绕课程标准的关键内容，针对语文教师理解的教学重点、难点，挑选了 27 个有普遍意义的关键问题，并按"问题提出""问题分析""问题解决"的理论解答逻辑链作深入解答。二是真实需求。本书中的这些关键问题都是从一线教师那里收集来的，并经过归纳整理，在一定程度上代表了课程标准实施的现实状况，反映了教师在理解和落实新课程标准方面遇到的真实困惑。只有基于教师的真实问题，解答才更有针对性，也才可能为教师提供实际帮助。三是实用立场。本书的内容架构、板块设置、呈现形式以及语体风格都以便于教师理解和参考使用为标准。例如，整体架构大体依照课程目标、课程内容、课程评价、课程实施、教师专业发展的顺序组织，便于与课程标准参照阅读；以一个问题为单元，提供问题提出、问题分析和问题解决这一逻辑链，还提供一个具体的案例以及相应的案例分析和教学建议，便于教师参考。为了让读者把主要精力用在关键问题的理解上，我们尽量用通俗简洁的语言表达，减少一线教师阅读理解的障碍。

本书的编写者都是深耕语文教育的学者和教研人员，整体框架由大家反复讨论形成，具体编写分工如下：第一章、第四章，郑桂华；第二章，陈秀玲；第三章，袁晓东；第五章，景洪春；第六章，王艳芳。值得一提的是，在这本书的策划及编写期间，我们还遇到疫情肆虐等特殊情况，大家克服困难，通力合作，互相鼓励，表现出的敬业精神和深厚友情让人感动。

在本书的编写出版过程中，我们得到了许多人的大力帮助，感谢陈涛、李珏、赵洁怡等老师无私地提供了教学设计，以及高等教育出版社傅雪林、栾少宁、倪伊瑶老师耐心的帮助。由于新课程标准的核心理念和内容构架都是新创的，教学实践还处在探索期，再加上我们的研究投入和业务水平有限，因此本书对课程标准精神的把握、对小学语文教学关键问题的认识，难免有局限性，不当之处恳请大家批评指正。好在2022 年版课程标准的颁布时间不长，许多问题的合理答案都还在路上，让我们一起同行，在持续研究和实践中一步步完善答卷。

郑桂华

2024 年 1 月

目录

· · · · · · · · · · · ·

目录

第一章

把握语文课程培养的核心素养与课程目标

按照经典课程论框架，一门课程包括课程目标、课程内容、课程实施、课程评价这四大要素。其中，课程目标居于主导地位，课程内容规划、课程实施设计、课程评价策略选择等要素都依据课程目标而确定，并利于课程目标的达成。因而，要把握课程标准的精神，首先要理解课程目标，2022年版语文课程标准围绕核心素养确定课程目标，其内容和阐释与以往几版课程标准有很大不同，给教师理解和实施带来一定挑战。本章将围绕与课程目标有关的三个关键问题，通过理论阐释和案例分析，帮助教师更好地理解课程目标，提高课程实施的有效性。

问题提出

语文课程是一门学习国家通用语言文字运用的综合性、实践性课程。这是《义务教育语文课程标准（2022 年版）》对语文课程性质的明确规定。理解语文课程的综合性、实践性的意义和内涵，了解合适的实施路径，是落实课程标准理念的前提之一。

一、综合性和实践性是语文课程的本质属性

语文课程具有综合性和实践性，有可靠的理论与实践依据。首先，它源于语文与生活的关系。人们日常的社会生活是综合的、实践的，这便决定了语文学习内容、学习方式具有高度的综合性和实践性。语文学习的目标是建构个人的语言经验，建构过程就是不断与自我、与他者、与世界进行对话，只有综合的内容、多样的对象、充分的实践过程才可能使学生形成正确价值观、必备品格和关键能力。其次，它基于人的全面发展需要和社会对人才素养的需要。真实世界本来就复杂多变，随着科学技术的飞速发展和信息传播方式的革命，人们的视域更广阔，遇到的问题更复杂，这对语文课程的综合性、实践性提出了更高要求。

二、强调综合性和实践性是培养核心素养的关键路径

20 世纪以来，以建构主义为代表的学习理论认为，知识的获得主要不是通过教师传授，而是在一定的情境即社会文化背景下，在已有认知经验的基础上，借助学习资源和他人帮助，主动学习建构起新认识世界的新图式。知识的建构过程就是实践活动，世界各国都普遍强调课程的综合性和实践性。

三、语文课程建设的历史经验与现实需求

纵观一百多年来我国语文课程的探索历史便能发现，人们对语文课程的综合性、实践性意义的认识，既有成功的探索，也不乏曲折。1923 年，由吴研因起草的《新学制课程标准纲要·小学国语课程纲要》将语文课程的目的确定为：练习运用通常的语言文字，引起读书趣味，养成发表能力，并涵养性情，启发想象力及思想力。[①] 在这一

---

① 课程教材研究所. 20 世纪中国中小学课程标准·教学大纲汇编：语文卷［M］.北京：人民教育出版社，2001：13.

界定中，语文课程已经有明显的综合与实践课程取向。

2001 年版课程标准开始设立"综合性学习"板块，强调语文课程的综合性和实践性已经成为共识。但是，从语文课程实施情况看，在落实上并没有完全到位，而随着时代的发展，课程的综合性、实践性又增添了许多新内容和新要求，因此 2022 年版课程标准进一步完善其内涵。

 问题分析

语文课程的综合性、实践性既统一于语言实践活动中，又有各自的目标指向、适用范围和实施要求。

一、义务教育语文课程要求的综合性

（一）育人功能的综合性

语言是一个人的精神家园，一个人说话、写作都直接反映了他的语言能力、思维品质和品德修养。从一个人的生活、学习和工作来看，阅读、口语交际和写作三方面的素养都起着决定性作用，这些作用是综合的，而不是孤立的。

（二）学习内容的综合性

语文课程学习内容的综合可以分为小综合和大综合。小综合针对狭义的语文学习而言，强调语文学科的核心知识和关键能力的学习。大综合针对语文与生活、与其他学科等方面的整合而言，其目的同样指向核心素养的培养。

（三）学习方式、途径的综合性

语文课程的学习方式和学习途径很丰富，自主学习、合作学习、探究学习等学习方式已经被广大教师所熟悉。往具体一点说，精读、略读、速读等阅读方式，朗读、默读、比较、质疑等阅读方法，写初稿、修改完善、分享交流、反思改进等写作过程及其中运用到的方法，在一个单元学习过程中往往会综合使用。往大一点范围说，课堂学习、课外自学、校外学习共同体中的合作学习等学习途径承担着不同的功能，个体言语经验的发展是在这些不同途径中获得的综合经验。

（四）学习评价的综合性

与 2011 年版课程标准相比，2022 年版课程标准对学习评价的指导与规定更为具体明确。课程理念第五条指出：根据不同年龄学生的学习特点和不同学段的学习目标，选用恰当的评价方式，抓住关键，突出重点，加强语文课程评价的整体性和综合性。这里所说的"综合性"既指向过程性评价和终结性评价等评价方式，也指向评估的内容与评价的宗旨，如"课程评价应准确反映学生的语文学习水平和学习状况，注重考察学生的语言文字运用能力、思维过程、审美情趣和价值立场，关注学生学习过程和学习进步"。

二、义务教育语文课程要求的实践性

（一）增强实践性是课程标准的基本理念

语文课程的实践性特别强调学生学习语言文字运用的主体地位，强调教师的教要始终立足于学生对语言文字的真实运用。按照 2022 年版课程标准的描述，语文课程的实践性包括从学生语文生活实际出发，创设丰富多样的学习情境，设计富有挑战性的学习任务，引导学生乐于实践、勇于探索，拓展语文学习的空间等。语文课程的实践性强调语文教学要引导学生在真实的语言运用情境中开展语文实践活动。机械地要求学生完成抽象的、没有实际价值的学习任务，很难培养学生对语言文字的感情，也很难促成学生发展出日常语文生活需要的核心素养。

（二）追求实践性是确定语文课程目标的原则

2022 年版课程标准在核心素养内涵界定中明确指出，义务教育语文课程培养的核心素养，是学生在积极的语文实践活动中积累、建构并在真实的语言运用情境中表现出来的。可以看出，课程标准赋予语文课程实践性以培养核心素养的必经且关键途径的地位；关于实践性的具体内容和要求贯穿课程标准的总目标和学段要求中。

（三）在呈现课程内容与组织方式的学习任务群中，实践性要求更加具体充分

以基础型学习任务群"语言文字积累与梳理"第一学段的第一条学习内容为例，"认识有关人的身体与行为、天地四方、自然万物等方面的常用字；认识家庭生活、学校生活、社会生活中的常用字"，这些内容一改从字形关系、读音关系入手来组织识字序列的习惯，而是围绕生活体验和生活需要来组织。课程标准的这种组织方式不仅有学习内容信息，还有教学方式引导意义，与课程理念、课程目标、课程内容相匹配。2022 年版课程标准在课程实施建议、评价建议中也提出了大量关于实践性的规定。这些都是理解课程标准精神、落实语文课程实践性的重要依据。

 问题解决

语文教师在教学中落实义务教育语文课程的目标，有效引导学生学习国家通用语言文字运用，发展学生的核心素养，需要多个层面的努力。从宏观层面看，教师要树立正确的语文教育观，尤其是学生观，把学生个体语言经验的持续发展作为教学的终极追求；从中观层面看，教师要在教学设计、教学实施和教学评价等方面进行探索；

从微观层面看，教师要在学习任务与学习情境设计、学习活动组织、作业设计与反馈等方面不断精进。

一、牢固树立"语言文字运用"意识

在以往的语文课程实施中，综合性、实践性没有得到充分落实的主要原因是语文学习脱离了学生的生活实际。因此，要让语文学习回归综合性和实践性的本来面貌，关键是抓住语言文字运用，就是让听说读写等语文学习行为与学生的生活实际联系起来，让学习变得有意义。教师有了这样的意识，就容易让日常学习变得富有生活色彩，而不再只是让学生练笔画、认生字、抄写好词好句、背诵名人名言，以及脱离学生对文本中心意思和文本对日常生活的参考价值，孤立地进行学习探究等活动。例如，要求学生背诵每一个字的笔画结构口诀；让学生讨论"床前明月光"里的"床"到底是汉床、胡床还是井栏；捂住课文最后一句，让学生猜一猜是什么话……都不符合语言文字运用的实际。

需要注意的是，如何理解"文学活动"的语言文字运用问题。文学是帮助人们体验人生、解释人生的载体，读文学作品与读懂一份产品说明书、理解一条科学原理这类生活实用性阅读不是一个概念。课程标准单独列出"文学阅读与创意表达"学习任务群，就是要将其与"实用性阅读与交流"学习任务群区分开，以特别强调文学活动的重要性，凸显文学活动对人精神成长的不可或缺的价值。借助语言文字理解文学作品中人物形象和内涵，再以此观察社会、反省自身，这些就是学生文学活动的大作用。

二、让学生在真实的语境中学习

让学生在语言文字运用中学习语文，是体现语文课程综合性、实践性要求的关键。如何把一段学习活动导向语言文字运用？主要途径是为学生提供一种真实的语言运用情境。

真实情境是与单纯学科认知活动相对的概念，判断一次学习是否处于真实情境，有一个简单标准，即看针对的学习目标、经历的学习过程以及所处的学习环境是否与日常生活中的学习状态相对一致。如果比较一致，我们就说它是一种真实的语言运用情境，反之则不是。例如，我们读李白的"日照香炉生紫烟，遥看瀑布挂前川。飞流直下三千尺，疑是银河落九天"这首诗时，脑海中闪现的是一幅山水图景，获得的是一种审美体验，而不大会关心李白用了什么视角，哪里用了比喻夸张，更不会一字一句地将其翻译成白话。又如，一个普通读者在生活中阅读一篇说明性文章，其目的主要是想获得有价值的信息，以解决现实问题。阅读时，他一般不会纠结这篇文章是否运用了列数字、举例子等说明方法，更不会分析某一处说明方法的表达作用，即使他需要注意文中运用某些说明方法的段落，也是为了更好地检索、理解和整合信息以解决问题。像日常学习和生活那样来组织阅读写作活动，就是基于真实语境的学习。

当然，要补充说明的是，这里用的"真实"并不是"绝对真实"，毕竟大多数语文教学是在课堂里进行的，不可能把生活中听说读写的真实任务与真实的交际情境完全搬到课堂里。"真实"是指向真实语文生活的，从某种意义上讲，它是真实语文生活中交际情境的浓缩。

三、用好语文课堂这一主阵地

一提到设置真实情境，也许有些教师就会想到校园内外的许多生活场景，如活跃的校园社团活动、喧闹的商业广场、蕴含丰富文化的古代遗址等。他们把教学注意力放到课外，安排学生办辩论会、编班级刊物，甚至组织学生去进行规模颇大的社会考察、街头采访等。这类校外综合性学习活动固然有不可替代的价值，但它是一种极端形式，如果采用适当，无疑会成为课堂教学的有力补充，并为语文学习增添活力；但如果组织不当，如规模过大、频率过高，不仅会降低学习效率，冲击日常的教学秩序，还会给安全管理等带来很多问题。因此，语文综合性和实践性学习的主阵地应该是课堂教学。

就学生的语文学习来说，确实存在两种既有联系又有区别的环境，一个是以语文课堂为代表的语言学习环境，另一个是以家庭、社会公共场所为代表的语言运用环境。学生在这两个环境中都可以参与听说读写等语言活动，只不过受知识点落实、单篇分析、课时划分等因素的影响，课堂教学容易变成抽象化学习和碎片化学习。现在强调语文课程的综合性和实践性，针对的是一段时期以来普遍存在的抽象化学习和碎片化学习，并不是否定课堂教学。换言之，以课堂为主组织教学，在很大程度上也可以满足综合性和实践性要求。当然，这要从语言实践活动特点出发设计教学活动，让课堂内的听说读写活动变成交流语言实践活动经验的平台，发挥课堂教学的引领作用，再协调课堂与课外学习的关系，使整个语文学习既扎实有序又充满活力。

四、把握好小综合和大综合的关系

首先，小综合要关注听说读写相关学习内容的综合。学生在表达交流时借鉴或直接使用阅读中积累的语言模型，如"他大声喊道""他嚷嚷着""他呵斥着""他咆哮着"等，在阅读中体会其差异，准确运用到自己的语言表达中，就可以提高表情达意的精准度，而不是写人物语言永远只是"他说道""他回答"这类笼统的表达。

其次，注重语言材料与言语经验的综合。目前，学生的语文学习对语言材料的关注相对较高，对建构结构化言语经验重视不够。很多教师和家长也重视引导学生摘录好词好句，背诵优秀古诗文，阅读经典名著。但是，好词好句摘录与写作、口语交际的关联不强；背诵的古诗文与其他语言材料的关联也很少，甚至没有联系。这样的语言材料就是孤零零的，属于惰性知识。这类活动中的言语经验——"摘录""背诵""阅读"还是学生与语言材料比较浅表的连接，这些语言材料还不能支持学生新的阅读与表达交流。只有在摘录好词好句的基础上，进一步梳理、探究、发现其中蕴含的语言文字运用规律，并将其迁移到新的语言实践活动中，深度学习才可能发生，才可能形成较为稳定的、相对复杂的、可迁移的言语经验结构。例如，《花钟》中关于开花的描写，动词使用比较精准，句式整齐又有变化，表情达意比较到位，是很有品质的文本。学生在朗读、摘录等学习活动中将这段文字作为欣赏对象，没有将其转化为自己也可以运用的语言材料，或者从中发现语言文字运用规律——如何用不同的动词准确表达相近或相同的意思。9 种花的开放姿态不一，除了午时花、夜来香开花的过程、特点等不明确，其他 7 种花的形状姿态、开放过程及特点都描写得非常准确传神。学生梳理和比较差异时，就会发现"开花"是一个笼统的说法。如果要具体准确地刻画不同种类的花开放的特点，就需要运用类似"怒放""含笑一现"等这类表意明确的词语。走出课堂，看到校园中不同的花，观察其发芽、抽叶、开花、结果等不同阶段的姿态，尝试用准确的词语记录，培养更为敏感的语感，建构品质更高的言语经验，既提高了听说读写能力，也培养了热爱自然、热爱生活的态度。教材设计的学习活动是"仿照课文中表达鲜花开放的语句，写一写你喜欢的花"，也就是希望学生能借鉴课文的表达，细致观察大自然的一草一木，准确表达其形态特点，从而培养学生的综合素养。

不同类型语言材料的综合、不同认知类型的言语经验的综合以及这些语言材料与言语经验的综合，是落实小综合极为重要的途径。此外，学生已有言语活动经验与新的学习内容之间的关联和整合，学生个体言语经验与普遍的语言规则之间的连接等，都可以算是语文学习内容中的小综合。

大综合在近些年受到各个学科的重视。首先是不同学科的整合。2022 年版课程标准专门设有"跨学科学习"学习任务群。课程方案要求各门课程用不少于 10% 的课时设计跨学科主题学习，足见国家对跨学科学习的重视。20 世纪末以来，以建构主义、人工智能为代表的认知理论的发展也证明了多维关联、真实情境等在学习中的重要意义。其次是语文学习与生活的综合。语言文字运用是生活的一部分，语文学习只有指向生活中的听说读写等真实需求，才能发展学生的语言素养。

五、注意多向度关联，拓展学生综合学习和参与实践的空间

围绕学习国家通用语言文字运用，小学语文教学可以从四个方面建构学习内容的综合框架。一是对必需的语文知识进行梳理，如复述寓言、童话等不同文体的方法等陈述性知识，阅读童话的方法策略等程序性知识。二是对典型的语言材料加以综合运用，包括不同时代、不同地域的一定数量的经典作品与时文，供学生积累、模仿、探究用；也包括同伴的习作，同伴的语言表达从内容到形式都有显著的引导作用。三是整合典型的语文学习活动，如写一组观察日记、发挥想象创编故事、阅读整本书、借助多学科知识完成图文并茂的主题交流。典型的语文学习活动可能需要语文知识，也

可能用到典型的语言材料，这里单列是想强调开展这些活动本身就具有不可替代的价值。一个学生写了一组观察日记，他可能没有注意描写景物有哪几个角度、怎样描写就生动等知识，但是他细致观察了、有所感，并且记录下来了，这就是弥足珍贵的，就是他与观察对象（可以是一花一草，也可以是一时一地一人）之间有意义的连接，既发展了观察能力，也培养了对生活的关注意识。四是注意将学习内容与自己的生活经验进行关联。学习语文的主要价值体现为促进语言经验建构，发展对外部世界的理解与应对能力，丰富内心体验，这些价值的实现都要基于学生既有的生活经验。教师在教学中应借助语言辨析、情感体验捕捉、人物形象分析等契机，引导学生实现我与他、学与思的关联。好的语文教师会整合这四个方面的内容，使其相辅相成，共同发挥作用，促进学生核心素养的发展。

【案例】

我们怎么展示文化特色？（节选）[①]

——二年级下册识字单元学习设计

一、单元学习目标

1. 能正确认读 69 个生字和 2 个多音字，会写 36 个生字。了解象形字的字源变化，发现形声字形旁表义、声旁表音的特点。理解汉字部件的意义，总结汉字偏旁的规律，积累有相同偏旁的字串。掌握偏旁部首不同位置的书写变化。

2. 能借助字根衍生、类比、思维导图等认识更多汉字，感受汉字的奥秘和识字的乐趣。能在情境中自主识字、写字，积累四字词语。

3. 能结合课文，联系生活，清楚地表达自己的想法，领会传统节日与美食的内涵，热爱中华优秀传统文化。

二、单元学习任务框架

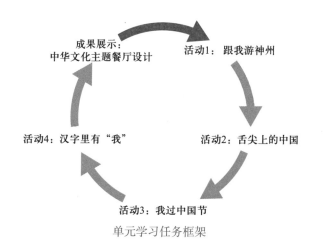

单元学习任务框架

让学生在"中华文化主题餐厅"的项目合作学习中产生探索汉字的需求，在逐步完成学习任务的过程中主动使用汉字，进行口头与书面表达。

---

① 案例由狄邦教育集团赵洁怡老师提供。

三、单元学习过程

活动1：跟我游神州

活动准备：引导学生关注生活中的汉字，发现有山、水或山字旁、水字旁的地名。

1. 认识世界地图中的中国。教师展示地图，让学生初步知道七大洲、四大洋等，感受中国的地理位置。学生已知"川"字，结合地图猜猜"州"字的字义并练习书写，拓展"洲"字的字义。

2. 朗读课文标题，说说"神州"的意思。让学生朗读课文，圈出不认识的字。结合"中国地理景观"地图，认识中国的山川，找到"大陆""台湾岛""黄河"等；发现规律，练习写字。

学生找出地图中的"山"，学习山字旁字串：岳、峰、岛、屿、峡等。结合"川"字的字义，找出地图中的"川"。学习三点水的字串：河、江、海、湾等，感受课文在中国众多山川河流中选择的黄河、长江、长城、珠峰的特点，理解奔、涌、长、耸。

3. 学生回忆自己的旅游或生活经验及感受，选择中国山川名胜，归纳景观特色，用三字经的形式仿写段落。不会写的字可用拼音代替。教师可根据学情加入画一画活动，让学生设计一张邮票，做到图文结合，成果汇总到班级里的空白中国地图上张贴展示。

学习提示：教师可以在本课教学中加入过程性评价任务——为开一家中华文化主题餐厅做准备，如项目介绍和学生分组等，并指导学生小组合作，完成第1项任务。

四、过程性评价任务

1. 学生将开一家中华文化主题餐厅，小组讨论，设计餐厅名、房间名。交流讨论设计理由，小组商讨出使人印象最深刻的名称。

2. 学习中国美食的营养搭配，为餐厅制作菜单，和同伴交流这样搭配的理由。制作菜单时可使用图片、卡纸、贴图等多种形式标注菜品名称。

3. 设计餐馆要选在某一个传统节日开张的情境，小组合作设计能体现餐厅特色的宣传海报。学生合作绘制或粘贴能体现这一传统节日的图片，课后了解节日时间、节日期间可以进行哪些活动，结合传统文化知识进行设计。

4. 为餐厅设计汉字标志并放在菜单封面上。小组合作，通过拆解、组合、以图组字、变形等方法进行汉字艺术设计，要求体现汉字造型的创新性，并在展示时说出寓意。对于完成设计任务比较困难的学生，也可改为欣赏书法艺术，完成写字练习。

【案例分析】

识字是小学语文教学的重点内容之一。教师在组织识字教学时有三个问题不可避免：一是如何对待零碎识字与成组识字的问题；二是如何协调识别字义与掌握汉字读音构形规律的问题；三是如何解决通过单纯识字与结合识字理解汉字文化的问题。这个案例以中华文化主题餐厅设计为任务，较好地把与识字教学有关的三大矛盾、六方面任务结合起来，兼顾了学习容量、学习过程结构化以及学习活动的趣味性，值得学习借鉴。需要注意的是，识字的方法是丰富而有个性的，通过文化专题学习只是一种教学模式，而且这种模式也要与阅读中随文识字、对难识难写的字做重点突破等结合起来运用，不能作为统一标准照搬。

 教学建议

一、以单元整体教学为抓手

落实语文课程的综合性、实践性涉及方方面面的内容，教师在具体教学中不妨以单元教学为抓手，从一个单元内部的综合开始，逐步向其他范围拓展。统编版小学语文教材对学习篇目、学习知识、学习活动以及学习目标进行了一定的整合，并以学习任务的形式呈现给大家，如阅读策略单元，因此，老师们不妨先用教材已经有的单元设计和组织教学，等到对课程的综合性有了更深入的理解，在教学上积累了一定经验后，再放开手脚创新。

二、设计语言积累与感受、梳理与探究、反思与运用等实践活动

无论是组织课内活动还是课外活动，都要紧紧抓住学习语言运用这个中心，突出语言运用的学习价值，注意与道德与法治课、历史课、艺术课的区别。在教学实践中还有一种倾向也需要注意避免，就是脱离具体的语言表达，架空语言表达抽象总结语言规律，这类学习看上去综合度颇高，但也远离了真实的语言运用。语文学习的综合实践活动旨在引导学生感受丰富、多样的语言现象，梳理学习材料和自己以往的语言经验，在理解社会生活和表达交流中培养语言素养。

三、辩证处理学习内容的分与合、抽象与具体的关系

课程标准强调语文课程的综合性、实践性，主要是针对语文实践活动的抽象化、碎片化、浅表化等问题而言的，并不是说越综合、越真实就越好。教师在教学实施中要避免从一个极端走向另一个极端。以阅读教学为例，以前的语文教学大部分是以单篇课文为单位，由此产生内容琐碎、前后课文重复等许多问题，现在强调整合，是为了纠正以往的偏差，并不是主张一次阅读活动的阅读材料越多越好，更不是否定单篇教学的价值。

四、既要注意学习机会均衡，又要为不同学生提供不同学习空间

在课程实施中，综合性和实践性的增强会使得一些问题更突出，如学习任务的容量和难度会变大，学生的选择性和自主性提高，教学可控性相对变弱，学生的学习投入、学习状态、学习结果的差距也有增大的可能。在教学设计时，教师要更细致地了

解学情，充分预估可能遇到的问题并采取有效措施，既要为学力好、自主性强的学生提供发展空间，又要注意均衡，为在某些方面有一定阻力的学生提供机会，如运用轮流发言、职责轮换规则，保障每位同学发言、组织的权利，或提供更细致的学习支架，帮助学困生得到更好发展。

问题提出

2022 年版课程标准围绕核心素养确立课程目标，为广大教师理解和实施课程标准提出不少新问题。例如，课程标准分别从文化自信、语言运用、思维能力、审美创造四个方面描述了核心素养的内涵，同时强调核心素养的四个方面是一个整体。这便让部分教师产生了一定的疑惑，既然核心素养分别表现在四个方面，它们各有侧重，那么按照四个方面的内涵界定和学习要求分别实施教学，核心素养就可以得到发展了，为什么还要强调它们是一个整体？在教学中如何做才能促进学生核心素养的整体发展呢？

一、整体发展即全面发展，是培养时代新人的需要

科学技术的日新月异使社会生活发生着广泛而深刻的变化。一方面，与过去相比，人类知识的增长速度日益加快，学科分化也越来越细，使得学习的单科化、碎片化现象越来越严重，有可能培养出许多学历高但知识面狭窄的片面人；另一方面，我们每天面对的社会生活都是整体性的，科技进步带来生活内容的丰富、交往空间的扩大，同时也使得儿童的成长环境越来越复杂，未来人才需要具备应对复杂现象、解决实际问题的综合知识和能力。

教育是社会生活的反映，也要不断适应社会变化。20 世纪末以来，世界各国都在积极探索未来人才的素养，得出的结论大同小异，都强调以核心素养或关键能力培养带动全面发展，以应对复杂多变的世界。《中国学生发展核心素养》研究成果于 2016 年 9 月发布，其基本精神是以人为主体，以核心素养为目标，培养"全面发展的人"。2022 年版课程标准前言部分强调全面落实有理想、有本领、有担当的时代新人培养要求，确立课程修订的根本遵循，也是从培养人的角度出发，强调人的整体发展的。

二、整体发展理念符合语文课程发展逻辑

教育应该帮助学生全面成长，促进人的整体发展，这应该是全社会的共识，但在学科课程实施中很难做到，其中有一个重要原因，就是人的整体发展需求与学科设置思路乃至人类认知方式的发展路径存在一定的矛盾。从认知哲学角度说，人是认知的主体，万事万物是被认知的对象，整个人类就是通过细分来认识周围世界的，婴幼儿个体也是通过不断细分来积累各种生活经验的。这种通过不断细分、精研，逐步掌握事物的规律，就是科学思维的萌芽。将这种科学思维方式用在中小学学科课程设计上，

便诞生了现代学校教育模式。它的主要特征是细分，即按学科设置课程，按知识点设置学习内容，按课时组织教学，以提高单位时间的教学效率。

在过去的语文课程方案和教学中，细分特征也很突出。例如，按知识体系规划课程内容，普遍采用文选式语文教材，提出"一课一得"等主张等。但是，用细分模式规划课程内容和实施教学会产生一种副作用，各个知识点彼此孤立，缺乏整体性，不利于学生形成解决综合问题的能力，也不利于学生的整体发展。因此，从第八次基础教育课程改革起，我国语文课程就开始谋求突破知识中心的局限，将培养目标向综合、整体的素养方面发展，2001年版课程标准提出的"三维目标"概念便是在"双基"目标的基础上增加"过程与方法""情感态度与价值观"两个维度，倡导培养语文素养，从课程目标层面确立了整体发展取向。2022年版课程标准提出的核心素养理念进一步凸显了这种取向，因为语文素养还是学科立场，而核心素养是人立场，是从人的发展角度描述课程目标，让学生更好地学会学习、学会生存、学会发展。因此，从本质上说，培养核心素养就是语文课程要实现的整体目标，核心素养理念就是整体发展理念。

 问题分析

一个人的素养会整体体现在他的日常生活和工作中，很难划分为若干独立的项目。但作为学科课程目标的核心素养，则需要与具体的学习内容、学习活动、学习时间结合在一起，否则核心素养培养就会失去依托，因过于笼统而难以落实。那么，怎样切分核心素养才能避免知识细分带来的弊端，有效保障其整体性呢？

一、基于核心素养的语文课程目标是一个完整体系

2022年版课程标准对核心素养的表述是："核心素养是学生通过课程学习逐步形成的正确价值观、必备品格和关键能力，是课程育人价值的集中体现。义务教育语文课程培养的核心素养，是学生在积极的语文实践活动中积累、建构并在真实的语言运用情境中表现出来的，是文化自信和语言运用、思维能力、审美创造的综合体现。"从这段文字看，课程标准用两组概念完成了核心素养的切分，也呈现了核心素养各要素之间的内在关系。第一组概念是"正确价值观""必备品格""关键能力"，第二组概念是"文化自信""语言运用""思维能力""审美创造"。辨析两组概念各自的内在关系，便可以把握核心素养的整体性，为课程实施找到相应的理论依据。

先看第一组概念之间的关系。按照课程标准的定义，在语文学科中，正确价值观、必备品格和关键能力是核心素养的三大构成要素，其中正确价值观标定人才的价值取向，它以三种文化为核心，是核心素养的根基和灵魂；必备品格标定个体的心理特征，主要包括良好个性、健全人格以及高雅的审美情趣和求真创新精神；关键能力标定语文素养，主要包括语言文字积累能力、运用能力以及学生的自我发展能力。显然，三个要素各有侧重，缺一不可。但它们又不是截然分离的，而是互相影响、互相成就的。

其中，正确价值观是关于社会的、时代的，必备品格是关于人的，关键能力是关于语文学科的，三者有机融合，才是完整的语文课程培养核心素养的要求。

再看第二组概念之间的关系。按照课程标准的阐述，核心素养表现在文化自信、语言运用、思维能力、审美创造四个方面。四个方面有各自的侧重点，同时也是一个有机整体，一般不能孤立描述、单独表现。其中，语言运用是核心素养的基础表现要素，也是发展思维能力、进行审美创造、培养文化自信的途径和过程，离开语言运用，其他表现要素就变成了空中楼阁。同样，语言运用若没有其他表现要素为引领目标，也容易失于肤浅和散碎，其育人价值也会大大降低。

二、核心素养的整体性体现在具体的语言实践活动中

在教学中，如何将正确价值观、必备品格和关键能力的培养融合在一起，做到相互支撑、整体发展呢？这就需要借助真实的语言实践活动来实现。因为社会生活本身是综合的，一个人在真实生活中表现出来的素养也一定是整体性的。在现实生活中，我们要完成一项简单的表达交际活动，往往不会只涉及语文知识，而是要考虑多种因素，综合运用多方面的素养。例如，早晨进校门时跟别人打招呼，先跟谁打招呼后跟谁打招呼，态度庄重还是随意，用普通话、方言还是外语打招呼，用多大的声音、在什么距离上打招呼，辅以什么样的肢体语言打招呼，一个简单的举动既有知识和能力成分，也反映出某些品格，还反映着一定的价值观。因此，如果学生置身于真实的语言实践活动中学习语言、运用语言，必然有利于其核心素养的整体发展。当然，在设计学习任务、组织学习过程、进行学习评价的时候，教师能有意识地选择和引导，某些方面的价值就可以得以凸显，多方面的融合也会更自然。倘若语文教师布置这样一个情境：以一位住校生的身份，用邮件或微信向父母要一些生活物品。针对这个情境，学生可能有三种表达方式：只发一份附件，里面是所需物品清单；于清单之外加几句留言，说明自己需要这些物品的理由；除了清单和说明，留言中还有称呼、问候语和感谢等信息。一般情况下，这三种表达都能达到获得物品的目的，也体现了学生具备了语言运用的基本能力，但哪一种表达更能反映其具备关键能力和必备品格，更体现指向未来发展的素养呢？这是不言而喻的。在教学中，教师的任务设计和教学引导能够起到很大的调节作用。

 问题解决

一、理解核心素养与三维目标的关系

核心素养是近十年来课程建设的关键概念，三维目标是 2001 年版课程标准中的关键概念，这两个概念是什么关系，让不少教师颇感困惑。

三维目标与核心素养都包含知识、能力与价值观层面的要求，都强调整合素养，借助课程整合来矫正语文教学知识化、碎片化的偏差，以凸显课程的育人导向。这是它们的共同之处，但二者也有不少差异。首先，三维目标是从学科课程的角度描述学习目标，并通过对不同维度目标的重组来加强整合，以提高课程实施效益。而核心素养是从人的整体发展角度描述学习目标，所有课程学习都指向核心素养发展。其次，三维目标侧重于目标整合，核心素养除了目标整合以外，还突出了培养价值，"正确价值观""必备品格""关键能力"这三个概念都带有表示价值程度的修饰词"正确""必备""关键"，旨在通过目标的精选与重构，使课程指向事物本质，对事物全局起到支撑性、引领性和持续促进作用，因此更注重人的未来发展价值。

从以上分析可知，核心素养与三维目标并不是新与旧、取代与被取代的关系，而是引领方向与实施工具的关系。具体而言，在日常教学设计和教学操作中，仍然应该遵从三维目标主张的要求，做到知识与能力、过程与方法、情感态度与价值观的有机融合，实现较高的学习效益和学生素养的整体发展。但这三个维度的目标本身有没有价值？如何来确定？首先要考虑它们是不是符合核心素养理念，学习过程能否照应正确价值观、必备品格和关键能力培养要求，这就是核心素养的引领作用。或者可以这样理解：核心素养是学习目标的选择原则，三维目标是学习目标的组织原则，应先考虑价值，再考虑融合。

二、理解核心素养四个方面的逻辑

课程标准不仅在目标部分对文化自信、语言运用、思维能力、审美创造的内涵作了明确界定，还专门用一段文字阐述了四个方面的辩证关系。要点如下：

第一，文化自信、语言运用、思维能力、审美创造是核心素养的表现方面，而不是核心素养本身，因而不能将它们理解成四种素养。课程标准用素养表现的"四个方面"而不用"四类素养""四个素养"等表述，强调的就是这一点。

第二，核心素养的四个方面是一个整体。课程标准强调"四个方面是一个整体"，是就人的本质属性和课程的总体价值而言的，因为核心素养关乎人的发展之内在本质，也是带有终极性的品质，所有课程行为的最终目的都是育人、成人，因而就绝对意义而言，核心素养的四个方面不能割裂，也难以独立培养。虽然课程标准将它们分开表述，但在具体实施中，如学习资源组织、学习过程设计以及学习结果评价时，均应注意将它们融为一体，不能拆分为孤立的目标分别与某些学习活动机械对应。

第三，核心素养的四个方面不是并列关系，教材编写与教学实施都不能将它们作线性排列，学习时间的安排也不能等量齐观。语言运用是其他三个方面的基础，语文教学要牢牢把握"语言运用"的基础性。温儒敏教授提出的"以一带三"的"一"指的就是"语言运用"。当然，在某个学段、针对某部分内容、落实到某些教学环节中，四个方面应该有所选择、有所侧重，不能面面俱到、平均用力，也要注意顺势而为、有机融合，尤其是与人文有关的素养，不宜主题先行、生搬硬套。如果每一次学习活动都刻意去追求全面均衡，反而会陷入刻板、机械、僵化的误区。而根本的解决之道在于语言实践活动组织，一般来说，真实情境下的语言实践活动，如带着问题收集信息、有交流对象和目的的表达活动，必然既是综合的又是有所侧重的。

三、把握核心素养课程目标体系

基于核心素养的课程目标体系之间具有较高的内在一致性，课程标准描述的与课程目标有关的板块——核心素养的四个方面、课程总目标、学段目标以及六个学习任务群的学习要求，是前后关联的，能满足核心素养培养要求。

基于核心素养的语文课程目标体系是一种多层级结构，总目标之于核心素养，学段要求之于总目标，都有内在的对应关系，后者是前者的引领，前者是后者的展开和具体化，据此便容易找到落实核心素养目标的现实路径。

以核心素养培养为旨归的语文课程目标体系包括三套子目标系统：一是以语文生活需要的语文学科必备知识为基本框架的语文学科内容目标；二是以认知科学为基本框架的语言实践活动等过程目标；三是以社会需求为基本框架的人的发展目标。三套子目标系统互相交织，彼此关联整合，形成了一种以核心素养为中心的复合型课程目标体系。把握这套体系的整体性，有利于在课程实施和教学探索中落实学生核心素养的培养。

【案例】

《雾在哪里》学习活动设计（第二课时）[①]

一、复习回顾

1. 出示生字卡片，用多种形式认读。

2. 学生根据提示，说说第 2 至 6 自然段的内容。

雾飞到_____，说_____，于是，_____。结果，_____。

设计意图：以第一课时内容的复习来导入新课，提供填空提示，学生可以自由选择"海上"或"岸边"两个地点进行练说，完成对课文已学内容的回顾，同时也检测了前一课时的口头作业。另一方面，继续巩固解决核心问题的问题链——雾"说了什么""做了什么""结果怎样"。

二、继续学文，深入体会"淘气"

1. 自由读第 7、8 自然段。思考：雾躲在城市的上空做了什么？

2. 交流：雾为什么要把自己藏起来？

设计意图：承接第一课时的学习，引导学生自主运用习得的读懂句子意思的策略，继续通过问题链——雾"说了什么""做了什么""结果怎样"，学习雾在城市上空的部分。在前面读课文和借助填空练说的基础上，进一步减少思维支架的提示（只有板书的小标题），有梯度地加强思维训练。

---

① 案例由上海市闵行区实验小学（景城校区）孙悦、施燕清老师提供。

3. 分句朗读第 9、10 自然段。思考：雾把自己藏了起来，结果怎样？

具体活动依次为：

（1）集体圈词。

（2）交流：这些事物的顺序能否调换？为什么？

（3）用个别词造句：悠闲。

（4）理解雾"消失"及原因。

设计意图：在学习雾散开的部分时，从景象变化的结果出发，提取文本信息，引导学生思考表达的顺序，让学生关注到之前藏起来的事物一样接着一样都出现了，而且出现的顺序和前文藏起来的顺序是对应的，帮助学生在脑海中勾勒雾来雾散的画面，将想象与现实联系起来。

4. 朗读课文。

5. 借助板书，自由练说，集体交流：为什么说雾是个淘气的孩子？

设计意图：引导学生回顾全文内容，借助板书提示，在读懂课文内容的基础上回归核心问题，解释文中说"雾是个淘气的孩子"的原因，同时也为下一个环节的想象说话进行铺垫。

三、拓展想象，指导书写

1. 借助提示，同桌交流，集体交流：在你眼中，雾是什么？为什么这么说？

设计意图：通过想象说话，启发学生从课文出发，拓展想象空间，联系生活进行想象性表达。三幅图提供不同的词句作为学生语言表达的思维支架，词语越少，语言表达的思维难度越高，有助于不同层次的学生根据自身实际选择进一步丰富自己的想象，提升学生的形象思维和语言表达能力。

2. 学习书写：露、散。

学生交流书写要点，教师范写，学生书写，同桌互评。

四、布置作业

1. 复习词语：不久、露出、散步。

2. 说一说：你心中的雾是什么样的？为什么？

【案例分析】

《雾在哪里》是二年级上册第七单元第二课，案例把单元学习重点确定为"展开想象，获得初步的情感体验"，要求学生能够结合课文内容说出想象的画面，更好地理解课文内容。该课学习时间为 2 课时，这里呈现的是第二课时。第一课时主要学习活动有两个板块：初步感受雾的"淘气"；深入理解雾的"淘气"。字词学习、思维训练、审美感受等都融入课文理解过程中。第二课时进一步训练学生的想象能力。

这节课设计的学习活动追求学生核心素养的整体发展。学生借助支架对课文内容进行有逻辑的梳理，回顾第一课时所学，为新课学习做好铺垫；推敲"这些事物的顺序能否调换"，思考想象与现实的关系；交流各自观察到、想象到的"雾"，拓展想象空间，在语言运用中发展逻辑思维、形象思维、创造思维等思维品质；感受文中雾的淘气，回想并交流自己感受到的"雾"。在这一系列语言实践过程中，学生的审美体验、审美创造也得到激发与提升。学生的生活经验也就可能得到丰富，学生对神奇的大自然也许就会多一份热爱。这个学习过程兼有认知、情意综合发展。因此，无论是从三维目标看，还是从核心素养的四个方面看，学生的核心素养都得到了整体、综合的发展。

 教学建议

一、以"语言运用"为基础，以"文化自信"为旨归，整体规划学段目标

核心素养的四个方面是一个整体，这一点需要从观念层面牢牢把握住。在实际教学中，教师要以培养有中国心、世界眼的时代新人为旨归，着眼于语言运用，发展学生的思维品质，提升学生的审美品位，帮助学生建立文化自信。

围绕语言运用的学习，教师可以整合必需的语文知识、典型的语言材料和典型的语文学习活动，使它们相辅相成，共同发挥作用，促进学生核心素养的发展。

以观察日志的写作为例，如果学生具备一定的观察景物的知识，借助老师提供的学习单引导自己全面、深入、细致地观察景物，在这个过程中，他既发展了观察能力、审美感受力和表达力，也培养了对生活的关注意识，提升了形象思维、逻辑思维等思维品质，加强了与此景此物此地的关联，对该地的归属感乃至家国情怀也就在这潜移默化中得以培养。

二、以总目标与学段要求为参照，整体设计学期目标与单元目标

课程标准对核心素养四个方面的内涵、学习要求的阐述比较抽象，教师备课时需要系统梳理课程总目标的九点要求、学段要求中四类语文实践活动的目标要求、学习任务群中的相关学习要求、学业质量，发现前后的一致性，以及逐步具体化的过程。

核心素养	总目标	学段要求	学习任务群	学业质量
语言运用是指学生在丰富的语言实践中，通过主动的积累、梳理和整合，初步具有良好语感；了解国家通用语言文字的特点和运用规律，形成个体语言经验；具有正确、规范运用语言文字的意识和能力，能在具体语言情境中有效交流沟通；感受语言文字的丰富内涵，对国家通用语言文字具有深厚感情	4.认识和书写常用汉字，学会汉语拼音，能说普通话。主动积累、梳理基本的语言材料和语言经验，逐步形成良好的语感，初步领悟语言文字运用规律	第二学段（3~4年级） 【阅读与鉴赏】 6.积累课文中的优美词语、精彩句段，以及在课外阅读和生活中获得的语言材料。 【梳理与探究】 1.尝试分类整理学过的字词	语言文字积累与梳理 第三学段（5~6年级） （1）主动通过多种方式独立识字，按照汉字字形结构等规律梳理学过的汉字。丰富自己的词语积累，注意词语的感情色彩。 （2）开展校园内外讲普通话、写规范字、正确使用标点符号情况的调查，整理、分享自己的发现。 （3）诵读优秀诗文，分主题梳理自己积累的成语典故、格言警句、对联等语言材料，并尝试运用到日常读写活动中，增强表达效果	第三学段（5~6年级） 能主动梳理、记录可供借鉴的语言运用实例，比较其异同，积极运用于不同类型的写作实践中

不同学段应该明确识字与写字、阅读与鉴赏、表达与交流、梳理与探究的学习要求。依据学段要求和学业质量的规定来制定学期目标和单元目标，将抽象的目标逐步具体化，可以保障学习活动循序渐进，让学生学有所得。

三、注意正确价值观、必备品格和关键能力的融合

2001年版课程标准倡导三维目标融合，就是希望落实语文课程工具性与人文性相统一的性质。二十多年过去了，绝大多数语文教师都从观念层面接受了。但是，要想在有限的时间内凸显语文课程的育人价值，就必须选择语言文字运用需要的关键能力作为学习目标，在指导学生进行语言运用和语言建构互动的过程中，培养学生的正确价值观和必备品格。减少或杜绝机械记忆的学习，减少碎片化、浅表化的语文实践活动，减少"找一找、记一记"的语文实践活动，多一点梳理、归纳、探究类语文实践活动，这有助于提高学生思维的深刻性、独创性和批判性，整体发展学生的核心素养。

1-3 如何引导学生开展积极的语文实践活动？

 问题提出

语文教学被社会诟病的地方不少，其中，学习内容过分强调知识，学习目的过分看重考试成绩，学习活动过程偏于单纯的学科认知，与真实的语言生活脱节，是人们意见比较集中的问题。因此，2022 年版课程标准给出了回应，这便是提出引导学生开展积极的语言实践活动的缘由。

一、语文学习走向抽象化的原因

语言活动的习得性要求语文学习要贴近真实的语言生活，并通过大量、长期的实践活动，逐渐积累语感、总结规律，建构素养。孔子带着一帮弟子周游列国，边读书边讨论实事，既要辨识没有见过的事物，也要完善对自身的认知问题，体现出语文学习与生活实践结合，认知与表达结合。同样，婴幼儿学习语言也是用这种途径完成的。当然，这种学习方式的最大不足是不利于大规模实施，难以适应教育普及的需要。

近现代学制以及相应的课程规划和实施措施是按照效率原则制定的。它以人为设计出来的、独立于现实生活之外的教室为主要物理环境，以容量有限的教科书为主要学习材料，以分阶段、分类型的结构化课程目标与内容为学习序列，以提高平均学习效率为教学指向，以利于大规模组织的测试为主要评价手段。这种类似于工业流水线式的学习模式，容易使语文学习环境脱离自然真实的语文学习状态，渐渐走向学习内容抽象化、学习过程碎片化、学习方式被动接受和学习目的应试化的狭路。

二、2022 年版课程标准的期待

矫正语文学习脱离社会生活的弊端，关键是将学生置于真实的生活环境中，通过大量生活参与或训练，使其自我建构起适应该环境所需要的能力。以此类推，理想的语文学习也应该将学生置于真实的语言情境中，通过以交流为目的的言语交际和长期的生活状态中真实的阅读及写作活动，帮助学生慢慢积累满足社会生活需要的语言运用能力等语言素养。

课程标准要求，引导学生在真实的语言运用情境中，通过积极的语言实践，积累语言经验，就可以从根本上扭转语文学习过于抽象化、脱离实际生活的倾向。也就是说，课程标准赋予积极的语言实践以很高的地位，它与以核心素养为中心的课程目标体系和以学习任务群为框架的课程内容并列，是培养学生核心素养的主要途径。如果

课程目标体系、课程内容框架、课程实施途径三个方面都体现实践导向，并共同发挥作用，照此实施，长期以来语文学习内容过于抽象、脱离实际生活的倾向也许会出现较大的改观，这便是课程标准对积极的语言实践的价值期待。

 问题分析

一、对语文实践活动的认识与探索轨迹

其实，国内语文教育界很早就意识到这一问题，而且也一直在探索有效方法以纠正抽象化学习的偏差。从课程规划层面来看，这一追求的轨迹明显。在 20 世纪 90 年代以前的语文教学大纲中，解决这一问题的主要途径是设置课外活动，如 1992 年版教学大纲阐释的课外活动的目的是加速培养并提高学生听说读写的能力；可以丰富学生的生活，开阔视野，增长知识；可以激发学生的学习兴趣，发挥特长，发展个性；可以陶冶学生的情操，使学生受到思想教育。2000 年版语文教学大纲提出了"语文实践"概念，在高年级课程内容中专门设置"语文实践活动"板块，还特地强调在"课内外组织"，目的是优化语文学习环境，努力建构课内外联系、校内外沟通、学科间融合的语文教育体系，开展丰富多彩的语文实践活动，使学生在广阔的空间里学语文、用语文。2011 年版课程标准对语文实践活动意义的认识又提升一步，指出语文课程是实践性课程，应着重培养学生的语文实践能力，而培养这种能力的主要途径也应是语文实践。新版课程标准沿用了 2011 年版课程标准对课程性质的基本认识，同时做出了三个重要调整：一是把语文实践活动与核心素养培养目标直接关联在一起；二是将语言运用列为核心素养四个方面的基础；三是统一从语文实践活动的角度组织课程内容，确定了识字与写字、阅读与鉴赏、表达与交流、梳理与探究四大类具有内在逻辑关系的语文实践活动，既扩大了语文实践活动的范围，也大大提升了它的价值。

从几版课程标准（大纲）的相关阐释看，我国语文课程建设者对语文实践活动的认识经过了从单纯课外活动向全方位的语文学习、由提高学习成效的手段向语文学习活动本身的转变。

在教学实践层面，广大教师对语文实践活动的探索也颇为丰富。20 世纪 80 年代以来，语文教育界先后提出过"大语文""生活语文""绿色语文""本色语文""生命语文""行走语文""探究式学习""真实性写作""任务性写作""基于交际语境的写作"等口号或主张。这些口号或主张都含有纠正语文教学中环境单一、知识取向明显、脱离生活实际的意味。一些有胆识的语文教师试图打破教室学习的限制，带领学生走出课堂，让学生在调查研究与写作等实践活动中提高素养；个别有探索精神的人士还选择类似于私塾的极端方式"对抗"现有语文教学模式，如自己编教材、带徒弟，或亲自带孩子读书游学，以突破体制语文的藩篱，创出一条个性化、生活化的语文教育之路。这些努力从局部来说可能也会富有成效，但由于它们与现有的教育机制及课程

计划兼容性不高，或过于依赖教师个人的才能和执着，并不能大面积推广，因而也不能从整体上改变语文学习非生活化的倾向。

二、开展语文实践活动的现实障碍

从客观角度看，语文实践活动主要受近现代学制和课程建设思路的制约。因为以课堂为主要学习环境的现代学校教育所追求的效益，并不单单指某一学科或教育行业的效益，它还涉及全社会不同行业间的分工合作所带来的整体效益，所以不管现代学制下的学科课程面临多少问题，要弃之不用，完全退回到传统的语文教育模式中，以家庭教育甚至自学为主，在整个社会层面并不现实。这样做不仅会增加整个社会的教育成本，还会导致社会教育的公平问题。如果将基础教育的职责过多地推向家庭，无疑会加剧教育的不公平，因而并不值得多加提倡和鼓励。

从主观角度看，语文教师对语文实践活动的认知存在误区，往往把语文实践活动理解为组织大规模的课外活动，如在校园里开展读书节、戏剧节、辩论会，到社区进行宣传、社会考察，这样的活动教学实施难度大，投入成本高，自然不能长期坚持。当然，部分教师存在的教学习惯和教学惰性也是重要的影响因素。不少教师也很认同语文实践活动理念，且一开始也颇有热情，但往往不能持久。因为以课堂为主要空间、以知识点为学习目标、以讲授为主要教学方式，涉及的因素少，教学设计简单，教学过程可控性强，对教学结果也比较有把握，因而时间一长，便退回到从前的老样子。

三、积极的语文实践活动的内涵

2022年版课程标准倡导"积极的语文实践活动"，从理论上纠正了开展语文实践活动必须到课外、活动规模贪大求新的认知偏差，为语文实践活动的常态化和持久开展提供了依据。积极的语文实践活动，一言以蔽之，就是既汲取古人语文学习与生活实践联系的传统，又借鉴建构主义等现代学习理论，还不打破以课堂为主要学习空间的模式，而是通过对学习内容的整合、学习任务的设计以及学习活动的优化，赋予课堂内外语文学习活动一定的"真实性"，使学生的语文学习活动比较接近社会生活中真实的语文实践活动。

"积极"一词，既不是指学生的学习态度和教师的教学态度，也不是对学习材料和学习结果的价值判断，而是一种语文学习的情境、条件和状态，是将学习兴趣、学习资源、学习任务、学习过程整合起来，促进学习目的的达成，即学生核心素养发展的可能性。积极的语文实践活动不等同于社会生活中的一般语文活动，它既有社会生活中的语文实践活动所具有的突出特点，如情境具有真实性，内容具有综合性，与学生自己的生活经验紧密联系且服务于语言运用目的等特点，又有课程性或课堂教学组织所需要的特点，如学习内容是经过精心挑选或是有价值的，学习任务是有焦点、能引起学生认知冲突的，学习过程是整合连贯且有支架或教师指导的，学习结果是能预见或可检测的综合素养。

 问题解决

长期以来，语文学习的抽象化问题之所以得不到明显解决，一个重要原因是学习活动局限在学校范围内，局限在课堂环境中。因此，要想从根本上解决这一问题，语文学习必须设法突破校园和教室这两道围墙的阻隔，与丰富的社会生活发生联系。问题是，以当前的主体生活方式而言，绝大多数青少年的基础教育又不能脱离学校和课堂，这一矛盾也决定了积极的语文实践活动只能以校园为主要空间，以课堂教学为主要形式，通过情境设置和学习任务设计，让学生进入一种接近真实生活的语文学习状态，而非单纯的课堂学习状态。因此，创设真实情境，设计富有实践色彩的语文学习任务，便是引导学生开展语言实践活动的基本途径。

一、创设真实、有意义、自然的学习情境

学习情境是学习者所处的特定时空条件，可以简单概括为学习者在什么场合，以什么身份，要做什么事情，这也是情境创设应考虑的三个基本问题。教师对这几个问题的处理在很大程度上会决定语文实践活动的性质，影响学习活动质量。有利于开展语文实践活动的情境应该具有以下三个特征。

（一）接近真实的生活面貌

真实是学习情境的本质和价值所在，不过，语文课程所说的情境的真实，并不是与"虚拟""虚假"相对立的客观存在的意思，而是与抽象、单纯的认知活动相对立的现实生活，即语文学习场景应该与人们在现实生活中学语文、用语文的样子大体相似。例如，现实生活中遇到不认识的字、不理解的词，我们通常会查字典，或者请教身边的人，当然也可能根据上下文猜测它的意思，或跳过去不管它。这些做法的目的都是为了尽快理解文本意思，满足学习与交流需要。按照这类情境来设计教学活动，就可以称作"真实情境"。与此相反，如果不是为了理解文本、解决生活问题，而是单纯为完成老师的作业，为填满自修时间，为获得较高的考分，通过大量抄写、做题、背词典等去识字，与社会生活中的语文活动不尽一致，就不是真实情境。按照课程标准的描述，真实情境有两个基本判断依据，一是源于真实需要，二是解决真实问题，也即看它像不像社会生活中的语文活动。

（二）典型而富有意义

真实情境是开展语文实践活动的必要条件，但仅做到情境真实还不够，因为同样属于真实情境，对语文学习的意义则可能有大小之分。一般来说，与语文学习相关的典型情境应具有真实性，如为班级出黑板报与当值日生擦黑板，讨论中认真发言与开

小差说闲话，在网上收集小课题研究资料与在网上随意浏览，每一组的前后情境都是真实的语言生活，但其语文学习价值不一样，显然，为班级出黑板报和认真地参加讨论更有意义，根据课题研究要求收集资料，对语文学习来说更典型，促进核心素养发展的作用也更大一些。

（三）与语文实践活动联系紧密

学习情境对语文实践活动的价值还要看二者之间的关系。在以往的语文教学探索中，学习情境可以发挥三种作用：一是利用情境引入话题，营造氛围，激发兴趣，如在阅读《开国大典》课文前播放反映开国大典盛况的影像资料，便能引起学生对课文的学习兴趣。但这一情境并不能贯穿整个学习过程，对促进语文学习活动向语文实践转化的作用也有限。二是将情境作为学习的辅助资源或手段，使其部分地参与到学习过程中，如在教室中张贴反映开国大典的图片，让学生置身于1949年开国大典举行过程中天安门广场的现实情境，更好地感受当时的气氛，加深对课文的理解。在这里，学习情境已经部分地参与到语文学习活动之中。三是情境与学习活动融为一体，不仅营造学习氛围，也是确定学习目标、形成学习过程的主要依据，如举办"'开国大典'主题阅读汇"活动，收集描写开国大典的文字、影像资料，比较作者身份、角度、立场、情感、写作手法的异同，感受历史瞬间的独特与丰富内涵。这种学习情境是课程标准特别倡导的。

需要说明的是，课程标准强调的情境真实，是一种相对真实，而不是绝对真实，不能刻板地将其理解为越离开课堂越好。

二、把学习活动转化为学习任务

与创设真实情境一样，通过学习任务设计，引导学生完成有目的、有意义的学习任务，也是开展语文实践活动的重要途径。

学习任务为什么对语文实践活动开展有促进之功，这与它的社会生活话语属性有很大关系。在社会生活中，一般称为"任务"者，要么出于生活需要应该去完成，如接待一位好朋友；要么在工作职责范围内应该去做，如出一次黑板报。社会生活中的任务一般都有这样一些特征：是自己职责范围内应该做的事务，不是为他人所迫；有一个实在的生活目的或需要，不是无意义、为做事而做；往往涉及个体、社会、环境等因素，完成任务需要调用各种知识、能力和情意，体现综合素养，很少单独展现某一种能力；完成任务时往往会遇到一定困难甚至障碍，要解决困难既要用到以往的经验，也要学习新知识、发展新能力；一项任务通常有多个环节，但这些环节都围绕一个目标，而不是零碎的、互不相干的。

从任务的特点推知，如果给一项单纯的语文学习活动赋予"生活任务"色彩，便有可能使语文学习部分回归社会生活，从而增加其综合与实践成分，并利于综合素养的培养。例如，要学生背诵《百家姓》，默写几个常用姓氏，或用拆字法解释"三横王""草头黄""弓长张""立早章"，这几种都近于单纯的学科认知。但是，如果教师以熟悉班级同学为活动内容，让学生从熟悉班级同学的姓氏开始，再向周围（学校中的老师和同学、教材上的历史人名）逐步扩展，并结合生活体验理解姓名的区分意义及文化价值，在此基础上背诵百家姓中的段落，这便成了典型的生活"任务"。这一活动不仅具有综合性、实践性，还有育人意义，学生的主体地位也在其中。因此，从"学习内容"到"学习任务"，虽然只有一词之差，却是语文学习在本体定位上从重视语文知识向重视语文实践活动转化的重要标志。把学习活动转化为学习任务，关键是把单纯的语文认知活动与学生真实的生活关联起来，具体可以参考下表中的方法。

学习活动与学习任务

学习内容	学习活动	学习任务	任务化途径
积累	背诵古诗文	举办"古诗周"活动，学习小组轮换在墙壁上张贴古诗文名句	创设情境
抄写	抄写一首诗	抄写一首诗，送给家人作礼物	与需求关联
说明文阅读	学习说明内容、方法	根据一组说明文内容，回答学弟们的提问	提出问题与挑战
记叙文写作	写一篇记叙文	给多年前毕业的老校友介绍现在的校园	赋予社会角色
文学阅读	阅读《西游记》	取经路上哪一段最惊险、最精彩	基于学生的所思所想

围绕学习任务组织学习，将在一定程度上改变单纯的学科认知状态，促进学习方式转变。但是仅仅给一项学习活动赋予社会生活属性，还未必能满足核心素养培养的需要，因为还没有考虑任务的价值因素。用一般学习任务的标准来衡量，上述几则学习活动都比较符合要求，或者说都实现了"任务化"，不过，这些任务的学习价值如何，还要看是不是有利于培养学生的核心素养，即能否指向正确价值观、必备品格和关键能力的培养。如何判断它是不是有利于核心素养培养？主要看其是接近单纯语文学习还是指向丰富的生活；是用于解释一篇课文、一次学习活动、只与较少的生活现实关联，还是有更高的迁移性；学习所得对短期成绩有帮助还是对长期发展有价值。以此标准来衡量，则越靠后面的学习任务越有利于核心素养培养。

【案例】

《宝葫芦的秘密》整本书阅读教学设计（节选）①

一、第一单元练习（第1至12节）

（一）阅读目标

1. 能利用"5W"模式梳理章节内容，再用简练的语言概括。

---

① 案例由上海市真新小学提供。

2. 能抓住章节重点，给每个章节取合适的题目。

3. 能了解故事发生的背景。

（二）建立联系

1. 分析一下自己想要的东西，什么是能靠努力得到的，什么是需要其他帮助才能获得的。

2. 对比你和王葆的学习生活，看看书中描写的20世纪60年代的学生和现在的学生有什么不同。

3. 向家人了解他们的学生时代。

（三）教育引导

1. 越是能力不足的人，越想不劳而获。

2. 保守一个只有自己知道的秘密大多数时候是痛苦的。

（四）阅读思辨题

1. 在第1至12节，宝葫芦都显示了哪些神通，这都给王葆带来了什么好处，又带来了哪些烦恼？

2. 读完第1至12节，你认为王葆有什么优缺点？

3. 如果你有一个宝葫芦，你希望他给你变出什么？说说你的原因。

（五）章节总结（略）

二、第二单元练习（第13至21节）

（一）阅读目标

1. 能了解一因多果的有关知识。

2. 能梳理宝葫芦的出现造成的一系列后果。

3. 能与自己的生活建立联系。

（二）建立联系

1. 想象一下，如果你有一项特殊技能，如隐身、读心术等，你最想用它来做什么？

2. 你有爱好的棋类运动吗？如果有，你觉得下棋有哪些吸引人的地方？

（三）教育引导

1. 用科学思维解决问题。

2. 要完成远大的目标，得从当下的小事做起。

（四）阅读思辨题

1. 远大的前途重要还是眼下的功课重要，王葆是怎么选的，你又是怎么选的？为什么？

2. 王葆小时候爱抢着做事，根据你自己的生活经验思考他这样做的原因。你有类似的经历吗？

3. 宝葫芦没机会练本领，本领就得生锈。那么，王葆练好本领了吗？

（五）章节总结（略）

【案例分析】

这是一所小学开发的整本书阅读教学设计。从语文实践活动的角度看,该设计有以下三个特点:

一是对语文实践活动的内涵把握准确,目标明确。其实,日常教学中的语文实践活动不必过于追求新奇的样式,也不一定非要拓展到课外不可,相反,只有以课堂为主,落实到日常的听说读写中,才可能普及、持久。《宝葫芦的秘密》是课程标准推荐的阅读书目,该设计的重心是阅读活动,引导学生自主地老老实实地去理解小说,如果采用戏剧表演、辩论赛、采访小说中的人物、改编等,反倒会显得生硬。

二是学习情境真实。所谓学习情境真实,并不是指让学生真的去读小说,而是说在这个教学设计中,学生读小说的方式与现实生活中人们读小说的方式比较接近。在现实生活中,儿童读一篇小说通常很关心什么时间、什么地方发生了一个什么故事,故事里的人是个什么样的人,遇到了什么样的事,结局如何,他的故事让我学到了什么经验教训。可以说,理清情节、识别人物、反省自己是现实生活中人们读小说的主要活动,而阅读策略需要在大量阅读基础上慢慢总结。上面这则《宝葫芦的秘密》阅读教学设计是围绕"宝葫芦有哪些神通""给王葆带来什么好处和烦恼""王葆有什么优点和缺点"等切入点和阅读重点展开的,这样读小说符合生活常规,属于真实的学习情境。相反,如果忽略基本内容理解去挖掘阅读策略,如探究叙述角度、人称、结构特点、描写手法,便会背离日常生活中读小说的样式,变成小说研究者的专业阅读,容易变成知识讲授,破坏学生的阅读兴趣。当然,从故事情节、人物特点进入阅读,不是拒绝知识学习和策略运用。一般来说,小说知识和阅读策略运用应服务于小说理解,帮助学生更好地阅读小说,如该设计借助"5W"模式帮助学生更快更清楚地理清故事脉络,借助"因果关系"知识帮助学生更清晰地梳理小说发展线索,不是为学知识而增加知识。

三是注意故事内容与学生生活的联系。与现实生活关联是语文实践活动的另一个突出特征,该设计在"建立联系"和"阅读思辨题"中提出了指向联系生活、反观自身的学习要求,让阅读成为学生更好地认识自我、认识社会,不断提升思想境界的重要途径。

当然,若是以更高的标准来要求,该设计也有可商榷之处,如将整部小说阅读分为四个单元,每个单元规定阅读部分小节,并按单元小节内容回答思考题目,就未必符合小说阅读的真实情况。首先,对一部小说来说,各个章节的故事情节虽然各有不同,表达的思想内容也有所侧重,但要准确理解各个章节的内容,应该在读完整本书以后。其次,很多模拟训练题、思考题也是针对单元内容设计的,缺少针对全篇内容的题目。最后,就多数人来说,一口气读完一部小说也是阅读常态,按小节慢慢推进显得略微有些刻板。因此,从语文实践活动的角度看,该设计还有进一步完善的空间。

一、依托课堂、教材等基础资源，将语文实践活动日常化

从课程性质和核心素养培养要求来看，组织语文实践活动不能偶尔为之，更不应该表演、装样子，必须实现日常化，才能矫正语文学习抽象化、碎片化的偏差。将语文实践活动日常化，也不能脱离语文课程的现有条件或资源，这就决定了语文实践活动必然要以课堂学习为主，以语文教材及相关材料为主要学习对象，以发生在师生之间的教学活动为主要方式，而课外活动只能作为辅助形式。其实，加强综合与实践是多年来语文课程改革一直强调的，在语文教材中一定有所反映，因此，语文教材中一定有不少可以借用的资源。组织积极的语文实践活动，教师不妨先立足教材，并根据学生情况、教师情况、学习进程灵活使用教材资源，为语文实践活动的日常化服务。具体做法可供参考以下建议。

（一）直接借用

现行语文教材中有不少学习活动，基本符合情境真实、目的明确、过程完整，且学生也是活动主体的要求，即与日常生活中的语言实践活动非常接近。例如，二年级上册第二单元的学习活动"选一张你喜欢的照片或图画，仿照课文，说说上面有些什么"，以及第三单元的学习活动"你喜欢做手工吗？把你的一件手工作品带到学校，告诉同学你做的是什么，是怎么做的"就属于这一类，教师不妨直接用来组织教学。其实，从统编版教材中的"识字加油站""语文园地"等栏目的名称就可以看出，编写者对社会实践还是颇为重视的。

（二）适当改造

由于各种原因，语文教材中的学习活动设计不可能完全符合每个教师的教学理念和个性化需要，不能直接拿来组织教学，这就需要语文教师充分发挥自己的主体性、创造性，对其中的某些活动设计加以适当改造，以满足自己的需要。例如，二年级上册第一单元的"识字加油站"的活动建议是"去野外观察大自然，你会准备些什么？"这一活动具备了一定的情境、目的、过程等元素，但作为完整的语文实践活动，它的信息还需要再具体一些。教材虽然列有"手套""帽子""登山鞋"等八个词语，似乎是为上面学习活动中"准备什么"做提示的，但这些词语与它代表的物品是什么关系，就需要教师作说明。还有，在什么时间、去什么地方观察，观察目的是什么，如果不加说明，这些物品也不一定用得上。因此，在教学设计时，这类学习活动就需要适当加以改造，以增加其情境的真实性和学习活动的目的性。例如，班级"爱昆虫"学习小组准备观察萤火虫，"爱雪花"小组准备观察雪花的形状及形成过程，都会先考虑季节因素，再考虑要准备的物品。如此，语文实践活动的意味就更浓了。

改造学习活动的手段有很多，其中，增加背景，调整目的，设置交流对象，丰富活动细节，都可以让语文学习接近社会生活中的语文活动。

（三）单元活动重组

2022年版课程标准提出的核心素养和学习任务群理念都有强调课程整合的意图。人们普遍认为，单元教学比较适合核心素养和学习任务群的教学组织方式。如果突破单篇课文阅读、单项技能训练、单个课时使用等因素的束缚，以一个单元为学习对象，对单元中的学习资源、学习活动进行重新组织，语文实践活动设计和实施起来会更灵活，空间也会更广阔。还以上文所举的"识字加油站"活动为例，同样去观察大自然，可以与不同课文的学习联系，将识字活动教学做得丰富、自主、深入。例如，与《小蝌蚪找妈妈》关联，可以在班级成立"水族小组"；与《我是什么》关联，可以成立"气象小组"；与《植物妈妈有办法》关联，可以成立"植物小组"。各小组以课文为起点，梳理已经学过的字词，拓展新的字词，在此基础上交流识字经验，语文实践活动的范围会有很大拓展，学习效能也会大大提高。

（四）尝试跨单元、跨学科学习整合

按照上述单元学习活动的整合思路，还可以进一步扩大语文实践活动的空间，组织跨单元、跨学段、跨学科语文实践活动，用语文实践活动把课堂内外、学科内外联系起来。当然，跨度大的学习活动实施难度较大，不宜频繁组织，可以选择某个重点内容、针对某项关键能力，根据课程总体规划统筹安排。

二、加强学科认知与社会生活的联系

学生的语文学习实际上存在着两种既有联系又有区别的环境，一个是以语文课堂、考场为代表的语言学习环境，另一个是以家庭、公共场所为代表的语言运用环境。学生在这两种环境中都会参与听说读写等语言活动，发展语文素养，但两种环境的关注点存在很大差异。以阅读活动为例，一篇读物中隐含的信息不外乎有这样几层：写了什么，如人、物、事件、情、理等；为什么而写，如阅读对象、发布媒体、写作意图等；怎么写的，如使用的文体、视角、结构、手法等；写得怎么样，如思想创建、独特形式、个性化语言风格、在同类作品中的代表性或历史地位等；用什么语言符号写，如文言文、方言、非连续文本等。

一般读者在生活中发生的阅读活动——无论是阅读小说、浏览新闻、看书信，还是查说明书，其首要目的都是获得信息，即他只要知道读物中说了什么就可以了，因此其阅读往往止于"说了什么"，有时候会关注到"为什么而写"。但是也有人认为，在语言学习层面，仅仅让学生知道"写了什么""为什么而写"是不够的，还要使其思考"怎么写的""写得怎么样"，有的教师还会给学生介绍哲学命题、叙事理论、文化批评等解读工具，帮助他们解读文本的深层意味和特殊技法，也有的教师会聚焦某个自己感兴趣的问题畅谈自己的学术观点。语文阅读材料的学习价值多维性带来了教师教学设计时不同的价值取向，他们大体上可分为"两极"或"两派"。其中一极是偏向于生活阅读的，这一极的教师在教学中一般比较重视文本中的基本信息，包括人物形象、故事情节和思想内涵，其语文教育观也往往偏向多读多写。另一极则偏向语言学习阅读，这一极的教师普遍强调文体特征的发现、表达方式的借鉴和阅读策略的学习。

从"积极的语文实践活动"角度看，这两种教学取向各有所长，但又都显得不够，简而言之，前者侧重于语感养成，但有将生活阅读等同于课程学习中的阅读的嫌疑，不容易提高学习效率；后者侧重于策略学习，但有将两者割裂的嫌疑，容易使丰富生动的语文实践活动变成抽象的概念演绎或规则学习。

"积极的语文实践活动"应该将两者的长处结合起来，达到一种平衡。具体说来，应该以真实的生活阅读为"模板"去设计阅读教学活动和任务，让学生在真实的语言实践中激发阅读兴趣，在获得信息的过程中认识信息传达的特点，在体验阅读喜悦的同时感受语言风格，建构语言素养。即使我们将文体特征和表达特点作为某一次教学活动的主要目标，也应该从生活阅读切入，使学生在了解文章大意、准确获得信息的过程中接受语感熏陶。此时，教师再适当做一些表达方式的点拨，帮助学生体会表达方式和表达意图的关系。

第二章

理解学习任务群下的
教学实施

　　以"学习任务群"来呈现语文课程内容是
2022 年版课程标准最主要的变化之一，这是一种
创新。在教学中落实学习任务群的理念是课程标
准精神落地的关键一环，也具有很大的挑战性。
如何认识学习任务群的概念，理解不同学习任务
群的区别与联系，如何依据学习任务群开展单元
整体教学，是当前一线教学设计和实施遇到的最
新问题。具体而言，教学中的关键问题主要有：
如何把握不同学习任务群的区别与联系？如何依
据学习任务群开展单元整体教学？如何设计素养
导向的单元学习目标？如何设计有内在逻辑关联
的学习任务？如何设计真实复杂的引领性学习主
题？如何处理单篇与群文等学习资源？理解学习
任务群下的教学实施，必须切实解决以上关键问
题，这也是本章内容的重点。

 **问题提出**

2022 年版课程标准借鉴普通高中语文课程标准的经验，用"学习任务群"来组织和呈现语文课程内容，并明确强调了"以生活为基础，以语文实践活动为主线，以学习主题为引领，以学习任务为载体，整合学习内容、情境、方法和资源等要素，设计语文学习任务群"的课程内容建构理念。同时，课程标准也对之前高中语文学习任务群的设置进行了改造，将学习内容划分为语言文字积累与梳理、实用性阅读与交流、文学阅读与创意表达、思辨性阅读与表达、整本书阅读、跨学科学习六个学习任务群，并分为基础型、发展型与拓展型三种功能类型。三种类型六个学习任务群的设计，涵盖了义务教育阶段学生应知应会的核心知识和关键能力，且不同学习任务群的内容与要求既有共性又有差异。对一线教师而言，如何认识学习任务群，如何基于教学理解其特殊意义，如何处理不同任务群之间的区别与联系，都是崭新的课题。

一、学习任务群是我国语文教育教学改革的经验总结

义务教育语文课程培养的核心素养和学习任务群是 2022 年版课程标准中的两个新概念，它们所代表的目标、课程整合、实践取向、自主学习等课程理念，其实早有萌芽，从课程建设历程中可以看出清晰的发展脉络。[①] 从课程理念上看，这种提倡综合性、重视学生主体地位的学习延续了 2001 年版课程标准理念提出的"积极倡导自主、合作、探究的学习方式"相关要求，与"努力建设开放而有活力的语文课程"也存在高度关联；从课程实践上看，学习任务群要求整合的"生活基础""实践活动""情境""学习任务"等内容与我国 20 世纪中后期以来一直持续的语文教育教学改革方向保持了一致性。近年来相继出现的探究性学习、对话式教学、项目式学习、情境教学、翻转课堂等，都与学习任务群在学习方式的某一方面或者某些方面存在一致性。早在1989 年，于永正老师的言语交际表达训练课《认识果园》就曾基于"认识苹果"活动情境设计了系列活动，如写保证书、向家长转述活动通知、筹办"苹果展览会"、写海报、举办展览会、为报社写图文通讯稿等。这种基于真实生活需要和复杂情境的学习任务之间巧妙关联，并能有机融入口语交际和写作练习的设计，就是典型的基于学习任务群要求的教学。"学习任务群"正是积极吸纳国际课程改革的优秀成果和总结借鉴

---

① 郑桂华. 义务教育语文学习任务群的价值、结构与实施［J］. 课程·教材·教法，2022（8）：25-32.

我国教育教学改革宝贵经验的成果。

二、学习任务群是新时期语文教育追求核心素养整体提升的表现

在强调以学习任务群架构语文课程体系、呈现学习内容之前，义务教育语文课程标准提倡的是以"双基"为纲的三维目标体系的课程设计思路。换言之，之前的课程更多强调知识点或者能力点的线性排列，强调语文课程的各个分要素。这样的理念给教学实践造成了很大的困扰，如三维目标之间是什么关系？教师往往将其割裂开来，无法形成整体。另外，三维目标与各种要素之间也很难整合。应该说，学习任务群的提出是对这一问题的回应，它强调在语文教学过程中多层面多维度的整合，强调学生在语言实践活动中以任务为驱动，整合内容、方法和资源，在一定的学习情境中综合运用语文知识和技能解决问题的能力。这些在一定程度上改变了知识碎片化、学习无目的、学习主动性不够、语文学习与生活联系不够等问题，让学生的语言与生活世界切实结合起来，进一步促进了语文学习的整合性。如果说以往的项目式学习、情境教学、探究式学习等变革因主要落在学习方式上而明显成效不足，那么学习任务群的教学则在此基础上跨出了一大步，它将学习方式与学习内容组织方式的改革同步进行，进一步促进了语文课程追求整体提升学生核心素养的理念的落实。

 问题分析

作为关键概念，语文学习任务群在义务教育语文课程标准中出现的频率极高，但课程标准并没有对其进行详细解释。阅读课程标准不难发现，"学习任务群"板块置于"课程内容"之下，课程标准对它的描述主要有"语文学习任务群由相互关联的系列学习任务组成"等。目前，国内学者对"学习任务群"的共识性理解主要体现在以下两个层面：

一、课程内容组织与呈现方式

从这一层面看，与"课程内容"的板块设置目的一致，即以往课程标准根据知识内容，如以体裁划分的文本类型或者以学段划分的学习内容等都被"学习任务群"取代，强调课程学习内容的整合。当然，这种整合不仅仅是学习内容划分方式的不同，即听说读写的整合以及不同文本文体、体裁的整合等，更强调不同学习内容集群之间的关系。也就是说，2022年版课程标准通过语言文字积累与梳理、实用性阅读与交流、文学阅读与创意表达、思辨性阅读与表达、整本书阅读、跨学科学习六个学习任务群整体规划义务教育语文课程的内容，同时通过三类学习任务群来体现任务群之间的关系——区别和联系。例如，基础性学习任务群是多个学习内容的整合、不同学习能力

的整合，同时它在不同学段的表现也不相同——通过学段的进阶体现不同，通过不同学段的学习任务群的合力整体实现基础性学习任务群的素养追求。同理，三个发展型学习任务群也具有不同的功能定位，"实用性阅读与交流""文学阅读与创意表达""思辨性阅读与表达"对应的语文学习素养各有侧重。而整体上看，三种不同类型的学习任务群之间也产生合力，相互之间既有独立性又相互联系，形成整体，共同推进义务教育阶段学生核心素养在语文学习过程中得到发展。

二、课程实施方式

从这一层面看，课程标准特别强调学习任务群中"学习任务"之间的关联，指出"教师要明确学习任务群的定位和功能，准确理解每个学习任务群的学习内容和教学提示。在此基础上，综合考虑教材内容和学生情况，设计不同类型的学习任务，依托学习任务整合学习情境、学习内容、学习方法和学习资源，安排连贯的语文实践活动"。这是对课程实施层面的相关提示与定位。这个层面强调的"学习任务群"是通过设计系列关联性学习活动，整合目标与内容、情境与活动、过程与评价、资源与技术支持等相关要素而形成的综合性语文实践活动。正因为如此，课程标准在相关教学建议部分又提出"设计语文学习任务，要围绕特定学习主题，确定具有内在逻辑关联的语文实践活动"的建议。从这个层面看，语文学习任务群的侧重点在"学习任务"的关联上，也就是说，义务教育语文课程培养核心素养的过程是将学习任务群规定的学习内容转化为系列学习任务的过程，是学生在语文实践活动中积累、建构并完成多种有逻辑关联的学习任务的过程。

 问题解决

义务教育语文课程的六个学习任务群按照基础型、发展型、拓展性呈进阶式、有秩序地排列，且各自都有侧重的学习内容和学习目标。落实学习任务群，就必须要进一步明确各个学习任务群之间的区别和联系，厘清其间的关联。

一、不同学习任务群素养培育目标各有侧重

2022年版课程标准分三个层面设置了六个学习任务群，其中第一层设"语言文字积累与梳理"1个基础型学习任务群，第二层设"实用性阅读与交流""文学阅读与创意表达""思辨性阅读与表达"3个发展型学习任务群，第三层设"整本书阅读""跨学科学习"2个拓展型学习任务群。每个学习任务群的学习目标如下表所示。

类型	学习任务群	目标描述
基础型	语言文字积累与梳理	本学习任务群旨在引导学生在语文实践活动中，积累语言材料和语言经验，形成良好语感；通过观察、分析、整理，发现汉字的构字组词特点，掌握语言文字运用规范，感受汉字的文化内涵，奠定语文基础
发展型	实用性阅读与交流	本学习任务群旨在引导学生在语文实践活动中，通过倾听、阅读、观察，获取、整合有价值的信息，根据具体交际情境和交流对象，清楚得体表达，有效传递信息，满足家庭生活、学校生活、社会生活交流沟通需要
	文学阅读与创意表达	本学习任务群旨在引导学生在语文实践活动中，通过整体感知、联想想象，感受文学语言和形象的独特魅力，获得个性化的审美体验；了解文学作品的基本特点，欣赏和评价语言文字作品，提高审美品位；观察、感受自然与社会，表达自己独特的体验与思考，尝试创作文学作品
	思辨性阅读与表达	本学习任务群旨在引导学生在语文实践活动中，通过阅读、比较、推断、质疑、讨论等方式，梳理观点、事实与材料及其关系；辨析态度与立场，辨别是非、善恶、美丑，保持好奇心和求知欲，养成勤学好问的习惯；负责任、有中心、有条理、重证据地表达，培养理性思维和理性精神
拓展型	整本书阅读	本学习任务群旨在引导学生在语文实践活动中，根据阅读目的和兴趣选择合适的图书，制订阅读计划，综合运用多种方法阅读整本书；借助多种方式分享阅读心得，交流研讨阅读中的问题，积累整本书阅读经验，养成良好阅读习惯，提高整体认知能力，丰富精神世界
	跨学科学习	本学习任务群旨在引导学生在语文实践活动中，联结课堂内外、学校内外，拓宽语文学习和运用领域；围绕学科学习、社会生活中有意义的话题，开展阅读、梳理、探究、交流等活动，在综合运用多学科知识发现问题、分析问题、解决问题的过程中，提高语言文字运用能力

通过以上表格不难发现，三种类型的学习任务群分别有各自不同的目的，基础型学习任务群的重点在于语言文字的积累与梳理，是所有后续语文学习的基础。发展型学习任务群的重点在于不同的阅读与表达领域的学习，素养培养目的、学习认知路径也各不相同。以阅读层面为例，实用性阅读与交流学习任务群的重点在于"倾听、阅读、观察，获取、整合有价值的信息"，文学阅读与创意表达学习任务群强调"整体感知、联想想象，感受文学语言和形象的独特魅力"，思辨性阅读与表达学习任务群则更推荐"阅读、比较、推断、质疑、讨论等方式，梳理观点、事实与材料及其关系；辨析态度与立场，辨别是非、善恶、美丑"等。三个学习任务群的阅读认知过程各有不同。拓展型学习任务群更关注利用语文知识和技能解决整本书阅读、跨学科学习中出现的问题的能力。总之，三种类型的学习任务群在目标陈述和教

学要求上反映的是基于不同的语文学习情境完成不同学习认知方式、学习态度等的安排。

二、学习任务群学习要求的共性特征

分析以上课程标准对不同学习任务群不同学习目标的描述可以发现，基于学习任务群的教学也呈现出明显的共性特征。

（一）强调语文学习中积极的语言实践活动

三种类型的六个学习任务群都指向学生的语文实践活动。基础型学习任务群对应的"语言文字积累与梳理"，突出了最基础的语言文字积累和整理的实践活动。发展型学习任务群包含三个学习任务群，以"实用性阅读与交流"学习任务群为例，它本身也包含了三个层次的语言实践：一是在语言交往情境中学习实用性的连续性和非连续性文本的阅读理解，学习口头和书面形式的交流与沟通，学习跨媒介阅读与交流；二是运用记叙、说明等多种方式客观记录、交流生活中的发现和感受；三是逐步形成适应日常生活、学习和发展需要的基本语言能力。显然，这个学习任务群注重以实用为目的的表达交流活动。另外，"整本书阅读""跨学科学习"两个拓展型学习任务群重在引导学生利用语言文字解决问题。显然，参与语言实践，利用语言实践参与社会生活、表达交流，形成解决问题的能力，都需要教师在教学中重视引导学生参与语言实践活动，帮助学生在识字与写字、阅读与鉴赏、表达与交流、梳理与探究等语文实践活动中获得发展。

（二）注重语文学习的综合性

从学习内容覆盖面上看，六个学习任务群的内容基本覆盖了历来语文课程所包含的古今实用类、文学类、论述类等语篇类型；从学习方式来看，各个学习任务群都强调学习方式、学习习惯和学习能力等多个维度的综合；从学习目标来看，虽然各个学习任务群的素养指向各有偏重，但整体上涵盖了义务教育阶段语文学习几乎所有的必备品格和关键能力，做到了素养的综合提升。另外，从学习目标表述也可以看出，各个学习任务群都倡导语文与其他学科的融合，与生活的综合等。以"整本书阅读"学习任务群为例，从学习内容上看，强调的是各种不同类型整本书的阅读，特别强调根据不同的阅读目的和兴趣选择合适的图书，即基于不同的阅读情境学习不同的内容。同时"制订阅读计划，综合运用多种方法阅读整本书""借助多种方式分享阅读心得""积累整本书阅读经验，养成良好阅读习惯"，也包含了这个学习任务群应有的学习方式、学习习惯和学习态度等。另外，从学习活动来看，该学习任务群还明显涵盖了阅读与鉴赏、表达与交流、梳理与探究三大类实践活动。

三、不同学习任务群之间的关联关系

不同学习任务群除了学习目的和素养培养侧重点不同之外，其关联关系也值得分析，以促进学习任务群教学的落实。

（一）学习任务群间进阶明显，学习要求不断提升

三类学习任务群遵循了义务教育语文课程内容整合并不断提升的现实与规律，从基础型向发展型、拓展型由低到高依次进阶。同时，从六个学习任务群内部来看，识字与写字、阅读与鉴赏、表达与交流、梳理与探究四类实践活动也呈现出进阶性发展。以发展型学习任务群中的"表达与交流"维度为例，从"实用性阅读与交流"学习任务群要求的"根据具体交际情境和交流对象，清楚得体表达，有效传递信息，满足家庭生活、学校生活、社会生活交流沟通需要"到"观察、感受自然与社会，表达自己独特的体验与思考，尝试创作文学作品"（"文学阅读与创意表达"学习任务群），再到"梳理观点、事实与材料及其关系；辨析态度与立场，辨别是非、善恶、美丑，保持好奇心和求知欲，养成勤学好问的习惯；负责任、有中心、有条理、重证据地表达，培养理性思维和理性精神"（"思辨性阅读与表达"学习任务群），非常清晰地展示出从日常表达到创意表达再到思辨表达三个层次的递进，同时要求也逐步综合化，直至上升到"负责任、有中心、有条理、重证据地表达，培养理性思维和理性精神"这一阅读与表达的最高境界。其他维度的要求也同样如此，在此不一一论述。

（二）不同学习任务群的要求融合交叉、互相渗透

语文课程是一门综合性、实践性课程，学习任务群的提出虽然在一定程度上解决了知识零碎、缺少与生活的整体关联等问题，但它的划分是相对的、人为的，为了便于教学落实，各个学习任务群的要求也是相对分割的。这在某种意义上就决定了学习任务群的界限划分不可能完全清晰、彼此独立。

从整体上看，六个学习任务群有的着重于学习内容，有的着重于学习形式，有的着重于学习活动，因此，各个学习任务群的划分并不在同一个逻辑层面上。例如，"整本书阅读"学习任务群和发展型学习任务群，前者强调的是利用语文学习的知识、策略、习惯等去完成"整本书阅读"这一学习内容，而后者强调在不同的阅读情境中进行不同的阅读和表达、梳理与探究等语文学习活动。因此，不同学习任务群之间一定会存在交叉现象。例如，基础型学习任务群、发展型学习任务群和拓展型学习任务群都可能涉及"跨学科学习"，也都有可能涉及"整本书阅读"。尤其是"跨学科学习"学习任务群，既有学习内容的高度整合要求，又对四大语文实践活动提出了特殊要求，与其他学习任务群之间显然是内容与结果、运用与呈现的关系。

【案例】

案例 1　"做一周'语林啄木鸟'"的单元学习任务设计[①]

单元核心任务	学习任务	学习内容	课时安排
做一周 "语林啄木鸟"	火眼金睛， 找问题	第一天：做一个简单的语言文字使用调查方案，内容包括调查对象、调查内容、调查方式、调查时间等；展开调查，了解他人用字用语中存在的问题。 第二天：继续展开调查，查一查自己的作业本、日记本、作文本中出现的错别字、标点符号使用错误等问题	2
做一周 "语林啄木鸟"	咬文嚼字， 细琢磨	第三天：梳理调查中发现的问题，并进行归类，如读错、写错的字，词语使用不规范，标点符号使用不规范等现象。 第四天：按照类别分析错误的原因，纠正错误	2
	"语林啄木鸟"发布会	第五天：选出最典型的十大错误；开"语林啄木鸟"分享会，发布调查结果和解决对策	2

案例 2　基于学习任务群的三年级"民间寓言故事"大单元教学[②]

1. 任务驱动：小书虫的民间寓言故事智慧之旅。

2. 学习资源：1～6年级教材中的民间故事文本，如《老鼠嫁女》《传统节日》《守株待兔》《盘古开天辟地》《女娲补天》《牛郎织女》《藏戏》，以及相关拓展文本《中国经典民间故事绘本》《中国民俗故事》《中国古代寓言》等。

3. 民间寓言故事子任务设计：

（1）民间寓言故事我爱读。通过看图猜一猜、连一连的方式，回顾已学的民间寓言故事，再次明确寓言"小故事大道理"的特点。

（2）民间寓言故事我会读。通过分析民间寓言中的人物形象，多角度体会寓意；通过联系生活，帮助主角解决问题，从中明白故事想要讲述的道理；通过比较阅读发现内容不同但蕴含相似道理的民间寓言故事，绘制思维导图。

（3）民间寓言故事我来秀。通过"故事会""演播厅""作品展"有效落实该学段"文学阅读与创意表达"学习任务群所要达到的核心素养要求。

【案例分析】

以上两则案例都是小学阶段基于学习任务群开展的学习任务设计。从学习任务群落实来看，案例1虽然简单，但非常明确地展示了做一周"语林啄木鸟"单元活动设计的核心学习任务、系列学习任务和相应的学习内容，落实了基础型学习任务群"语言文字积累与梳理"的相关内容和要求，如查错别字、收集标点符号问题、归类整理、纠正错误等；而案例2也通过课内外民间寓言故事内容的学习以及"民间寓言故事我

①　陆志平.以学习任务为载体的语文单元教学设计［J］.基础教育课程，2022（17）：9-15.

②　刘艺慧.学习任务群下大单元教学的实施路径：以"民间故事"大单元教学为例［J］.语文建设，2022（5）：69-72.

爱读""民间寓言故事我会读""民间寓言故事我来秀"三个子任务完成了发展型学习任务群"文学阅读与创意表达"所要达到的核心素养要求。从学习任务群内部任务的关联上看，案例1和案例2都分别通过三个子任务的逻辑关联形成了系列任务，案例1通过"火眼金睛，找问题""咬文嚼字，细琢磨""'语林啄木鸟'发布会"三个阶段完成发现问题、分析问题和解决问题的进阶，而案例2通过"我爱读""我会读""我来秀"三个阶段完成了"读故事—说故事—表演故事"的内化过程，凸显了学生核心素养的进阶式提升。两则案例都各有侧重，落实各自学习任务群的要求，同时建立了学习任务群内部的关联。另外，两则案例都通过丰富的实践活动设计来完成学习任务群的要求，案例1中有"识字与写字""表达与交流""梳理与探究"三类实践活动，案例2贯穿"阅读与鉴赏""表达与交流""梳理与探究"三类实践活动。不同的是，案例2在大任务的统领下，其单元学习资源变得更加丰富，设计者对1~6年级教材中的民间故事进行了梳理，建立了不同学段同一学习任务群的联系。同时，正因为其学习资源拓展到《中国经典民间故事绘本》《中国民俗故事》《中国古代寓言》等整本书阅读，所以从学习任务群之间的联系看，也搭建了拓展型学习任务群"整本书阅读"的相关要求，学习的深度和广度进一步扩大。

 教学建议

　　义务教育语文课程标准三种类型的六个学习任务群是对义务教育阶段语文学习任务的细化和具体化，通过不同类型的学习任务群构建既交叉融合又进阶明显且具有系统性的语文学习体系。在学习任务群设计中，既要注意各个学习任务群独特的要求，又要遵循各个学习任务群相互之间的叠加、关联关系，从而有序推进整个义务教育阶段的语文学习。

一、关注学习任务群的内部关联，落实系列学习任务设计

　　让语文学习任务群落地生根，实现其教学价值的关键在于将抽象、琐碎的学习内容转化为具有真实意义和目标的系列学习任务。从学习任务落实的角度看，同一学习任务群的内部关联主要包含两个层次的内容。

　　第一，关注同一学习任务群不同学段的学习内容要求，设计任务的梯度。例如，发展型学习任务群由"实用性阅读与交流""文学阅读与创意表达""思辨性阅读与表达"3个学习任务群组成。教师在教学时要厘清不同学段同类学习任务群之间的不同梯度。如"文学阅读与创意"中诗歌、散文的阅读在不同学段呈现明显不同的梯度：第一学段要求"诵读表现自然之美的短小诗文，感受大自然的美景与变化"；第二学段要求"阅读描绘大自然、表现人类美好情感的诗歌、散文等文学作品，结合自己的生活体验，尝试用文学语言表达自己热爱自然、珍爱生命的情感"；第三学段要求"阅读表现人与自然的诗歌、散文等优秀文学作品，感受大自然的奇妙，体会人与自然和谐相

处的意义；用口头或者书面的方式表达对自然的观察与体验，抒发自己的情感"。教师在教学中一定要结合学习任务群要求，梳理各个学段学习要求在不同年级教材中的表现，厘清年级、学段学习目标的内涵，抓住学习的关键要素，有的放矢地设计有梯度并相互关联的学习任务，同时也可以避免提前学和任务缺失等问题。

第二，做好每个学习任务群内部对应的"识字与写字""阅读与鉴赏""表达与交流""梳理与探究"四大语文实践活动的关联，促进学习任务设计的多样化、丰富化。鉴于每个学习任务群都贯穿小学各个学段的情况，不同学段同一学习任务群宜采取不同目标、内容、方法、难度和形式的设计，在任务设置、情境设定、资源组合等方面要避免重复，防止模式僵化，确保结合学情开展适宜的语文实践活动，指向学生核心素养的有效发展。

二、根据学习任务群之间的关联关系，建立不同学习任务群链

从现有语文教材体系看，不管是一个单元的教学，还是多个内容的组合教学，必然会涉及多个学习任务群，所以建立学习任务群之间的横向联系很有必要。例如，每个单元都必然包含基础型学习任务群"语言文字积累与梳理"，而在单元阅读与写作学习过程中，又与发展型学习任务群相关或者部分相关。同时，按照"三位一体"的教材设计思路，每个单元的学习也可以根据需要设计整本书阅读任务，从而辐射拓展型学习任务群。另外，在部分单元的学习中开展"跨学科学习"学习任务群的语文实践活动也并非难事，如以小组为单位观察自然现象，写好观察日记并完成科学报告、新闻稿、通讯稿或者海报写作等。此外，不同学段不同学习任务群之间的关联也值得关注。以表达为例，学生从日常阅读与表达提升到理性、严谨、负责地表述并不是一朝一夕之功，这必然需要发展型学习任务群在不同学段协调发展，螺旋进阶，共同促进。

三、丰富学习任务群教学路径，单篇教学与单元整合教学并行

学习任务群教学倡导单元整合教学，希望立足学生核心素养，整合目标、情境、内容、资源，创建新的基于学习任务群的学习单位。例如，某教师以语言文字运用为核心，将阅读课文《大青树下的小学》《花的学校》《不懂就要问》和口语交际"我的暑假生活"、习作"猜猜他是谁"、"语文园地"相关内容整合为以"美好的学校生活"为主题的学习任务群，就是很好的范例。这也是义务教育语文课程标准颁布以来中小学积极倡导的单元整合教学路径。

但需要说明的是，落实学习任务群教学并不排斥单篇教学，单篇教学依然可以注重整合学习情境、内容、方法、资源，设计任务驱动教学，通过有关联的学习任务落实多元丰富的实践活动，这也是学习任务群内部和外部的关联关系的表现。例如，某教师执教《赵州桥》一课时设计了初读课文、提取信息、为赵州桥编制"国宝

档案"——研读教材、借助拓展资源理解赵州桥蕴藏的科学原理和实用功能——动手"实验"、验证桥的坚固、担任导游介绍赵州桥、周末观察记录本地的桥等系列活动。可见，即使是单篇教学，也能落实阅读要求，达成读、写、观察等多个实践活动的结合，同时实现"实用性阅读与交流"和"跨学科学习"等学习任务群之间的联结。

问题提出

统编版小学语文教材出版之后，聚焦语文课程培养的核心素养，基于教材自然单元的单元整合教学探索日益增多，并逐步成为一线教师推进学习任务群教学的重要方式之一。但如何建立教材与学习任务群的关系？如何在日常教学中推进学习任务群教学？如何基于学习任务群教学促进学生核心素养发展？很多教师依然相当困惑。明晰单元整体教学的内涵与价值追求，建立其与学习任务群的联系，探索其可能的教学实施路径，成为当下小学语文教学需要突破的关键问题之一。

一、单元整体教学是落实课改精神和加强语文课程结构化的需要

2022年版课程方案第一次明确倡导在语文学习中实施"大单元教学"，指出："探索大单元教学，积极开展主题化、项目式学习等综合性教学活动，促进学生举一反三、融会贯通，加强知识间的内在关联，促进知识结构化。"这一规定将大单元教学探索与加强语文课程内容结构化勾连起来。大单元教学以结构化理念推动育人方式变革，以改变当前小学语文教学以"教"为中心，以知识传递与再现为主要任务，囿于单篇教学、线性设计和碎片化知识学习的现状，这与语文课程改革的理念是一致的。在课程内容层面，课程标准有序安排了三种类型共六个学习任务群，搭建起义务教育语文课程内容的主体框架。这种以核心素养为引领，把学科核心知识融入学科或跨学科的主题、项目或任务等学习活动中，从而形成横向关联互动、纵向进阶衔接的体系，正是课程内容结构化的重要体现。以大单元的立场进行整体设计，通过单元梳理与整合教材内容的逻辑体系，既强化了教材中语文知识的系统性，也保证了学生语文学习的整体性、逻辑性和连续性，是推进课程内容结构化和更好地落实核心素养培养的积极探索。

二、单元整体教学是推进语文学习任务群教学落实的重要方式

学习任务群不只是学习内容的呈现方式，同时也是一种教学组织方式。2022年版课程标准在课程理念部分指出要以学习主题为引领，以学习任务为载体，整合学习内容、情境、方法和资源等要素，设计语文学习任务群。同时在课程内容部分进一步指明设计语文学习任务群，要围绕特定学习主题，确定具有内在逻辑关联的语文实践活动。显然，基于学习任务群的教学，要求教师整体设计课程内容，精心设计学习任务，以任务驱动的方式组织和实施学习活动，引导学生在完成任务、解决问题的过程中积

累语文学习经验，发展未来学习和生活所需的基本素养。任务驱动、内容整合、任务关联是学习任务群教学的必然要求。

综合而言，单元整体式教学具有特定的素养目标，拥有相对完整的教学内容和议题，有着特定的课程实施方式。或者说，一个单元就是一个指向素养的、相对独立的、体现完整教学过程的课程细胞。[①] 它在追求真实情境、解决真实问题、关注语文学习的综合性与实践性以及素养落实等方面与学习任务群的理念保持了高度的一致性，是推进学习任务群落地的重要方式。

 ## 问题分析

一线教师对"单元"及"单元教学"的概念并不陌生，在一百多年的中国语文教育发展中，人们对单元教学的探索从未停止。20世纪初，语文学科进行单元教材的编写尝试，开启单元教学的新尝试。中华人民共和国成立后，各种单元式教学法层出不穷，教学探索日渐丰富。21世纪初，在原单元式教学法的基础上，单元整体教学、群文阅读教学、主题阅读教学等教学法相继被提出，进一步丰富了单元教学的内涵。随着义务教育语文课程要培养的核心素养被提出，单元教学进入新阶段。基于核心素养培养的需要，课程标准积极倡导在语文教学中基于"语文学习任务群"的理念开展大单元整合教学，以突破传统单元教学的痼疾。至此，单元整体教学代替传统单元教学，逐步成为当前语文教学改革的热点和难点。纵观单元教学发展的历程，既是对传统单元教学的延续，更是一种超越和突破。

一、单元整体教学的关键要素

单元整体教学，又称单元整合教学或大单元教学，是指向核心素养教育模式与学习方式的一种尝试。不同的学者对单元整体教学的内涵界定不完全相同，现阶段很难找到统一的概念界定。单元整体教学的内在逻辑是课程逻辑，这就决定了单元整体设计需要包含课程目标、课程内容、课程实施与课程整体评价四个课程设计要素。[②] 从这个意义上讲，现有的研究和实践关于单元整体教学的要素基本达成了以下共识：

第一，从课程目标上看，强调单元学习目标超越知识与技能，聚焦学生核心素养培养，改变以往单篇教学、知识碎片化教学以及以知识学习为主的教学。

第二，从课程内容上看，以统整的方式实现单元多文本之间的要素整合、内容关联和教学统整，并贯通学生生活世界与文本内容。不仅包括静态的语文知识和技能，还包括以语言文字为载体去解决问题或完成任务。

第三，从课程实施上看，单元整体教学精炼单元主题，依托真实情境和单元组合

---

① 崔允漷. 如何开展指向学科核心素养的大单元设计 [J]. 北京教育（普教版），2019（2）：11–15.
② 泰勒. 课程与教学的基本原理：汉英双语版 [M]. 罗康，张阅，译. 北京：中国轻工业出版社，2021.

任务，让学生成为问题的主动探究者、推动任务完成的积极实践者；① 通过进阶性任务整体推进学生核心素养发展，从而实现从以教为中心向以学为中心、以知识为中心向素养导向的真正转变。

第四，从课程评价上看，注重"教—学—评"一致性，关注基于核心素养的语文学习表现，倡导多样化评价方式的综合运用，既关注任务阶段的评价，也关注单元整体评价；既关注过程性评价，也关注终结性评价。

可以看出，虽然单元整体教学和传统单元教学都能体现教学的连续性、整体性和阶段性等优势，都有助于打破长期以来语文教学单篇教学的模式，但二者明显有着本质的不同。

二、新时期对单元整体教学中"单元"的认识

虽然实际教学中教师在组织单元整体教学时往往会依托教材自然单元，但新时期单元整体教学中的"大单元"与传统意义上的教材单元并不完全相同，二者界定单元的依据截然不同。教材自然单元主要依据内容来划分，依据学科逻辑组织内容，如我们熟悉的人文主题单元、活动探究单元、文体单元等。大单元教学对单元的划分不是依据学习内容，而是立足语文课程要培养的核心素养，整合目标、任务、情境与内容等教学单位，一个单元就是一个指向素养的、相对独立的、体现完整教学过程的课程细胞。② 例如，语文教材中一个单元通常是一个主题下的几篇课文，如果这几篇课文没有一个完整的"大任务"驱动，没能组织成一个围绕目标、内容、实施与评价的"完整"的学习事件，它就不是我们所讲的（大）单元概念。③ 应该说，大单元教学有望突破教材自然单元的限制，真正做到"用教材教"而不是教教材。

三、正确处理单元整体教学与其他教学模式的关系

落实学生核心素养培养有很多路径，单元整体教学、项目化学习或者单篇教学都是语文学习的重要方式，不能用简单的二元对立思维来处理他们在语文课堂教学中的关系。以单篇教学为例，虽然单元整体教学采用文本统筹整合方式弥补了单篇教学的不足，但我们也必须意识到不论从哪个层面看，当前的语文教育都不能抛开单篇教学。从教师层面看，广大语文教师对单篇教学的驾驭能力更强，也积累了更多的经验，这种多年的教学积累和语文教育传统并不能因为提倡语文学习任务群而被一笔抹杀。从学生学习的层面看，当学生语文学习能力相对薄弱，文本分析能力尚且不足的时候，突兀地整体推进单元整体教学，也极易导致课堂教学任务形式化、简单化，语文学习

---

① 戴晓娥.大单元教学是学习任务群实施的基础［J］.语文建设，2022（12）：4-8+43.
② 崔允漷.如何开展指向学科核心素养的大单元设计［J］.北京教育（普教版），2019（2）：11-15.
③ 崔允漷.学科核心素养呼唤大单元教学设计［J］.上海教育科研，2019（4）：1.

表浅化等问题。事实上，二者之间并不是非此即彼的关系。正确处理单篇教学和单元整体教学的关系，需要在新的单元整体中发掘单篇教学的价值，理顺单篇之间的内在结构，从而提炼单元学习主题进行单元整体设计。同时，将单篇教学置于单元情境任务中，置于具体的问题解决中，贯通各篇之间的思想情感、价值观念以及知识方法相同和相异之处，也会让单篇课文的学习更为通透、有深度。

同理，基于任务驱动和项目式的学习等也都需要与当下的学习情境和主题协调一致，整体推进单元整体教学的目标落实。与其他教学模式相比，单元整体教学也有自身的不足和局限，需要老师结合自身条件，有效运用。

总之，教师开展单元整体教学，既要有语文课程视野，正确认识大单元教学的教学价值和核心理念，也要有课程规划意识，结合学习任务群的要求分析教材和学情，在整体分析规划的基础上，逐步改革创新，将单元整体教学与其他学习模式相结合，稳步推进语文课堂教学改革。同时还要结合具体的单元学习内容以及主题、情境和任务合理运用不同的教学模式。

 问题解决

一、对标学习任务群，建立学习任务群与教材的关系

依托现有义务教育语文教材单元进行单元整合教学，从教学设计的角度看，分析单元学习的内容，判定其所属的学习任务群，进而对标学习任务群要求，是基本前提和准备。以统编版小学语文二年级下册第一单元为例，教材围绕"春天"这一主题编排了《古诗二首》《找春天》《开满鲜花的小路》《邓小平爷爷植树》四篇课文，从选文上判断，该单元属于"文学阅读与创意表达"学习任务群。另外，这个单元还编排了"快乐读书吧"，要求学生阅读儿童故事，所以该单元也属于"整本书阅读"学习任务群。从"文学阅读与创意表达"学习任务群来看，对应该学习任务群第一学段的学习内容为"诵读表现自然之美的短小诗文，感受大自然的美景与变化"。分析教材可见教材单元主要学习要求包括：运用图像化和联结策略理解这几篇课文表达的感情；运用正确的语气和重音处理朗读以表达出从文章中体会到的感情。这与"文学阅读与创意表达"学习任务群的定位和功能是一致的。从"整本书阅读"学习任务群来看，因为它要求阅读的是儿童故事，也是文学作品，所以与"文学阅读与创意表达"学习任务群存在交叉。而且在整本书阅读分享时，除了说一说从故事阅读中获得的感受，朗读（朗诵）也是一种重要的分享方式，这又与单元文本阅读的重点学习目标保持了一致。

需要指出的是，并不是所有的教材自然单元都可以简单地结合单元人文主题确定其单元整合教学内容所属的学习任务群。以统编版小学语文四年级上册第七单元为例，本单元的人文主题是"家国情怀"，语文要素是"抓住主要人物与事件，学习把握文章的主要内容"和"学习写书信"。整个单元由《古诗三首》(《出塞》《凉州词》《夏日绝

句》)、《为中华之崛起而读书》《梅兰芳蓄须》《延安，我把你追寻》四篇课文组成，单元习作是写信。显然，习作内容跟人文主题是不一致的，语文要素和表达要素关联也不密切。而且单元内的课文，除了两篇革命故事承载语文要素的内容以外，古诗、现代诗也无法体现。用这样的单元内容直接进行单元整体教学显然是有困难的。更不能直接根据人文主题将本单元内容定义为"文学阅读与写作"学习任务群。这也正好体现了单元学习任务群中的"大单元"与教材自然单元的不同。

二、提炼学习主题，明确单元学习目标

单元整体教学的学习目标可以分为两个层级：第一个层级的学习目标指向单元的语文主题；第二个层级从教学设计的维度指向实施层面的学习目标。

单元主题（也有学者称之为单元"大观念"或者"大概念"）即对单元学习中所涉及的关键问题或主要内容的概括。素养导向的单元主题不仅要涵盖学科内或跨学科的正确价值观、必备品格和关键能力，还应体现单元学习在真实生活情境下的价值意义，具有可操作性。单元整体教学所具有的课程内容结构化的特点决定了它需要通过相对更抽象的、深层次的、可迁移的语文学科主题来统摄多篇课文，设定学习目标，最终形成学科逻辑、学习逻辑和生活逻辑的关联。以统编版小学语文五年级上册第七单元为例，本单元围绕"四时景物皆成趣"这一人文主题编排了四篇课文，分别是《古诗词三首》（《山居秋暝》《枫桥夜泊》《长相思》)、《四季之美》《鸟的天堂》《月迹》。这些课文从不同角度描写了不同时间和地点的景物，通过静态描写和动态描写，表现出了景致的情趣。同时，结合单元学习提示发现，单元语文要素是"初步体会课文中的静态描写和动态描写"和"学习描写景物的变化"。结合语文要素可以提炼单元主题为"动静之趣"。从生活角度看，动静之趣是一种于生活中发现美的能力，是生活中的审美体验；从学科角度看，动静描写是文学阅读中重要的学习内容；从学习角度看，学习静态描写和动态描写可以培养阅读和写作的迁移能力，形成类化思维。

单元主题的确定需要教师自身具备较好的汉语言文学专业功底，有足够的文本鉴赏能力，能进行细致的单元内部分析和比对工作，且有较好的教学设计能力。这也是单元整体教学最为关键、也最难突破的一环。具体如何确定单元主题，随后会有专节分析，以上仅举例说明。

确定了单元主题后，需要从更为细致的层面设计单元学习目标。分析语文教材自身逻辑，对教材中的单元导语、课文内容以及学习提示等多个方面的研究都有助于梳理教学任务，并完成基于学习任务群的单元整体教学目标的确定。[①]

统编版小学语文五年级下册第五单元为人物描写习作单元，参照"文学阅读与创意表达"学习任务群要求，可将单元主题提炼为"赏众生相，写你我他"。本单元包括两篇课文和两篇习作例文，以"一组"和"一个"的方式透过鲜活的人物形象展现了

---

① 颜月娜.基于学习任务群的大单元教学设计 [J].中学语文，2022（18）：68–69.

"众生"之相。"交流平台"提示学生从课文和例文中学习描写人物的基本方法。"初试身手"和"习作"主要考查学生初步运用人物描写的基本方法，具体地表现一个人的特点。结合以上分析，可提炼出以下单元学习目标[①]：

1. 通过默读和朗读课文，关注不同课文对于学习人物描写的基本方法的独特价值，并体会这些方法的表达效果。

2. 通过对课文的阅读，理解和把握课文内容，了解文中人物的特点，从一个个生动鲜活的人物身上感受众生相。

3. 通过对比阅读、拓展阅读，提炼凸显鲜活人物特点的多种方法。

4. 结合例文和批注，尝试运用本单元学习的人物描写方法，从身边形形色色的人中选择一个进行描写，写出他的特点。

单元学习目标的定位，既要做到准确、清晰，又要方便从中提炼出需要学生持久理解的单元学习主题。另外，单元学习目标要围绕核心素养的四个方面整体展开，避免割裂地、孤立地——对应核心素养的某个单一维度。

三、创设情境，设计系列单元学习任务

单元目标确定之后，就要考虑创设合适的学习情境，设计合适的学习任务，以整合单元学习内容、方法和资源，帮助学生在连贯的语文实践活动中理解单元学习主题。以统编版小学语文五年级下册第六单元为例，本单元属于"思辨性阅读与表达"学习任务群，提炼的单元主题是"思维指导行动，理解故事中人物的思维过程，能够加深对故事的理解"。结合单元内容和学生实际，为了促成对主题的理解，可以创设这样的学习情境："假如自己有机会去探险，准备去一个什么样的地方，设想会遇到哪些情况，是怎样通过思考和行动战胜困难的。"基于这样的学习情境，可以将能够促进学生概念性理解的核心学习任务设计为：创作一个探险故事。在完成这个核心学习任务的过程中，学生通过阅读《神龙寻宝队》和学习课文，会不断理解人物的行动背后是其思维的方式和过程，进而迁移到自己的故事创作中。

基于情境创设，单元整体教学还需要在学习任务群的基础上设计系统化的学习任务，通过大任务包小任务的学习来提升学生的语文能力，完成大单元学习任务。[②]而且大单元教学的大任务及子任务必须构成一个结构化的、有逻辑的任务组群。小学语文三年级下册第三单元的整体教学共设计了六个单元大任务。

任务一：一组纪念节日的古诗
任务二：一种神奇的造纸术
任务三：一座坚固美观的桥

① 黄晓瑜.基于学习任务群的小学语文学历案设计：以统编教材五年级下册第五单元为例［J］.教师教育论坛，2022（8）：37-39.

② 颜月娜.基于学习任务群的大单元教学设计［J］.中学语文，2022（18）：68-69.

任务四：一幅名扬中外的画

任务五：一次手工活动

任务六：一个印象深刻的节日

其中，任务六又包括以下六个语文实践活动或子任务。

1. 分组准备：分组、分工、制订计划，搜集、整理资料。

2. 指导习作：注意运用搜集的资料写自己过节的过程，写令自己印象深刻的故事。

3. 搭建平台：用不同方式展示习作，分享综合性学习成果。

4. 评价交流：明确评价展示活动成果的标准，交流分享从他人的展示中得到的收获，评价综合性学习成果并交流学习心得。

5. 修改习作：修改重点是围绕一个意思把话写清楚。

6. 活动总结。

任务组群涵盖了阅读、写作及口语交际，教学从单篇到群文、从课内到课外，设计了信息搜集、迁移与运用等从低阶思维到高阶思维的多层次、多形式的任务。这些任务涉及读、写等多种实践活动，且有着内在的逻辑关系，一个任务构成一个课段，多个课段构成单元，以连续的课时一步一步推动单元整体学习。

四、设计学习评价，促进"教—学—评"一致性

坚持"目标、教学、评价"三位一体是单元整体教学的重要追求。主题、情境和任务等解决了单元整体教学中课程目标、课程内容和课程实施层面的问题，但如何保证教学效果，解决"学得如何"的问题，还需要整体设计教学评价。教师在开展单元整体教学的过程中，需要结合单元整体学习任务以及各阶段的学习活动来设计单元学习评价，以保证单元学习目标的达成，确保学生观察学习过程，并在每一个单元任务或活动中切实感受自身在语文活动中获得了素养发展，这就是单元整体教学追求的"教—学—评"一致性。教师应整合过程性评价和终结性评价等方式，实现教、学、评的有效结合。

首先，在任务或项目的完成过程中，应结合任务或项目的特点考虑设计进阶性评价，确保任务进阶与评价进阶的一致性。换言之，评价学生在每个任务的真实情境中的语文学习行为和学习表现，把评价嵌入学习过程中，保证任务解决与素养推进同步，同时也可以通过评价改进教与学的过程，以此实现"教—学—评"一致性。其次，要综合运用多元的、综合性的评价方式，通过自主学习、小组合作学习等保证评价主体多元化，确保学生能根据标准开展自我评价或者互相评价；通过设计细致、明确的评价量表（量规）等体现过程性评价与终结性评价的结合。下表是根据"整本书阅读"学习任务群要求设计的三年级大单元"说说'稻草人'眼中的世界"单元活动评价，评价方式既具有整体性，又能关注具体任务和活动，具有较好的针对性，因此能促进真实情境中的任务推进与活动开展。

形式	内容	基本标准
过程性评价	活动一：制订《稻草人》阅读计划	1. 能制订一份完整的"阅读计划"。 2. 能按计划进行"读书日记"打卡，读完整本书。 3. 能完成不同章节的"阅读闯关"，并进行自我检测
	活动二：为我喜欢的人物画速写	1. 能选择最喜欢的人物，用图文结合的方式为其制作个性化名片，并点评人物的性格特征。 2. 能展示和分享"我心目中的童话形象"。 3. 能对小伙伴的讲述作出恰当的评价
	活动三：设计书签我能行	1. 能选择自己最喜欢的一个故事，配上插图呈现故事的主要情节和故事中有哲理或描写生动或优美的语言，并做成书签。 2. 能展示并介绍自己制作的书签。 3. 能对他人的作品作出恰当的评价
	活动四："童话故事讲演会"开场啦	1. 能把自己喜欢的故事讲述完整，重点情节讲述生动，神态自然、大方。 2. 能与同伴合作将故事改编成剧本并表演出来。 3. 能对他人的剧本、表演等作出恰当的评价
	活动五：我也来编童话	1. 能用思维导图梳理故事情节，发现童话的特点。 2. 能尝试续编或创作童话。 3. 能对他人续编或创作的童话作出恰当的评价
单元检测	在那奇妙的王国里	1. 能回顾《稻草人》阅读经过，梳理、总结阅读方法，并进行反思。 2. 能向小伙伴分享、展示阅读《稻草人》的读书日记或心得等。 3. 能通过好书推荐吸引他人阅读《稻草人》，并从中汲取营养

　　鉴于单元整体教学的整体性、情境性和包含真实挑战等特点，教师在进行评价设计时要注意三点：第一，要设计符合真实情境的挑战性任务，促进学生学习从低阶向高阶转化；第二，要设计能够促成学生真切实践的评价任务，确保学生在任务中真切地参与和体验探究、讨论等学习活动；第三，要设计能够展示学生真实表现的评价任务，重视引出多样化的行为表现。

【案例】

　　基于学习任务群的五年级上册第四单元《古诗三首》教学[①]

　　1. 学习内容：五年级上册第四单元《古诗三首》包括《示儿》《题临安邸》《己亥杂诗》。

　　2. 单元导语：为什么我的眼里常含泪水？因为我对这片土地爱得深沉……

　　3. 单元语文要素：结合资料，体会课文表达的思想感情。

　　4. 核心任务确定：诗人林升通过一首墙头诗《题临安邸》对当权者进行了辛辣的讽刺。陆游一直主张抗金，却遭受排挤。到临终仍未能如愿，他在临终前留下千古绝

　　① 刘茂勇.基于学习任务群的古诗教学重构：以五年级上册第四单元《古诗三首》为例，2022（16）：32-36.

唱《示儿》，抒发了浓厚的爱国情怀。《己亥杂诗》中的"我劝天公重抖擞，不拘一格降人材"是作者面对时弊所发出的爱国呐喊，从另一个角度阐释了中国古代文人的爱国情怀。通过归纳，可以确定以"古诗中流淌着诗人丰富的爱国情怀"为任务缘起，并以此建构系列学习任务。

5. 系列任务设计：

任务主题	学习目标	学习任务	阅读阶段	对应课后习题
走进历史，聆听三位诗人的爱国心声	1. 探寻诗题的"异"与"同"	1. 诗题之"异"。 2. 诗题之"同"	借助诗题，了解诗歌创作的背景	课后习题第二题：读懂诗歌题目，了解相关信息
	2. 感受诗歌的"言"与"情"	1. 那一言，道不尽心头之憾。 2. 那一问，诉不完心中之愤。 3. 那一劝，抹不去心底之痛	精读课文，感受诗歌的写法与所表达的情感	课后习题第三题：结合注释和相关资料，说说诗句的意思，想想它们表达了诗人怎样的情怀
	3. 迁移运用"说"与"写"	1. 陆游、林升与龚自珍都穿越到己亥年，他们汇聚一堂，商讨国家振兴大计，假设你是他们中的一员，请你说说内心的想法。 2. 国家兴亡，匹夫有责，为了表彰陆游、林升、龚自珍在维护祖国统一、民族振兴方面所作的贡献，请你为三位诗人各写一段颁奖词	角色"跨界"，将诗歌语言"转化"为自己的语言	课后习题第一题：有感情地朗读课文；背诵课文

【案例分析】

　　古诗文教学是当前弘扬中华优秀传统文化的重要切口，但从实际教学来看，耗时较多，效果不佳，学习任务容易停留在简单的积累层面，多采用重复的识记类任务。本案例通过整合单元中的三首古诗，研究教材相关单元导语、语文要素和课后习题等，串联内容，发现单元整体教学共同的主题"古诗中流淌着诗人丰富的爱国情怀"，并在这个主题之下设计有关联的学习任务，在任务主题的统领下，建构了三个进阶性学习任务：探寻诗题的"异"与"同"，感受诗歌的"言"与"情"，迁移运用"说"与"写"。这三个学习任务简洁明了，分别指向诗题、诗歌内容与迁移运用。这些学习任务还与阅读阶段、课后习题一一对应，形成内在的一致性和关联性，以确保学习任务不偏离语文学习的"航线"。在这些学习任务下，教师设计了与具体的语言材料结合、读写结合的实践活动，以及串联阅读与表达、梳理与探究的实践活动，促进学生发挥想象和创意进行深度学习。同时，学习实践活动设计的问题突出了思辨性特色，让学生对诗歌和爱国的关系体会得更加深刻，进一步提升了古诗文阅读鉴赏与审美能力、思维能力，形成了对古代诗歌的热爱和对古代文人家国情怀的理解。

一、教材分析是单元整体教学的基础

要建立大单元课程内容的关联，尤其要通过关联提取单元主题、大概念，就必须夯实单元教材分析能力。从单元内部看，要建立阅读、写作、综合性学习等不同学习内容板块的联系，为提炼单元学习主题打好基础；也要比较不同文本在文本内容、文本形式或整体或局部的异同，为教学文本聚焦服务。从单元外部看，还应该建立该单元与其他学习内容之间的关联，如三年级下册第三单元的语文要素是"了解课文是怎么围绕一个意思把一段话写清楚的"，承接了三年级上册"借助关键语句理解一段话的意思"，同时为四年级上册"了解作者是怎样把事情写清楚的"做铺垫，三者相互联系，形成语文训练的序列与梯度，教师在教学设计的时候就应该充分考虑，以区分同一学习任务群不同学段、不同单元学习目标的区别与联系。

二、聚焦文本，避免形式主义

当前单元整体教学依然处于探索阶段，很多教师因为强调整合性、突出大情境和单元主题等，很容易在教学设计中出现课堂容量过大、学习任务过多、教学内容不聚焦等问题。部分课堂只关注到形式上的几篇或者多篇课文的联读，没有聚焦文本，缺乏品味和咀嚼语言的过程，不能产生高层级的思维碰撞，导致语言实践活动只剩下空泛的课堂讨论。文本是语文学习的重要载体，单元整体教学要做好课程内容设计，在每一个学习任务设计中充分考量单元文本的组合使用，并能做到对文本进行合理删减、增补、对比、聚焦。在相应的学习任务设计过程中，也要充分依托文本，在文本学习中解决任务情境问题。

三、注重真实情境和问题解决

大单元重构不是知识点的整合或章节的合并，它追求的是通过少而精的方式，结构化推进学习进程，促进学习迁移与运用。因此，素养导向的大单元重构后应该是针对性更强、问题意识更明显的基于问题解决的学习单元。教师可以试着建立"一个大单元就是一个微课程"的观念，在大单元这个"微课程"中提出问题、分析问题并解决问题。同时，整体规划单元整体教学，即通过多个学习任务设计逐个突破问题，最终解决单元主题所隐含的概念性问题。故而，教师在教学中要善于了解学情，从学生的生活世界和语文学习中寻找真实问题，找到突破口，并精心设计学习任务和语文实践活动，让单元设计真正落地。

2-3 如何设计素养导向的单元学习目标？

 问题提出

学习目标是学生身心发展结果的预期，贯穿教学的全过程。设计合理的学习目标是语文教学设计的首要环节，也是核心、关键环节。在单篇教学中如此，在单元整体教学中同样如此。只有明确单元学习目标，才能有针对性地设计单元学习情境，合理组合教学内容，开展相应的单元学习任务设计和学习评价设计等。依据单元对应的学习任务群要求，结合教材制定科学、恰当、符合实际的单元学习目标是实施单元教学的首要任务。

基于学习任务群的单元教学需要语文教师突破以"篇"为单位进行备课、教学的局限，在整合多方资源的基础上对单元教学内容进行整体、全盘考虑，并结合学习任务进行结构化设计。只有这种充分整合课内外资源，强化教学内容整体性的学习目标和主题，并基于学习目标结构化教学内容的方式，才能进一步提高学生的语文实践能力和核心素养。

我国单篇教学的经验和传统较为深厚，面对新的理念，部分教师很难转变观念，改变以往仅基于单篇教学的设计，因此很难处理好单篇教学与单元整体教学的关系，在设计单元教学目标时往往会出现整合性不强、单元目标落实不佳等问题。在实践中，常常出现在单元整体教学过程中逐一落实以往的单篇教学目标的现象，导致教学耗时、费力，且教学效果不佳。如何梳理整合性单元教学目标，建立单元目标与教学内容、学习任务、学习评价等之间的关系，还需要进一步研究。

从教材文本理解的角度看，明确整合性单元教学目标的前提是对教学内容进行深入研究和分析。基于学习任务群的教学需要切实建立教材单元文本之间的联系，形成基于教材的整体分析，从而确定单元学习目标设计的一般路径。除了熟悉每个文本自身的内容和教学价值以外，单元整体教学需要勾连文本，确定各文本之间的联系，进而找到组合、整合的方式，并提炼共同的语文学习任务。因此，从这个角度看，确定单元学习目标的过程也是促进教师加强教材研究和分析的意识，习得从宏观到微观分析教材的一般方法，建立单元语文知识与语文要素之间内在联系的过程。这对提高教师研究教材、梳理教材的能力也十分有价值。

 问题分析

一、单元学习目标与课时目标、单篇教学目标

一般而言，单元学习目标描述的是学生在单元特定的主题、特定的学习资源中学

到的内容。课时目标是从微观上明确每节课学生通过活动理解的学习内容。单篇教学目标是基于篇章教学的需要，明确每篇课文学生在当下的学段和学习单元中通过活动理解的学习内容。单元学习目标的实现需要以课时目标实现和篇章目标实现为前提。从概念上看，三者的理解并不难。

但在单元整体教学实践中，教师常局限于以往单篇教学的思路，将单元学习目标简单等同于单篇教学目标的叠加，从而"穿新鞋走老路"，未能真正走上单元整体教学之路。理解单元整合教学目标的抽象性特征，应从区别篇章教学目标和单元整体教学目标开始。以三年级下册第七单元为例，该单元围绕"奇妙的世界"这一主题，安排了《我们奇妙的世界》《海底世界》《火烧云》三篇精读课文，另有口语交际"劝告"，习作"国宝大熊猫"等内容。课文《我们奇妙的世界》的篇章教学目标可以有三个：一是读准字音，有感情地朗读课文，通过朗读表达出世界的奇妙；二是梳理课文结构，分析课文从哪几个方面写出了世界的奇妙；三是初步学习整合信息，学习课文是怎样介绍奇妙的世界的。如果这篇课文安排两课时，那么第二课时的课时目标之一则为：梳理从"天空的珍藏"和"大地的珍藏"两方面描写奇妙的世界的方法。但我们在熟读其他篇章时会发现，课文《海底世界》的课时目标之一为学习从"景色奇异"和"物产丰富"两方面向读者介绍海底神秘世界的写作方法；课文《火烧云》的课时目标是学习从"霞光""火烧云的颜色""火烧云的形状"等多个方面介绍绚丽多姿的火烧云的写法。这三篇课文的课时目标有一定的相似性，但又不完全相同。而从整体设计的角度看，本单元的学习目标之一是通过对三篇课文结构的学习，了解文章是从哪几个方面把事物写清楚的（总分结构）；或者通过对各种信息的提取，初步学习整合信息的方法，介绍一种事物。很明显，单元学习目标涵盖了单篇课时目标，是一种更加抽象和整合的表述。同时，这个目标的设计为教学实施时相同篇章内容的整合阅读提供了条件，可见，处于中观层面的单元学习目标既要按照课程标准的要求落实相关学习任务要求，又必须具有一定的概括性、抽象性，以区别于课时教学目标，而不是篇章教学目标的简单叠加。

二、单元学习目标的特征

（一）概括性和抽象性

正如上述三年级第七单元的案例所展示的，基于整体教学的单元学习目标的拟定是从单篇分析开始的，但又区别于单篇教学目标和课时目标。它需要发现单元内各个教学内容之间的共性特征以及篇章教学目标，并通过勾连和再概括、抽象的方式形成。换言之，通过对单元内几篇课文学习目标的比对和整合，形成共同的联系，并最终形成一种更加概括、更加抽象的表述。反过来，合理的单元学习目标应该指向单元整体教学，并关注篇章的个性特征。

（二）系统性和整体性

单元学习目标的系统性包括两个方面的内容：其一，一旦确定了单元学习目标，单元教学设计的每一个环节和板块都要与之对应，单元学习目标要体现教学设计的系统性；其二，每个单元的单元学习目标都应该保证该单元学习内容与学习方式的系统性和整体性，做到听说读写有机结合、课内课外相结合、学习与生活相结合等。在单元教学实施过程中，各类教学活动、文本聚焦或删减方式、各种资源的配置以及教学评价活动等都应在目标的指导下，为达成单元整体教学目标服务，因此也要建立整体目标与学习任务、学习内容、学习资源、学习评价等各个部分的关联性，从而促进单元学习目标的整体推进，这也是基于学习任务群教学的重要体现。

（三）清晰、可测评

教学是有方向和目的的行为，必须指向学习目标的有效达成和学习任务的有效完成。保障"教—学—评"一致性是单元学习目标有效达成的关键。单元整体设计强调在单元学习之初就明确该单元教学的基本任务和每个任务相应的表现结果和表现标准，即让学生清楚本单元的学习意图和评价标准的同时，让教师清楚在教学实施时要根据学习意图设计学习任务，落实评价标准，并结合评价标准对学生进行积极的评价。教师要在每个任务环节始终渗透和揭示表现标准与评价量规，有效开展教和学的评价，并最终实现持续性理解和改进。因此，在书写单元学习目标时应该尽可能以清晰的行为表征为表述方式，体现可测量、可评价的特点，且努力使其与教学过程、教学评价中的学生行为保持一致，切实落实"教—学—评"一致性。

（四）体现素养导向

单元学习目标必须基于学情，考虑学生的整体学习水平，且与课程标准中的学业质量要求——学习本单元的学习任务之后能做什么的表述，也就是学生核心素养应达到的水平相一致。另外，教师在进行单元整体设计时应充分依据核心素养培养和相应学习任务群的要求，积极体现该单元语文学习的关键知识和必备能力，通过落实这些来促进学生核心素养四个方面的整体提升。

 问题解决

基于学习任务群的教学，该如何确定单元学习目标呢？根据单元整体教学的特点以及教学目标设计的基本逻辑，下面以基于统编版小学语文教材自然单元的单元教学为例，梳理单元整体教学设计中确定单元学习目标的一般路径，并理清教学目标外在表述的方法。

一、制定单元学习目标的技术向度

依托教材自然单元开展单元整体教学必须通盘考虑。从宏观到微观的角度看，需要考虑课程标准中相关学段要求和学习任务群要求、教材单元整体要求和教材单篇学习要求等。以二年级上册第一单元的整体教学为例。这个单元的主题是"大自然的秘密"。单元包含《小蝌蚪找妈妈》《我是什么》《植物妈妈有办法》三篇课文，口语交际为"有趣的动物"。另外，还设置了"语文园地一"和"快乐读书吧"。

（一）建立学习任务群要求与学习内容的联系

本单元同时属于"语言文字积累与梳理""文学阅读与创意表达""整本书阅读"三个学习任务群。确定单元学习目标的前提是整体梳理学习内容，建立教材与课程标准和教学之间的联系。

其一，"语言文字积累与梳理"学习任务群旨在引导学生在语文实践活动中积累语言材料和语言经验，形成良好语感。这与本单元的语文要素"积累并运用表示动作的词语"和"借助图片，了解课文内容"保持一致。从教学的角度看，本单元三篇课文的课后练习题都是围绕这两点安排的，如《小蝌蚪找妈妈》课后第2、3题，《我是什么》课后第2题，《植物妈妈有办法》课后第2、3题等。其二，本单元用童话、诗歌等方式引导学生认识自然、了解自然知识的同时感受自然的奇妙，学习课文的表达。例如，《植物妈妈有办法》的课后选做题，不仅是词语运用的练习，也是诗歌语言和形式的模仿运用。这与"文学阅读与创意表达"学习任务群第一学段的学习内容"诵读表现自然之美的短小诗文，感受大自然的美景与变化"有密切联系。其三，"整本书阅读"学习任务群第一学段的学习内容指出："阅读自己喜欢的童话书，想象故事中的画面，学习讲述书中的故事。"本单元"快乐读书吧"要学生阅读童话故事，单元课文主要是童话文体，这些都可以激发学生阅读童话的兴趣，促使学生初步了解童话的丰富多彩。

（二）分析单元学习内容与学段要求的关系

这主要包含两个方面的内容：其一，梳理该学习内容在整个教材体系中的位置。其二，建立学段要求与具体教学内容的联系。

从内容的整体安排上看，单元围绕"大自然"这一主题展开。在小学阶段，教材按照学生的心理发展规律，在不同年级设置了相应的与自然有关的单元，如三年级上册第七单元"我与自然"，四年级上册第一单元"自然之美"，五年级上册第一单元"万物有灵"，六年级上册第一单元"走进自然"等。二年级上册第一单元"大自然的秘密"排在"大自然"主题单元的前列。单元语文要素是"积累并运用表示动作的词语"，该要求在低年段教材中呈现出递进性：一年级上册第四单元提出要"模仿课文中简单的短语和句式"，一年级上册第七单元提出要"合理搭配'的'字词语"，二年级上册第四单元提出要"学习课文的语言表达，积累语言"，三年级上册第一单元提出要

"在阅读时，要积累有新鲜感的词语和句子"……通过分析，在确定本学段的学习目标、难度、进阶性等方面就会有把握，不用提前学习也能够建立前后联系。

从学段要求来看，落实识字写字和语言积累，尝试发现汉字的规律，学习分类整理课内外认识的字，发展独立识字能力，是第一学段的基本要求。本单元课文课后习题中朗读课文的要求贯穿始终，课后都有读一读、记一记等。这也为确定单元学习目标明确了方向。

（三）分析单篇教材的内容价值

重点分析每篇文章的内容和特色，结合阅读和写作，关注篇章的教学价值。

纵观本单元，《小蝌蚪找妈妈》是一篇家喻户晓的中国经典科普童话故事，课文浅显易懂，介绍了小蝌蚪在找妈妈的过程中经过系列变化最后变成小青蛙的故事，描写了青蛙生长过程中形体和生活习性的变化，蕴含着善于观察事物生长变化的道理。《我是什么》是一篇科普短文，图文并茂地将水的三种形态变化寓于故事之中，同时采用拟人手法，集知识与趣味于一体，让学生沉浸在故事中，好奇地猜测谜底。《植物妈妈有办法》是一首讲述植物传播种子的诗歌。它以拟人手法讲述不同植物传播种子的不同办法。同样，"语文园地七"中的"识字加油站"介绍了一系列去野外观察大自然的准备工具。"我爱阅读"中的童话故事《企鹅寄冰》蕴含水遇冷成冰、遇热成水的道理，介绍了同一种物质的不同变化。

（四）建立教材单元各个板块之间的联系

单元整体设计的基本要求即以整合为基本理念，运用关联的方式对教材单元内的学习材料、学习内容进行整体规划，凸显整体性、综合性。

首先，篇章之间的关联。不难发现，本单元学习内容分别从动物、自然现象、植物这三个不同的角度，让学生感受自然界的变化和大自然的秘密，需要学生在生活中不断去观察和探究，这是篇章之间的共性。

其次，单元内部各个板块之间的关联。包括单元导语、篇章、课后习题、学习园地以及"快乐读书吧"等之间的细致联系。例如，本单元四篇课文的课后习题都针对语文要素"积累并运用表示动作的词语"与"借助图片，了解课文内容"设计了多个维度的训练。《小蝌蚪找妈妈》借助课后第 2 题"按顺序把下面的图片连起来，再讲一讲小蝌蚪找妈妈的故事"，引导学生借助图片说清楚小蝌蚪成长为青蛙的过程，提高讲故事的能力；借助课后第 3 题"读一读，用加点的词各说一句话"，让学生感受动词的表达作用，并能主动运用动词说句子。《我是什么》借助课后第 2 题"读一读，体会加点词的意思，再用它们各说一句话"，引导学生感受动词的表达效果，并能准确运用动词说句子。课文配有三幅插图，分别画了空中飘浮的白云、半空降落的雨点、冬天下雪，有助于学生图文结合理解课文内容。

（五）提炼共性目标，形成教学方向

基于以上分析，在勾连和比对中逐步形成该单元的学习目标设想：除整本书阅读外，单元最根本的学习目标聚焦于"积累并运用表示动作的词语"与"借助图片，了解课文内容"。也可以进一步抽象化为具体的两点：一是词语在具体的语境中获得意义，准确使用词语能够让表达的意思更精准形象；二是复述可以促进记忆和理解，运用合适的支架（借助图片）可以帮助学生把握故事内容，为复述提供有效支撑。在具体教学方案设计过程中，可以围绕这一根本任务，进一步细致化表述并将其与具体内容结合起来，更加精准地表述单元学习目标。

二、单元学习目标表述的实践路径

阐述教育目标，就是以一种特定的方式描述在单元或学程完成之后学生能够做些什么，或学生应具备哪些特征。明确、清晰的单元学习目标能促进教学有序、整体推进，为单元学习效果评价提供标准，促进"教—学—评"一致性。一般情况下，呈现一个完整的学习目标必须包含四个核心要素：行为主体、行为动词、行为条件和行为标准。即谁来学、学什么、在什么条件下学、学到什么程度。四个核心要素相辅相成，缺一不可。这是目前中小学语文教学方案写作中的重要要求之一，具体列表如下：

行为主体	学习者是学生不是教师
行为动词	可观察、测量的具体行为
行为条件	影响学习结果的特定限制或范围等；有辅助手段或工具、提供信息或提示、时间限制、完成行为的情境等。有时也指学习的过程与方法
行为标准	学生对目标所达到的最低表现水准；用于评测学习结果所达到的程度

基于单元整体教学的单元学习目标在表述时也要尽可能满足以上条件。按照上述单元学习目标制定的技术路径，形成较为模糊的单元学习目标并不难。真正的困难在于单元学习目标与后期的任务设计息息相关，单元整体设计的课时往往偏多，整体性较强。因此，如何建立课时学习任务与整体目标之间的关联，并确定清晰、可测量的目标，有效实现"教—学—评"一致性，还需要进一步探讨。

按照形成单元学习目标最终表述所遵循的实践顺序，可以将该路径分为两类：一类是目标先行模式，一类是任务先行模式。

目标先行式，即尝试先将单元学习目标确定下来，使其成为单元大任务设计的方向，然后依据核心素养的四个方面在单元中找到具体的落脚点，确定更为清晰、明确的单元学习目标的具体表述，最后以此为统领，开展具体的单元整体设计。以统编版小学语文四年级下册第三单元为例，结合单元语文要素、课后习题、综合实践活动、语文园地等教材板块内容，可以先提炼出"编小诗集""举办朗诵会"等重要的学习指标，据此初步确定单元学习目标：了解现代诗的特点，体会诗歌表达的情感；根据需要，收集、整理、交流现代诗；学会创作短小的诗歌，合作编诗集，掌握朗诵诗歌的要领。

显然，按照"教—学—评"一致性原则，单元学习目标中的"了解""体会"等表述不具备可测量、可评价的特点。另外，"朗诵会"的具体要求不明确，内容不完整。朗诵技巧、主持词撰写、场地氛围营造、评价标准的内容尚需完善。基于此，可以对单元学习目标进行调整，使其更具可测可评的特点：收集、整理、交流现代诗，学会创作短小诗歌，合作编诗集（指向梳理与探究）；掌握朗诵诗歌的要领，举办朗诵会，学会品析诗歌的方法（指向语言实践、诗歌审美与鉴赏）。

制定目标先行模式的单元学习目标的大致流程可归纳为：初步拟定单元学习目标方向—确定单元主要学习任务—结合素养要求修改完善。

任务先行模式，即单元学习目标的确定也可以基于实践需求，先初步设计，然后基于任务设计和实施厘清最终的目标指向。依然以统编版小学语文四年级下册第三单元为例。首先，解读教材单元、理解教材各板块的逻辑联系，在此基础上确定本单元的学习主题，并根据该单元的语文要素尝试设计单元大任务，给出任务方案一"举办诗歌朗诵会"。但由于该目标没有兼顾单元整体，没有建立与其他有关诗歌赏析、整理、创编等素养指标的关联，因此将任务方案改进为"与同学合作编诗集，并举办朗诵赏析会"，以此落实单元语文要素。然后，进一步结合单元的人文主题"诗歌，让我们用美丽的眼睛看世界"，再次将任务方案修改为"合作编诗集《美丽的世界》，并举办朗诵赏析会"。最后在这个主要任务的引领下，全班开展具体学习任务，如收集、创编诗歌，合作编诗集，开展诗歌朗诵赏析会等。同时，细分学习任务中的具体活动，如朗诵赏析会设有编、写、诵等评价环节。如此，目标逐渐细化、明晰。

单元主要任务设计越清晰，转化为学习任务并展开有效实施的可能性就越大，教学的可测量性就越强。由此，教师有了清晰的操作路径，明确了最终的"产品"，也就理解了教学中学生需要解决什么问题、达到怎样的程度等评价指标，就能做到心中有目标，教学有方向，落实有标准，最终实现"教—学—评"一致性。

【案例】

统编版小学语文六年级上册第三单元整体教学目标确定 ①

一、教材内容分析

统编版小学语文六年级上册第三单元意在帮助学生学习建构和实践运用"有目的地阅读"策略，也是教材中非常特殊的策略单元。纵观教材体系，从三年级开始，有目的地安排了四个阅读策略单元，分别是三年级上册的"预测"单元，四年级上册的"提问"单元，五年级上册的"提高阅读速度"单元，六年级上册的"有目的地阅读"单元。本单元是以往学习的总结提升，也是小学段最后一个策略单元。另外，梳理教材后发现，之前的学习也有相关的练习等活动，如五年级上学期的《松鼠》课后有将散文《白鹭》有关片段改写成说明性文字的要求，这也为本次学习打下了基础。

---

① 唐小春.素养导向的大单元整体教学设计与实施：以小学语文统编教材六年级上册"有目的地阅读"策略单元为例［J］.语文教学通讯，2023（6）：17-19.

研读单元学习内容发现这个单元编排的三篇课文分别属于三种文体。《竹节人》是一篇回忆性叙事文，围绕三个预设的不同任务，课后思考题提供了"怎样读"的提示，分别是"先快速读全文，找到相关内容，再仔细读""读的时候要特别注意……""主要关注……重点梳理了故事的起因、经过、结果"。《宇宙生命之谜》是一篇科普说明文，通过文章的阅读，解答心中疑惑：除地球之外，其他星球上是否也有生命存在？课后思考题试图为具体目的提供方法支撑。《故宫博物院》是一组非连续性文本。文本的多样性能保证学生经历"根据阅读目的选择恰当的阅读方法"的过程，更加熟练地运用不同学习策略和阅读方法。

除了三篇课文以外，这个单元还有一个"习作"和一个"语文园地"。"语文园地"中的"交流平台"有助于学生学习三篇课文后梳理、总结和进一步进行实践体验与巩固。"词句段运用"第一题选择的片段，两个来自《竹节人》，一个来自教材之外的文本；第二题的片段来自《宇宙生命之谜》。单元作文在具体写法上，也可以从《竹节人》以及"词句段运用"中得到启发。

二、归纳、提炼关键问题

通过整体分析发现这组课文阅读要求的共同点是：根据不同阅读任务选择不同阅读内容，采用不同阅读方法。不同点是：文体不同，阅读任务不同，目标不同。概括而言，就是帮助学生学习建构和实践运用"有目的地阅读"，因此提炼并确定本单元的核心概念为：阅读策略。从核心概念出发确定本单元关键目标为"根据具体的阅读任务从文本中找到相关内容信息并仔细阅读，为完成任务做准备"。具体阅读方法主要是随时标记需要的信息、梳理和运用信息。在此基础上，将核心任务依次分解为若干个三级甚至四级任务，形成一个完整的单元任务结构图，培养学生运用策略进行有目的地阅读的能力。

三、明确单元任务导向

本单元围绕"有目的地阅读"统一编排，阅读材料和其他板块之间的联系十分紧密，阅读策略、教学目标呈现进阶性，每篇课文承载的学生"有目的地阅读"能力训练落点各有侧重，但总体方向为"有目的地阅读"，以此设计单元任务如下图所示。

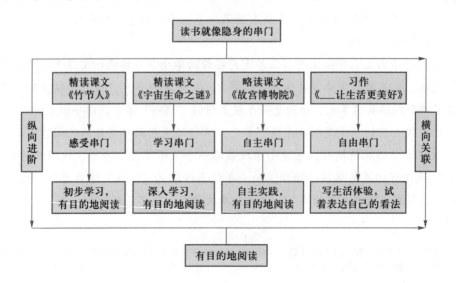

四、陈述单元目标

依据核心素养总体要求，结合学业质量水平具体要求，充分研读教材，准确定位本单元学习目标。

单元学习目标	素养落实	
	课时	素养点
1. 正确理解课文故事情节，能根据阅读任务提取有效信息。 2. 能讲述一个有关老师的故事，融入感情，表达看法。 3. 完成习作《_____让生活更美好》，写生活体验，试着表达自己的看法	第1、2、8、9课时	有目的地阅读
4. 根据不同阅读目的，能灵活选用浏览、预测、自我提问、概括、联结、批注等阅读方法，能运用策略思维提高阅读效率	第3、4、5课时	策略思维
5. 阅读《故宫博物院》《竹节人》等，联系生活实际，感受中华优秀传统文化的表现及魅力	第6、7课时	传统文化的博大精深

【案例分析】

本案例通过研读、分析教材各个板块，理解教材自然单元的学习内容和学习要素，建立了各个内容、板块之间的勾连。借助这种联系，结合单元学习要素，抽象概括出单元学习的核心概念和关键目标分别为"阅读策略"和"根据具体的阅读任务从文本中找到相关内容信息并仔细阅读，为完成任务做准备"。然后结合情境和主要任务，将核心任务依次分解为系列子任务群，形成一个完整的单元任务结构体系，从而通过解决任务培养学生运用策略进行有目的地阅读的能力。整体来看，本单元的学习目标设计依托教材整体设计，能抓住单元各个要素，勾连每个板块与核心目标之间的关联，并为后期的任务设计提供指引。另外，目标陈述清晰、有层次，关注到其与核心素养的关联。

💡 教学建议

一、梳理单元内部关联是确定单元学习目标的关键

基于单元整合的教学虽然试图改变逐篇逐字逐句分析课文的教学模式，但并不等于不重视课文教学。课文仍然是重要的学习资源，而且在单元整合教学中每一篇课文都不是孤立存在的，教师要建立篇章之间的关联，找到教学的一致性任务；要勾连篇章与其他板块的关系，找到板块之间共同的目标；要建立局部的勾连，形成局部的合理性，共同解决问题，甚至还要建立教材内外的关联，促进教学进一步生成。总之，教师在进行单元整体设计时，需要通盘考虑，以篇章为基础，统筹各个内容板块，整体设计学习任务，努力实现单元统整应有的教学效果。

二、单元学习目标应具有一定的动态性

不论是目标先行还是任务先行，单元学习目标与具体的单元学习任务之间的关系都是非常明确的。单元学习目标决定学习任务并推动着整个教学过程，起到了主导方向的作用。它统整了各部分并产生了大于各个部分的合力，最终实现单元整体教学的价值。但与单篇教学一样，单元整体教学的目标也需要根据教学进程的实际变化而发生变化，具有动态生成的特点，这与语文学习过程中不确定因素较多有关，尤其是学情等。在具体的教学过程中，随着课时学习任务的调整，整个单元的学习任务安排和规划也会受到影响并做出相应调整，因此教学目标并不是完全一成不变的。考虑到"教—学—评"一致性，在教学实践中，根据师生互动、学生的过程性表现等，单元学习目标也会被不断打磨，与学习任务相互修正，最终形成高度匹配的整体。

2-4 如何设计有内在逻辑关联的学习任务?

问题提出

语文学习任务群是具有内在逻辑关联的语文实践活动,是培育学生核心素养的重要载体。2022 年版课程标准倡导的学习任务群教学是通过课程内容的组织和呈现方式来促进教与学方式的变革。从实践的角度看,语文学习任务群也可以理解为基于综合考虑的多个有内在逻辑关联的学习任务的聚合,如果说语文学习任务群中的"群"指的是课程外在的组织和呈现形式,那么"学习任务"则是"学习任务群"解决问题的核心与关键,是学生运用语文知识参与的实践项目或解决的具体问题,可以转化为一组有内在逻辑关联的语文实践活动。

一、以学习任务倡导以学为中心,强调用语文解决问题的能力

从实施层面看,"学习任务群"中的"学习"突出了以学习者为中心的理念,体现了以学生的发展为本的价值取向;"任务"是指为达到特定学习目标而进行的学习实践活动;"群"则指向学习任务是一系列的、具有内在逻辑关联的集合体。也就是说,语文课程培养学生核心素养的过程是将学习任务群规定的学习内容转化为系列学习任务的过程,是学生在语文实践活动中积累、建构并完成多种有逻辑关联的学习任务的过程。换言之,学习任务群教学要以任务驱动的方式,让学生在有关联的系列语文实践活动中学语文、用语文,从而发展核心素养。

以学习任务驱动任务群教学落实,强调目标导向,考查学生在语文实践活动中的具体表现,通过系列学习任务拾级而上,最终实现任务达成和素养习得。学习任务设计绝不是针对某一个单一的知识或者能力的设计,解决问题的过程不仅需要调动知识与能力,还需要整合方法与策略、情感态度与价值观等多个维度,积极面对挑战,不断克服困难,在素养发展中达成任务目标。因此,学习任务既让学习内容从知识本位向文本本位转向,又让学生的发展从单一的能力本位向素养本位发展,这与新时期基于核心素养的育人目标要求保持一致。

二、以学习任务改变教学碎片化问题,强调语文学习的整体性

学习任务设计既要考虑每个任务本身所承载的功能和价值,也要考虑各个任务之间的彼此关联以及概念之间的内在逻辑。这种逻辑关联让学习任务的集合具备了整体性和整合性特征。这与 2022 年版课程标准提出的"语文课程是一门学习祖国语言文字运用的综合性、实践性课程"和"积极的语言实践活动"的要求具有一致性,并且

在某种意义上是在尝试解决语文教学板块独立、知识零碎及其带来的教得少、用不上（无法解决问题）、学得被动等问题。

其一，语文学习任务群的学习活动组织是以问题为起点的，旨在让学生带着问题到情境中去做事，把学习任务转化成解决真实问题的载体，以驱动学习的进程。其二，学习任务设计中的问题是基于真实情境和学生生活实际产生的，它必然是包含了听说读写各个层面、多个维度的整体，追求语言、知识、技能和思想情感、文化修养等多方面、多层次目标发展的综合效应，从而产生知识的整合和迁移，最终实现问题的解决。因此，学习任务群设计让语文课程学习的整体性、综合性、解决问题的价值得以实现。

三、明晰学习任务设计，凸显语文学习过程的可评价性

传统教学设计的系统性要求教师在写教学设计时，要强调教学的整体性和教学环节的逻辑性，这一点与课程标准对学习任务的逻辑要求是一致的。但不同的是，学习任务设计强调的任务是对学习者而言的，强调学习者完成任务的过程和结果，因此，从任务驱动的角度看，学习任务设计必须具有一定的可操作性和可达成度。即教学要通过单个或者多个（结构化）学习任务的可操作性达成，来凸显任务达成或者问题解决。而传统教学设计一般从学习问题出发，其主要教学环节往往以"问题—答案"的二维方式呈现，具有比较鲜明的问题导向，但也存在明显的局限性，即缺少具体的师生活动描述，忽略学习评价的过程性监控，导致教学的经验主义甚至出现学习内容空泛、学习资源匮乏等硬伤，这在一定程度上削弱了教案的可操作性。教师应通过系列化学习任务设计，清晰展示达成任务的阶梯和步骤，使教学流程清晰化，让学生的学习行为得以落实，做到操作明确、指令清晰。同时，科学、清晰的学习过程有助于教师更加深刻地理解学生的认识在语文学习中发生、发展的过程，对展开及时评价、结果评价有帮助。

总之，好的学习任务能让学生积极主动地投入学习，并在有联系的语文实践活动中获得核心素养的发展。但遗憾的是，在实际教学中，学习任务设计依然存在很多问题。例如，有的人将其简单化处理，等同于传统教学中的指向文本解读的"问题"设计、情境设计；有的学习任务的设计典型性不足或者用力过猛，导致学习任务过于琐碎、繁多；有的学习任务的子任务之间缺少联系，逻辑割裂……总之，如何综合考虑教材内容和学生情况，设计不同类型的学习任务，并依托学习任务整合学习情境、内容、方法和资源，安排相应的语文实践活动等均尚待探讨。

🔑 问题分析

强调学习任务、学习活动之间的相互关系，引导学生用语文的方式做事，在完成任务、解决问题的过程中逐步发展核心素养，认识学习任务之间的关联性是第一步。

一、学习任务与语文学习任务

通常意义上的"任务"往往具有以下特征：一是主体与主动，即任务是行为主体自己职责范围内的事务；二是需求与目的，即任务是为了满足生活需要的；三是综合与关联，即一个任务往往包含多种因素，完成任务也需要调用多个层面的能力（即综合素养）；四是开放与挑战，即完成任务需要接受挑战，也需要学习新知识，发展新能力；五是过程与环节，即完成任务的过程包含若干环节，且各个环节围绕目标进行，相互关联。"学习任务"在某种意义上也具备以上特征。

语文学科的特殊性决定了语文学习任务的特殊性。2022年版课程标准提出的语文学习任务的特殊性还体现在三个方面：第一，目标指向学生核心素养的培养；第二，强调以积极的语言实践活动为依托，即以阅读与鉴赏、表达与交流、梳理与探究为主要学习实践活动；第三，学习任务的显性学习成果也要有"语文学科"的特点，如阅读思维导图、编辑学生作品集、完成调查采访录等。①

2022年版课程标准提出：语文学习任务群由相互关联的系列学习任务组成，共同指向学生的核心素养发展，具有情境性、实践性、综合性。这句话直接指出了学习任务设计具备的三个特征。第一，情境性。学习任务应出于真实情境之需，要与学生的学习和生活紧密联系，以培养学生在真实情境中运用语文知识解决问题的能力。第二，实践性。学习任务要强调实践性和亲历性，学生只有通过自身的学习体验思考、探究和解决问题的过程，才能在积极的语文实践活动中完成具有挑战性的学习任务，实现知识的迁移与运用。第三，综合性。学习任务要强调整体性。一个好的学习任务必须是具有强大整合力的任务，是能够让学习要素整体发挥作用的任务。这样的学习任务是注重语文与生活的结合、注重听说读写的内在联系的任务，是追求语言、知识、技能和思想情感、文化修养等多方面、多层次发展的综合效应的任务。

以三年级上册童话单元为例。结合该单元内容，可以把"瞧，我编的童话"作为核心任务，并设计三个子任务：

子任务一：尝试编写我的童话——通过先写再说、了解故事和人物、聚焦故事情节和语言等活动展开。

子任务二：修改我的童话——通过设计童话人物名片、整理童话故事情节和语言、修改童话语言等活动展开。

子任务三：我的童话发布会——通过我讲你评、评选"十佳童话大王"等活动展开。

整个设计围绕一个主题情境，紧扣一个核心任务，完成了一篇童话习作创编任务，而且统整了目标、内容、资源、方法等多个教学要素，改变了原来一篇一篇地教，对童话形象和童话情节的认识片面、零星的现状，既体现了读写结合的教学理念，又切实提高了学生的写作水平，真实地培养了学生的写作习惯。这个学习任务设计就具备

---

① 郑桂华.义务教育语文学习任务群的价值、结构与实施［J］.课程·教材·教法，2022（8）：25-32.

了情境性、实践性和综合性特点。

二、学习任务的关联性

学习任务群是以任务来驱动学习，通过系列学习任务完成积极的语文实践活动的过程。教师在设计学习任务群时，既要关注"群"中各个学习任务之间的关联性，也要关注单个学习任务的内在要素的逻辑性和关联性。教师在教学时，要通过学习任务内部和外部的整体融合，有逻辑地推进学习进程，并以此增强学生学习的主动性、积极性与创造性。

（一）学习任务内部的关联

完整的学习任务包括六个要素：一是目标，即明确学习目标；二是角色，即创建学习者的身份，身份意识可以促使学生发挥主体作用，产生内驱力；三是对象，在情境中的任务对象；四是时空，即学习和任务产生的背景、场所等；五是表现，即怎样去做这件事；六是结果，即学习任务完成的标准。这六个要素形成一个逻辑整体，并相互关联。教师在设计学习任务时，要充分考虑以上因素并遵循其相关性和一致性。例如，在教学《西门豹治邺》一课时，可以设计一个具有挑战性的学习任务：如果你是西门豹，调查民情后，请给魏王写一封50字的奏折汇报情况。这个学习任务的目标明确，学习者的角色是西门豹，目标对象是魏王，情境则是课文的故事背景，而给魏王写50字的奏折就是学习任务的结果。整个学习任务设计满足了内部的关联性，且各个要素能围绕挑战性学习任务展开，因此也具有一致性。

（二）学习任务之间的关联

正是因为学习任务具有情境性、实践性和综合性等特点，所以教师在围绕学习主题设计系列学习任务时，一定要关注核心任务和目标，让子任务之间建立密切联系，从而使学习任务本身具有整合力和凝聚力。缺少内在的逻辑关联，子任务就变成了任务拼盘，而不能成为任务群。同时，学习任务的设计要以解决真实问题为导向，在设计学习任务之间的关系时，可以遵循在情境中实践的基本逻辑，以此确定各个学习任务与活动之间的连续性和层次性。仍以三年级上册童话单元为例，以"瞧，我编的童话"为核心任务，其下的三个子任务从编写童话到修改童话再到发布童话，形成了童话编写与发布的基本事实逻辑，遵循的是事件发生的先后顺序，以及该情境下语文学习（写作）先写后改、先练后教的认知逻辑，做到了学习任务之间的有机关联。三个子任务共同作用，使单元学习任务得以有效落实。

 问题解决

2022年版课程标准在学习任务群的"教学提示"中指出：设计语文学习任务，要围绕特定学习主题，确定具有内在逻辑关联的语文实践活动。学生核心素养的形成不可能一蹴而就，需要通过持续的语文实践活动来构建。所以，要落实语文学习任务群的要求，就必须将其具体化为一个个有逻辑关联的语文学习任务和语文实践活动，让学生的学习动起来。

一、学习任务开发路径

一般而言，学习任务是与学习情境的设计相关的，教师在确定学习主题之后，往往会围绕学习情境确定一组学习任务，最后设计一套与之相匹配的学习活动，以此安排整个学习任务群的进程。因此，学习任务设计必须满足情境的一般要求，基于情境的基本逻辑展开。基于课程标准提出的语文学习的三类情境，结合学段特点，可以设计三种学习任务开发路径。

（一）基于教材单元要素，开发学习任务

统编版语文教材以"人文主题"组元，每个单元的每篇课文都包含了多重教学目标。以学习任务群组织教学就是要试图找到这些课文之间的联系，形成学习任务设计的基础。例如，教材的单元主题、单元语文要素、单元阅读和写作要素之间既有横向联系，编者在设计单元时又能关注到学习的进阶性和整体性，因此，在设计学习任务时，尤其是进行单元整合教学设计时，不妨考虑通过分析教材中的自然要素，统整设计，以形成学习任务系列。以六年级下册第五单元为例，围绕"展开科学的翅膀飞"这个学习主题，可以设计四个学习任务：

任务一：读懂科学的故事。主要学习活动为运用多种方法读懂《文言文二则》的大意；通读另外两篇讲读课，把握课文主要内容。

任务二：探究科学的密码。主要学习活动为读课文，感悟文中蕴含的道理和人物的科学探索精神，学习根据具体事例表达观点的方法，运用科学思维解答问题。

任务三：进行科学的表达。主要学习活动为仿照课文的写法，用具体事例表达自己的观点；略读科幻小说《他们那是多有趣》，感悟科幻小说的写法，展开合理的想象，写出神奇的科幻故事。

任务四：点亮科学的光芒。主要学习活动为阅读"阅读链接"，感悟科学探究精神；学习"语文园地"，实践科学精神等。

纵观整个教学任务安排不难发现，系列学习任务的内容安排在一定意义上遵循了教材的自然逻辑，又能做到四项学习活动层层递进。这种基于教材自身体系的学习任务设计逻辑，从某种意义上，既能围绕教材完成必备知识和关键能力的训练，不至于让教师因为内容选择和编排而产生困难，又能结合教材完成相应的单元要素的学习，从完成学习任务的角度看，不失为一种有效的做法。

（二）基于真实生活情境开发学习任务

课程标准提到的绝大部分学习任务群内容都与学生的生活密切相关。例如，"文学阅读和创意表达"学习任务群针对第一学段要求"在革命遗址、博物馆、公园、剧场、车站、书店、超市、银行等社会场所中，学习认识有关标牌、图示、说明书等，了解公众生活规则，学会有礼貌地交流"。针对第三学段则要求"走进大自然，走进科学世界，走进社会，阅读参观访问记、考察报告、科技说明文、科学家小传等文本""学习通过口头表述和多种形式的书面表达，分享观察自然、探索科学世界的所见所闻、所思所感"。这些要求都与学生的真实生活密切相关。教师在设计学习任务时，可结合学习内容，发掘其中蕴含的生活资源，找准与生活相契合的元素。

（三）基于学科认知规律设计学习任务

有效的学习任务设计，除了遵循生活逻辑以外，还要遵从学科学习的基本逻辑，满足学生认知发展的需要。因此，在践行"学习任务群"相关要求时，还应从语文课程的性质入手，基于教材的要求，结合语文学科相关知识和核心概念，在整合真实情境的基础上，融入认知情境，培养学生理解和运用祖国通用语言文字的能力。例如，在教学《哪吒闹海》时，可以将学生代入不同的角色，让其挑战阶梯式学习任务。首先，做"推荐者"，简要复述故事，把一个故事讲成三句话；其次，做"故事大王"，生动讲述故事，展开丰富想象，把一句话讲成三句话；再次，做"转述者"，以"哪吒向父亲解释"和"龙王向玉帝告状"的方式，变换角色分别讲述；最后，做"小小思想家"，将课文讲述的故事、哪吒讲述的故事、龙王讲述的故事与《封神演义》中的故事进行比较，思考一个故事为何有三种不同的说法。经过思辨性学习，学生解开了"目的不同，说法不同"的表达秘密，改造了自己的读书观。四个学习角色的递次扮演，让学生经历了概述、讲述、转述、评述四个连续性、进阶性的任务学习，在语言建构与运用中学会了审美性想象、审辨式思维，以及对传统文化的批判性阅读，促进了学生语文素养的发展。学习任务之间层层递进，产生了整体效应。

二、学习任务之间的结构逻辑

基于各种路径开发的学习任务在实施过程中按照一定的序列有机排列，这种排列方式使学习任务之间形成了结构逻辑。从形式与内容的关系上看，学习任务及其活动安排之间的结构逻辑也是其学习内容之间的逻辑表现。具体而言，学习任务之间的结构逻辑主要有以下两种：

一是并列关系。例如，在教学《田忌赛马》时，可以设计五个任务，分别是"我来讲故事""我是观察员""我是解说员""我是采访员""我是评论员"。这五个任务分别给学生安排了五个不同的角色，五个角色是并列关系，分别完成讲故事、观察观众表情、换视角解说比赛、采访人物以及评论谁是赢家五个不同的任务。通过五个任务的关联，学生形成对《田忌赛马》讲故事、评故事的整体认知合力。且第一个任务"我来讲故事"要求学生在全面、连续、系统地观察这场比赛后，三次讲述这场比赛：第一次借助对阵图来讲述比赛过程；第二次聚焦当时场内、场外人物的表情来讲述比赛过程；第三次从孙膑的视角来讲述如何安排这场比赛。三者也是并列关系，学生在解说过程中借鉴古人的经验、审视古人的思考方式，在多元情境中实现输入与输出的自由切换，做到了素养的整体提升。又如，在"我是校园汉字博物馆推广人"单元学习活动设计中，三个任务分别是"遇见象形之美""玩转形声之趣""揭秘会意之谜"，也是典型的并列关系。具体内容如下表所示。

"我是校园汉字博物馆推广人"单元学习活动设计

	学习任务	学习活动	课时
我是校园汉字博物馆推广人	任务一：遇见象形之美	1. 瞧，书中那些文字图案	3
		2. 与象形字的不期而遇	
		3. 手绘最美"象形海报"	
	任务二：玩转形声之趣	1. 猜，书中那些汉字的音、义	3
		2. 与形声字家族会面	
		3. 制作"形声字家族成员谱"	
	任务三：揭秘会意之谜	1. 解锁，书中那些字义密码	3
		2. 与会意字一见如故	
		3. 设计"会意字刮刮卡"	

二是进阶关系。以五年级上册第三单元"民间故事"为例，可以以"讲不厌的民间故事"为切入点设计三个任务：任务一"民间故事博览"，旨在通过"重温流传的故事"和"分享喜欢的故事"两个活动，使学生初步了解民间故事的特点，感受民间故事朴素的价值观。任务二"举办海力布故事会"，以"长话短说讲故事"和"变换角色讲故事"为活动内容，旨在通过变换人称讲故事、变换情节顺序讲故事，让学生在活泼多样的语文实践活动中学习创造性地讲述故事的方法。任务三"策划故事连续剧"，旨在通过"走进故事的前世今生"和"编制剧集的拍摄指南"两个活动，让学生了解牛郎织女故事的演变过程，体悟民间故事代代相传的价值和意义。这三个任务就不是并列存在的，而是存在梯度递升，每个任务各有侧重，逐步勾连文本内容与学生的阅读经验，延展学习时空，有利于实现人文价值目标与工具价值目标的有机整合，有利于聚焦、统领整个单元的情境和任务。

【案例】

小学语文六年级上册第二单元学习任务设计 ①

单元主题：革命岁月。

单元内容：《七律·长征》《狼牙山五壮士》《开国大典》《灯光》《我的战友邱少云》。

单元语文要素：了解文章是怎样点面结合写场面的。

其他板块："语文园地"的"交流平台"引导学生回顾课文中点面结合的写法，具体说明了其作用，并建议学生运用到自己的习作中。本单元的习作要求是"尝试运用点面结合的写法记一次活动"。

学习任务一：梳理革命历史线索

任务目标	阅读篇目	哪段革命历史
不曾忘却的革命岁月	《七律·长征》	
	《狼牙山五壮士》	
	《开国大典》	
	《灯光》	
	《我的战友邱少云》	

学习活动1：引入已学过的革命题材类课文，如《刘胡兰》《黄继光》《军神》等，回顾历史阶段，完成时空对接。

学习活动2：引入革命历史年表，将文本的革命事件融入历史的长河，标画革命事件与历史阶段，完成对中国革命历史的阶段性认知。

设计意图：将五篇课文作为一个单元整体加以观照，透过革命历史阶段的逐一梳理，建构起历史的年代概念和革命的事件概念，进而抵近对大概念的基础性认知。在品读、梳理、迁移、标画的过程中，加深对革命历史的基础性理解。

学习任务二：发现革命历史场景

任务目标	阅读篇目	哪个革命场景
深入人心的革命场景	《七律·长征》	
	《狼牙山五壮士》	
	《开国大典》	
	《灯光》	
	《我的战友邱少云》	

---

① 吴森峰. 学习任务群：基于大单元的建构与实施：以六上第二单元为例［J］. 小学教学设计，2022（19）：4–7.

设计意图：发现的过程是文本理解的过程，提炼的过程是概念理解的过程。尽管五篇课文所描写的革命场景数量不同、场景各异，但通过概括、整理、交流、展示，可以完成对革命历史的具体化认知。

学习任务三：品读历史场景描写

1. 辨析描写方式

学习活动1：展示《开国大典》中三段场面描写的句段。

学习活动2：品读比较——通过判断辨析、朗读品味，完成概念建构。

2. 定格描写方式

默读本单元的五篇课文，思考哪些革命场面作者采用了点面结合的描写方式。通过找一找、画一画、说一说、议一议等，强化对点面结合描写方式的认知，进一步体会其表达用意。

设计意图：学习区分不同的场景描写方式，理解点面结合的描写方式。通过甄别、判断，最终完成对革命场景基于表达层面的整体品读。

学习任务四：鉴赏思辨英雄场景

学习活动1：作品赏析任务。观看影视作品等，推进作品的鉴赏品析，加深对"镜头式描写"的直观印象。

学习活动2：场景思辨任务。小组合作、同伴讨论，进一步思辨场景描写为何通常采用点面结合的方式。理解点面结合的描写对革命故事的展开、革命历史的沿革、革命文化的传承与弘扬所起的作用。

设计意图：强化对革命场景点面结合描写方式的认知，进一步思辨点面结合描写与革命场景展现、革命文化传承的内在关联，建立起故事与表达、革命历史与文学描写之间的内在关联，为迁移学用夯实基础。

学习任务五：述写英雄人物故事

学习活动1：开展"革命故事演讲"。

学习活动2：开展"给英雄人物画像"。

设计意图：通过讲述、评析，甚至书面表达，内化对革命历史的情感认同，外化对革命文化的弘扬与赓续。

【案例分析】

本案例课文属于革命题材类，单元学习要素为认识场面描写和点面结合的写法。从以上设计可以看出，教师颇具匠心，整个单元设计围绕单元要求和语文要素展开，将五篇课文作为一个单元整体，设计子任务，且任务之间层层推进，整体发力。通过革命历史阶段的逐一梳理，引导学生在品读、梳理、迁移、标画的过程中加深对革命历史的基础性理解，尤其是学习任务二和学习任务三关注场景描写，这与课程标准第三学段"阅读与鉴赏"中提到的"阅读叙事性作品，了解事件梗概，能简单描述印象最深的场景、人物、细节"相符。学习任务四进一步拓展延伸，通过拓展阅读整合课内外资源，引导学生进一步思辨认知场景描写，建立革命历史与文学书写之间的关系，提高了学生的思维水平。学习任务五则读写结合，通过讲述、评析等书面表达强化学生对革命历史的情感认同，完成对革命精神的传承，落实文化传承与理解层面核心素养的培养任务。

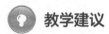 教学建议

一、学习任务设计要考虑整体性和预期成果

学习任务设计要考虑整体性，因此教师要通盘考虑情境、资源等多种因素，从而确定核心任务和主题，并设计出系列关联任务。但除了整体性之外，更要分析完成各个子任务的实践支持条件，如学生的语文学习情况、查阅资料的硬件和环境、小组分工与合作的可能性以及时长、时间等，不可以为了设计的整体性、新颖性而增加学生负担。另外，为了便于学习任务的完成，做到"教—学—评"一致性，在设计学习任务时，教师还要综合考虑预期成果及其呈现方式，如课本剧表演、童话书发布会、阅读交流会等。如果可能，教师还要提前设计学生完成学习任务后的表现情况，如设计表现性评价量表等。

二、突出语文的学科属性，设计典型学习任务

无论是哪种类型的语文学习任务，都必须体现语文学习的特点，着力于在积极的语言实践活动中提升学生的核心素养。目前，有一些学习任务设计过于追求新颖性、实践性等特点，导致学习任务"花样百出"，使语文的听说读写等基本活动"退居幕后"的现象频出，大大削弱了学习任务与语文学科属性的关联，让语文课变成了德育课、活动课或者旅游课，这也是需要防范和注意的。

典型学习任务是指为评价学生的语文素养水平而选取的具有代表性价值的语文实践活动。教师要设计典型的语文学习任务，加强阅读与鉴赏、表达与交流、梳理与探究等具体语文实践活动的落实，让学生在复杂情境和开放空间中从多个角度充分展示其富有创造性的个性化学习成果。例如，在教学《陶罐和铁罐》一课时，核心任务是"情节轴上的道理"，教师可以设计三个关联任务：一是阅读与鉴赏，分角色朗读陶罐与铁罐的对话，读出陶罐的谦虚与铁罐的傲慢，并从文中寻找相应的证据；二是梳理与探究，借助情节轴上的关键词，将陶罐与铁罐进行三次比较，当"小裁判"，一比谁更"硬"，二比谁更"久"，三比谁的态度"对"，从而把握陶罐和铁罐的不同特点；三是表达与交流，代入"铁罐"的角色反思过错，从对人与对己两个角度，用"要……不要……"或"既要……也要……"的句式进行概括、表达。这三个学习任务虽然不够新颖，但却是三个典型的语文实践活动。

2-5 如何设计真实复杂的引领性学习主题？

 问题提出

2022 年版课程方案和课程标准反复强调深化教学改革需加强课程内容整合，积极开展主题化教学活动。2022 年版课程标准在课程理念部分指出，义务教育语文课程结构应以学习主题为引领，在学习任务群的教学提示中提出要围绕特定学习主题，确定具有内在逻辑关联的语文实践活动，倡导教师选择合适的学习主题，以此设计学习任务、整合学习内容、建构学习情境、开展学习活动。

一、学习主题具有统领和整合意义，但概括、描述存在困难

学习主题的设计与确立是整体规划学习内容、加强综合学习的重要路径之一，对开展学习任务群教学、主题教学具有统摄作用。但要像数学、科学等课程一样清楚明晰地总结语文学习主题，并使其表述获得共识有一定的难度。首先，语文课程知识既涉及内容维度，又包含过程维度，如"识字与写字"中的"识字"属于内容部分，"写字"可归于过程部分。学习主题既可以从内容角度提取，也可以考虑从过程角度概括，但是较为单一的维度划分在凸显重点部分的同时，会遮蔽语文课程的其他方面。其次，语文课程内容丰富，现有课程理论框架难以一一囊括。此外，语文课程内容是多种要素的重组，每篇课文、每个单元、每本书的具体材料不同，教师必须根据变化的内容思考"学什么""教什么"的问题，由此学习主题和学习内容也会发生相应的变化。

二、学习主题是推动单元整体教学的重要步骤

随着学习任务群教学的持续推进，单元整体教学、主题式教学的单元逐步被认可和倡导。现行的统编版小学语文教材通过"双线组元"的形式，将各单元的综合内容和复杂知识分解为更具体、更明了的语文要素，统整单元要素，确定单元学习主题，这也在一定程度上呼应了上述语文学习实践的方式。围绕学习主题开展语文学习的优势和价值逐步被认可，尤其是在单元整合性教学中，学习主题设计成为推动单元教学的重要一步。梳理相关语文学习主题，形成有体系、有规划的语文学习内容，可以有效展开基于新理念的教学，并较好地规避传统教学中内容不集中、缺乏逻辑性等问题，从而深化学生对语文学科的认知，推进学生深度学习的发生。

一、内涵与价值分析

学习主题作为一个专用名词，在 2022 年版课程标准中首次出现，凸显了其引领作用。对于学习主题的理解，不同学者的观点并不完全相同。在课程与教学内容范畴上，学习主题可以理解为学习者在学习过程中所面对的学科主要内容、中心问题和基本思想。以此为基础，现有研究和实践主要从以下角度展开：

第一，在内容确定上，学习主题以学科核心知识、关键能力和思维方法等作为必备要素，以学生的学习需求作为确定基础，可以从文类文体、功能目的等角度展开，指向阅读和写作的任务类别或任务类型。

第二，在方式选择上，学习主题必然是在语文实践活动中展开的，因此要设置学生需要运用语文关键能力，在真实情境任务下解决问题的学习任务和实践活动。

第三，在内涵特点上，学习主题是单位学习时间内的教学内容的凝练，是能够体现语文课程本质属性的内容，并在教学过程中起到引领和规约作用。

综合以上观点，学习主题设计的价值如下：凝练、深化学习内容；促使学生在有代表性、统整性的学习活动中提高解决问题的能力；以整体的形式对学生进行素养培养与文化熏陶，体现育人价值。

二、学习主题设计的角度

（一）从学习内容分析的角度设计学习主题

确定学习内容是语文教学的基础。教师可以对现有学习资源进行取舍、整合和分析，结合学生的实际情况，设计学习主题，强化学习内容的内在关联性和整体性。例如，统编版教材六年级上册第八单元编排了四篇有关鲁迅的课文：《少年闰土》《好的故事》《我的伯父鲁迅先生》《有的人》。《少年闰土》选自《故乡》，充分体现了鲁迅对现实社会的观察和思考；《好的故事》侧重情感抒发，表现了鲁迅对"昏沉的夜"的不满和对未来美好的向往；《我的伯父鲁迅先生》从他人视角展现鲁迅形象；《有的人》则赞扬了鲁迅的人格品质。综合对课文的分析可见，该单元侧重鲁迅内在精神的展现。因此可以将单元学习主题确定为"从多个侧面初步领悟鲁迅的不朽精神"。[①]

（二）从关键能力和思维方法的角度设计学习主题

语文学科的关键能力和思维方法培养尤为重要。引导学生掌握解决问题的方式

---

① 许真真.基于学习主题与资源双向奔赴的单元整体教学设计：以六年级上册第八单元为例［J］.语文建设，2023（2）：15–18.

和思考探究的方法，能够从本质上提高学生的核心素养。因此，从关键能力和思维方法的角度设计学习主题，也是教师可以关注的角度。例如，统编版教材二年级上册第五单元编排了《坐井观天》《寒号鸟》《我要的是葫芦》三篇课文。其中，前两篇是动物寓言，第三篇是人物寓言，三篇寓言说道理的方式各不相同。同时，学习寓言需要思辨性阅读与表达，属于"思辨性阅读与表达"学习任务群。结合教材分析和课程标准分析，针对第一学段的学生而言，该单元侧重于保护学生的好奇心和自信心，鼓励学生通过多种方式进行思考和探究，可以将单元学习主题确定为"猜猜寓言这个'谜'"。①

（三）从学科育人要求的角度设计学习主题

语文课程的设置要遵循学生身心发展规律，以生活为基础，落实立德树人根本任务，充分发挥育人功能。因此，教师在设计学习主题的时候，也要充分考虑学生的发展需求，立足生活实际，挖掘教材的育人价值。例如，统编版教材四年级上册第六单元编排了《牛和鹅》《一只窝囊的大老虎》《陀螺》三篇课文。单元围绕童年生活展开，包括童年经历里的多种情感体验和精神成长，通过课文《牛和鹅》引导学生思考对弱者的态度，通过课文《一只窝囊的大老虎》引导学生体会遭遇尴尬的心态，通过课文《陀螺》启发学生思考对事物的认知。该单元贴合学生的生活实际，能够顺应该阶段学生的情感需要，产生情感共鸣，激发学生思考，回应育人要求。因此可以将单元学习主题确定为"童年万花筒"。②

 问题解决

一、学习主题设计的三个思路

（一）依托教材自然单元，提炼学习主题

虽然现有的语文教材并不是根据学习主题编排单元，但统编版教材的"单元提示"等板块内容中已经将本单元的人文主题和语文要素作了说明。认真领会教材的编写意图，统合各个部分的关联关系，聚焦单元的人文主题和语文要素，是目前提炼学习主题最为便捷的做法。

统编版小学语文教材各册次、单元的人文主题如下表所示。

---

① 周丽，薛法根.基于学科大观念整合的主题任务单元教学设计：二年级上册第五单元教学实践与思考〔J〕.语文建设，2023（4）：10–13.

② 陈飞，冯践知.主题任务单元教学，指向主题任务的积极语文实践：四年级上册第六单元教学实践与思考〔J〕.语文建设，2023（4）：14–17.

册次	第一单元	第二单元	第三单元	第四单元	第五单元	第六单元	第七单元	第八单元
一年级（上）	识字单元	拼音单元	拼音单元	自然四季	识字单元	想象	儿童生活	观察
一年级（下）	识字单元	心愿	伙伴	家人	识字单元	夏天	习惯	问号
二年级（上）	大自然的秘密	识字单元	儿童生活	家乡	思维方法	伟人	想象	相处
二年级（下）	春天	关爱	传统文化（识字单元）	童心	办法	自然	改变	世界之初
三年级（上）	学校生活	金秋时节	童话世界	策略单元：预测	习作单元：观察	祖国河山	我与自然	美好品质
三年级（下）	动物植物	寓言	综合性学习：传统文化	留心观察	习作单元：想象	童年生活	大自然的奥秘	有趣的故事
四年级（上）	自然之美	策略单元：提问	留心观察	神话故事	习作单元：把一件事写清楚	童年生活	家国情怀	古代故事
四年级（下）	田园生活	科普	与综合性学习结合：现代诗	动物朋友	习作单元：按游览的顺序写景物	儿童成长	人物品质	中外经典童话
五年级（上）	万物有灵	策略单元：提高阅读速度	民间故事	家国之殇	习作单元：介绍事物	舐犊之情	四季之美	读书明智
五年级（下）	童年往事	古典名著之旅	综合性学习：遨游汉字王国	家国情怀	习作单元：描写人物的方法	思维的火花	异域风情	幽默和风趣
六年级（上）	触摸自然	革命岁月	策略单元：有目的地阅读	小说	习作单元：围绕中心意思写	保护环境	艺术之美	走近鲁迅
六年级（下）	民风民俗	名国名著	习作单元：写出真情实感	志向与心愿	科学精神	综合性学习：难忘小学生活		

（二）跨单元、跨年级设计学习主题

提炼学习主题也可以打破教材自有单元以及年级的界限和藩篱，勾连不同册次、不同单元，做到上下融通，整体统筹。例如，五年级上册第四单元的人文主题是"家国之殇"，该单元选取了一系列激发学生家国情怀的文章，展现了作者对国与家深沉的爱；五年级下册第四单元的人文主题是"家国情怀"，该单元编排了《从军行》《秋夜将晓出篱门迎凉有感》《闻官军收河南河北》三首古诗和《青山处处埋忠骨》《军神》

《清贫》三篇课文，凸显了革命先辈的责任担当和伟大情怀。在教学时，教师可以围绕中国革命传统文化，将两个单元进行有选择性的融合，以"感受革命文化，肩负家国担当"为学习主题，实现跨单元、跨年级的集中研讨。

（三）跨学科设计学习主题

跨学科主题学习是指通过整合两种以上的学习内容，在学科教学中，有意识地关联其他学科，打破学科壁垒，加强不同学科之间的联系，以培养学生的综合素养为目的的学习方式。各学科在同一"议题"或"主题"的统率下，就容易形成学科之间横向的意义关照。例如，六年级下册第一单元围绕"民风民俗"的人文主题进行编排，课文涉及各地的独特习俗，如北京过春节的民俗活动、腊八粥给孩子们的独特感受、古诗中的传统节日等。正值春季开学，春节刚过不久，此时设计"聊聊家乡的春节习俗"学习主题，学生自然会兴趣高涨。教师可以引导学生分享家里的"年味"，深入收集、探寻春节的传统习俗，打通语文、艺术、科学等学科界限，用多种多样的方式展现自己的研究成果，从而提高学生对传统文化的兴趣，积极传承中华优秀传统文化。

二、实施学习主题的有效策略

（一）提高整合质量，构建知识体系

主题学习的落实需要围绕学习主题对课程内容进行有效整合。教师要深入挖掘和理解学习主题与单元文本之间的关联，适当的时候还可以拓展教学资源。例如，教学五年级上册第六单元时，不能仅停留在"父母之爱"的情感体会上，还要引导学生基于语文要素，体会场景、细节中蕴含的感情，并进行多角度的整合。又如，某教师在执教四年级上册第五单元写作单元时，围绕"童年时光展"这一主题情境，将"用事情六要素和叙事描写把一件事写清楚"的大概念和"如何把一件事写清楚"这一单元核心任务贯穿整个单元教学的始终。在设计教学资源时，借助精读课文《麻雀》和习作例文《我家的杏儿熟了》，以及初试身手任务一来完成第一个阶段任务——学习单元"用事情六要素和叙事描写把一件事写清楚"的习作策略；借助精读课文《爬天都峰》和习作例文《小木船》，以及初试身手任务二来完成第二阶段的学习任务——读写结合，寻找写作密码……整个教学设计将单元教材的各个板块——精读课文、交流平台、初试身手、习作例文及单元习作的目标等有序统整到系列任务之中，让资源和任务密切配合，有效整合，以确保各个学习任务有序展开，最终落实学习主题和核心任务。

（二）调整课堂结构，促进自主学习

主题学习要落实在语文实践活动当中，必须强调学生在学习活动中的主体地位，在师生合作、生生合作中完成语文实践活动。这种学习方式涉及的文本较多、容量较大，教师在教学时需要调整教学结构，对教材安排进行重组，以主题为引领进行群文

阅读，打通读写学习，实现学习进阶。例如，四年级下册第四单元，单元人文主题为"动物朋友"，编排了三篇描写动物的状物类文章《猫》《母鸡》《白鹅》，以及习作《我的动物朋友》。教师可以从不同角度引导学生进行对比阅读，归纳阅读、写作规律。其课堂教学结构可以进行如下设计：

1. 自主阅读，整体感知。通读单元课文，勾画表达作者感情的词、句、段，对"作家是如何表达对动物的感情的"形成整体印象。

2. 比较阅读，合作探究。（1）通过填写表格，比较三篇课文在描写动物特点、表达方式、抒发感情上的联系和区别；（2）学生之间进行交流探究，完善表格，深化认识。

3. 拓展思考，尝试写作。（1）根据课文学习中完善的表格，形成一份状物类文章写作的表格，呈现状物类文章写作的要素；（2）写一篇文章，向同伴介绍自己的动物朋友，依据写作表格互相点评修改。

（三）分解学习主题，细化学习任务

学习主题是凝练的、具有统整性和综合性的议题，教师要在实践中予以分解，将复杂的学习主题细化、落实在有层级性的学习任务中，让学生由浅入深，逐步实现对学习主题的深入学习和探究。以四年级上册第四单元为例，可以围绕神话阅读展开学习。教材指出，该单元的学习目标是"了解故事的起因、经过、结果，学习把握文章的主要内容；感受神话中神奇的想象和鲜明的人物形象；展开想象，写一个故事"。若本单元的学习主题确定为"展开合理想象，学写神话故事"，则可以将学习任务进行如下设计：

任务一：搜集神话故事，了解神话故事的基本特点，通过起因、经过和结果，把握神话故事的基本内容。

任务二：深入阅读课文，勾画文章中展现神奇的想象和描写人物形象的段落，比较分析其中异同。

任务三：交流探讨神话故事和实际生活的关联；发挥想象，尝试写作故事：我和_____过一天。

【案例】

六年级上册第八单元学习主题设计与单元整体教学①

一、基于单元教材分析的学习主题凝练

统编版教材六年级上册第八单元的人文主题为"走近鲁迅"，单元导语引用了臧克家的话："有的人死了，他还活着。"教材编排了四篇课文：《少年闰土》《好的故事》《我的伯父鲁迅先生》《有的人》。节选自小说《故乡》的《少年闰土》，刻画了少年闰土的美好形象，是鲁迅塑造的众多人物之一，将其与《故乡》全文联系起来，可以充

---

① 许真真.基于学习主题与资源双向奔赴的单元整体教学设计：以六年级上册第八单元为例［J］.语文建设，2023（2）：15-18.

分体现鲁迅先生的精神。《故乡》写鲁迅自己回故乡、在故乡、离故乡的所见所闻，表现了辛亥革命前后农村的破产和农民生活的痛苦。小说结尾"其实地上本没有路，走的人多了，也便成了路"画龙点睛，揭示了主旨，也体现了鲁迅对现实的强烈不满和改造旧社会、创造新生活的强烈愿望。《好的故事》写作者在一个昏沉暗夜的梦境中，表达了对"昏沉的夜"的极度不满，以及对美好未来的向往。《我的伯父鲁迅先生》从他人的视角表现鲁迅"为自己想得少，为别人想得多"。《有的人》是现代诗，颂扬了鲁迅先生甘为人民做牛马的不朽精神。四篇课文中有三篇都是直接表现或颂扬鲁迅的，一篇进行适当拓展后也可以体现出鲁迅的精神，因而可以将学习主题确定为"从多个侧面初步领悟鲁迅的不朽精神"。

二、基于主题的单元资源重组

《好的故事》的写作时间虽然晚于《故乡》，但它是抒情文，是作者抒发自己情感的文章，读者可以通过这篇文章直接窥视鲁迅的内在精神。根据学习主题"从多个侧面初步领悟鲁迅的不朽精神"，可以将直接窥视鲁迅内在精神的《好的故事》放在第一篇进行教学。

《少年闰土》刻画了少年闰土的美好形象，只读节选内容，无法体会鲁迅的精神，必须补充《故乡》其他部分作为学习资源。

本单元习作是"有你，真好"，要求通过一件事写人，但这个人与"鲁迅精神"没有内在关联，无法被学习主题统摄，读与写关联度都不高，所以不纳入单元整体教学设计中。

三、单元整体教学设计

（一）单元目标设计

1. 通过相关资料，了解鲁迅的生平和文学成就。

2. 阅读抒情文《好的故事》，借助资料体会鲁迅对现实的不满和对未来的向往；

3. 阅读《少年闰土》，感受少年闰土的美好形象，并阅读《故乡》的其他部分，体会鲁迅对现实的强烈不满和希望改造旧社会、创造新生活的强烈愿望。

4. 阅读纪念鲁迅的作品，借助资料体会他人笔下鲁迅的形象，进一步加深对鲁迅精神的感悟。

（二）课时和系列学习任务设计

课时	学习任务
第1课时	（教师播放鲁迅葬礼的视频，提出问题：鲁迅逝世，为何让中国人民如此悲痛？） 学习任务1：小组内交流有关鲁迅生平的笔记或记录卡，派代表在班级分享。 学习任务2：小组内分享有关鲁迅文学成就的笔记或记录卡，派代表在班级分享。 学习任务3：小组内分享有关对鲁迅评价的笔记或记录卡，派代表在班级分享

课时	学习任务
第 2~3 课时	（学生课前搜集并阅读作者创作《好的故事》前后中国社会现实的资料。） 学习任务 1：熟读课文，画出《好的故事》第 4 自然段中最能概括故事"好"的两个词语。 学习任务 2：在作者的梦境里，哪些景物"错综起来像一天云锦"，哪些景物"万颗奔星似的飞动着"？请分别用波浪线和横线画出来。 学习任务 3：联系课后"阅读链接"，谈谈你对课文结尾"我总记得见过这一篇好的故事，在昏沉的夜……"中"昏沉的夜"的理解，并说说你体会到的《好的故事》所蕴含的作者思想感情。 学习任务 4：阅读鲁迅名言"文艺是国民精神所发的火光，同时也是引导国民精神的前途的灯火"。结合从《好的故事》中体会到的思想感情，谈谈你对鲁迅为何弃医从文的理解。 学习任务 5：有感情地朗读课文
第 4~6 课时	（学生课前自读《故乡》全文。） 学习任务 1：默读课文，一边读一边想，课文写了闰土的几件事，运用已掌握的概括小标题的方法，给每一件事拟一个小标题。 学习任务 2：默读"月下刺猹"的段落，画出描写闰土外貌、动作、语言的词句，说说少年闰土是一个怎样的人。（学生在完成此任务的过程中，教师要引导学生一边读一边想象画面，并联系文中的少爷和身边的同龄人进行思考，小结学习方法。） 学习任务 3：自读课文中写闰土的其他几件事，画出描写闰土外貌、动作、语言的词句，一边读一边想象画面，并联系文中的少爷和身边的同龄人，想想少年闰土是一个怎样的人，在学习单上写下来。 学习任务 4：阅读《故乡》中写"我"再次回到故乡与中年闰土见面的段落。想一想：中年闰土与少年闰土有哪些不同？你从中体会到什么？ 学习任务 5：阅读《故乡》的结尾，联系《好的故事》表达的思想感情，谈谈你对《故乡》结尾所表达的情感的体会
第 7 课时	（课前阅读鲁迅的《给颜黎明的信》和阿累的《一面》。） 学习任务 1：默读文本，一边读一边想文中写了鲁迅的几件事，并运用已掌握的概括小标题的方法，给每一件事拟一个小标题。 学习任务 2：再次默读文本，在读懂全文大意的基础上，画出最能概括鲁迅高尚品质的句子。 学习任务 3：结合文中的事例，谈谈你对"他为自己想得少，为别人想得多"的理解。 学习任务 4：结合《给颜黎明的信》和《一面》以及你搜集到的其他资料，用2~3 个事例在学习单上写下你对"他为自己想得少，为别人想得多"的理解

（三）学习任务评价标准示例

1. 根据第 7 课时学习任务 3 可以设计如下评价标准：

（1）运用的资料既有"他为自己想得少"的，也有"为别人想得多"的（共 3 颗星）。

（2）运用的资料总数不少于 2 个（共 2 颗星）。

（3）结合资料写出自己的理解（共3颗星）。

2. 根据课文《有的人》与《我的伯父鲁迅先生》设计题目，检测学生的学习效果。

（1）熟读《有的人》，在学习单上完成以下两道题：

① 从本单元学过的课文或你搜集的资料中，举出不少于2个事例，谈谈你对鲁迅先生"俯下身子给人民当牛马""情愿作野草，等着地下的火烧"的理解。

② 从本单元学过的课文或你搜集的资料中，举出不少于2个事例，谈谈你对"到处是青青的野草""群众把他抬举得很高，很高"的理解。

（2）诗歌中多处运用了对比的手法，请你找出来，多读两遍，谈谈这样写对表现鲁迅先生的精神有什么好处。

【案例分析】

学习资源是提炼学习主题的基础和依据，学习主题同样影响学习资源的筛选与整合。以上教学设计的亮点在于有效整合了现有教材内容，合理使用了教材各个部分的资源，通过资源统整，明确学习主题，并实现了主题教学与大单元教学的结合。

本案例兼顾课程标准要求及学情现状，通过全面考量制定单元目标。其中，学习任务的设计也始终围绕学习主题，结合单元目标展开课时规划，逐层分解系列学习任务和活动，语言简洁明了。学习主题、单元目标、学习任务相互呼应，脉络清晰，逻辑性强。

切实关注"教—学—评"一致性的具体落实。在设计学习任务时，提前考虑了学习评价的需求，在指向评价任务的同时，暗含评价标准，为学生自评、互评提供支架。案例所设计的引领性学习主题让学习真实发生且具有一定深度。教师没有刻意追求某种范式，而是立足教材，充分挖掘教材资源，通过学习资源和学习主题的相互作用优化教学过程。

 教学建议

一、勾连学习任务群、教材及学情，把握学习主题要求

强化学习主题的引领作用，构建主题学习框架，既要关注学习任务群的导向和要求，又要兼顾教材内容和学情。从学习任务群来看，2022年版课程标准根据学段特点，为六个学习任务群安排了不同侧重的学习内容和教学提示，学习主题的提炼可以从中梳理对应的要求和建议。从教材编排来看，"人文主题"和"语文要素"两条线索贯穿现行统编版教材的每个单元，还有相应的单元导语、学习提示及课后习题为"学习主题"的确立提供参考。从学情来看，结合学生现有水平及已有学习经验，统筹规划学生的最近发展区，以学习主题激发学生的潜在能力。

二、基于文本内容或实践活动，设计丰富多样的学习主题

学习主题的提炼强调内容的重组与整合。换言之，学习主题的丰富性决定了学习内容的丰富性。在设计语文学习主题时，教师要做好规划，通过教材、自开发等多种渠道设计多种类型、多维度的主题，以丰富语文学习的内容，拓展其深度和广度。语文实践活动是设计学习主题的维度之一，包括"识字与写字""阅读与鉴赏""表达与交流""梳理与探究"。学习主题的提炼可以从语文实践活动出发，设计"诗歌朗诵""新闻访谈""演讲"等多种多样的主题学习活动，并涵盖听说读写各方面的综合能力，强化学生的语文学习兴趣，使学生深入感受语文学科的魅力，促进素养培养落地。

三、聚焦学习主题，与核心任务、学习评价等相呼应

在主题教学中，学习主题强调"为什么做"，学习任务则侧重"要如何做"。随着学习主题的确定，学习框架和范围相对趋于完整，学习任务的设计也应在学习主题的基础上加工，确定核心任务，进而围绕核心任务分解，开展层次化、结构化的若干学习任务。教师在采用任务驱动整合教学时，应注意以学习主题为导向，兼顾任务的挑战性、创造性和综合性，通过引导学生解决真实问题，提升学生的能力水平，加强内容整合。

同时，评价也应该紧紧围绕学习主题，与学习任务同步规划，以强化其针对性和有效性，避免碎片化、滞后设计带来的种种问题。教师要根据不同的学习主题和目标设计不同的评价方式，选用有效的评价工具，关注评价主体的互动与交流，确保教学过程和学习过程在学习主题的引领下，满足"教—学—评"一致性要求。

2-6 如何处理单篇与群文等学习资源？

 问题提出

群文教学并不是一种全新的阅读理论或方法，对一线教师而言，其概念也并不陌生。早在 2022 年版课程标准颁发之前，中小学语文教育界已经展开过一轮与群文（阅读）教学相关的理论和实践探讨，形成了一些基本共识。但随着学习任务群概念被提出，许多教师再次陷入单元整体教学、主（专）题教学和群文教学等相关概念理解的混乱中，并因此产生了一些实践困扰。这些困惑主要表现在以下两个方面。

一、曲解新理念，简单化对立单篇教学和群文教学

2022 年版课程标准颁发之后，课程整合的理念和教学诉求日益增强，单元整体教学的探讨日益丰富。而正是因为教师的课程整合意识还相对薄弱，实践尚在探索阶段，从国家到地方层面推出的各类培训、教研和评价等也都加重了单元整体教学示范的力度。另外，部编版中小学语文教材出版发行之后，部分课文如"古诗词三首""短文两篇"等都是组合式的。从某种意义上说，这从多个层面展示出群文整合教学的新要求。许多教师不免会产生一些疑问——现在强调大单元教学、大概念教学，强调整合、组合和专题教学，是不是意味着单篇教学过时了，不用或者不能开展了？这种对立的思维在教学实践中的表现就是简单化选择：部分教师无力追赶新的理念，无视课程标准和教材变化，选择始终坚持单篇教学；部分老师过分追求群文教学、单元整体教学，放弃多年来语文单篇教学的经验。

二、对群文和单篇的认识不足，阅读教学推进误区较多

在广泛的单元整体教学、资源整合过程中，一些教师对群文教学的内涵和特征把握不准，导致误区较多。例如，有些教师望文生义，以为群文就是文本数量的简单叠加；有些教师无法正确处理"群文"与"单篇"的关系，不知道组合文本中单篇和整体之间是什么关系，不知道如何处理单篇教学时的文本精读和文本聚焦问题。另外，还有一些教师虽然理解了群文教学的价值，但在教学推进中很难找到真实而有凝聚力的议题，很难摆脱教材组合资源，更无法提取抽象而又有统领性的概念，导致群文阅读目标不明、教学随意性大等问题。

总之，开展基于学习任务群的教学，进一步落实整合性学习要求，必然不能回避文本整合的方式和教学问题。探讨如何在学习任务群教学中组建学习资源，处理好单篇与群文、专题教学等相关资源的组合方式及其教学实践的问题，也是当前落实学习

任务群教学的关键所在。

一、群文教学的特征

近年来，对"群文教学"的研究日益丰富，并逐步清晰。虽然不同的学者对其概念的描述不尽相同，但总体来看，群文教学是基于教学需要，通过阅读一组有内在关联的文本，在联系、比较、贯通、融合中进行梳理、探究等阅读活动的过程。关于群文教学的基本特征，学者们已基本形成了一致认识。

首先，群文教学是针对单篇教学提出的。从某种意义上说，群文教学确实是一种提升。这种提升打破了语文课堂教学以单篇为主的固有模式，把课程意识带进了语文教学设计，激活了教师教学的想象力和创造力，提高了语文教学的效率和质量[①]，实现了语文阅读中"这一篇"与"这一类"的区别和跨越。

其次，与单篇教学相比，在同样的教学时间内，群文教学要呈现多篇文章，而非单一的某一篇。关于群文教学的优势，学者们达成的共识较多，一般认为，与单篇教学相比，群文教学呈现出以下四个方面的特征。

第一，从学习容量上看，知识范围增大，学习的整体性增强，一组文章的学习和一篇文章的学习是完全不同的。

第二，从学习内容呈现上看，多元多样的文本让语文学习变得更加立体、丰富，知识的系统性、复杂性得以体现。以游记为例，如果只有一篇文章，呈现的可能只是自然山水游记，而一组游记类文章，可能既有人文地理类游记，又有自然山水类游记。同样的山水游记，可能景物描写的情态和方式完全不同。在对不同类型的游记类文章进行比较学习的过程中，学生对"游记"的认知就会更加全面。

第三，从学习过程上看，群文教学更加强调多种阅读模式、阅读方法、阅读策略的综合使用，也更关注学生的自主学习。正因为文本的丰富性、凝聚力增强，所以在组合文本中展开整理、归纳、对比、联合等阅读认知活动和多种类型的整合教学，运用浏览、略读等阅读策略的可能性也大大增加。从教学文本聚焦上看，教师也必然学会抓重点、抓目标，学会取舍，以提高学习效率。

第四，从学习结果上看，语文学习者在学习策略选择、主题关联、挑战长文，以及形成辩证思维、求同求异思维的能力，实现认知迁移、策略迁移等系列素养方面也必然得到综合发展。

---

① 潘庆玉.群文阅读：由链接而群聚，因秘响而旁通［J］.语文建设，2018（1）：26-33.

二、单篇教学与群文教学的关系

单篇教学是我国语文教育的百年积淀，多年来一直是我国阅读教育中最为常见的教学形式。从群文教学的特征不难发现，群文教学不能离开单篇教学独立进行，开展学习任务群教学必须正视并重视单篇教学和群文教学的关系。

首先，从学习准备来看，单篇教学是群文教学的必要基础。从小学语文学习的角度看，单篇学习，尤其是精读，是必要的，也是基础。必要的语文概念的认知，阅读知识体系的初步建立，阅读策略的逐步认知，以及阅读习惯、阅读情意等都是在单篇教学过程中逐步夯实的。从小学生学习语文的角度看，单篇教学甚至是第一位的，也是永远需要的。群文教学强调多文组合，注重更有深度和更有广度的学习，但这些基础不坚实，也很难落到实处，甚至困难重重。所谓"无单篇，不群文"，就是这种需要的典型说明。

其次，从学习资源联动的角度来看，群文教学是单篇教学的拓展和延伸。如果说单篇教学解决的是"这一篇"文章的教学价值问题，那么群文教学就是要解决"这一类"文章的教学价值问题，即通过这一类文章我们要解决的问题。

最后，从教学模式的适用性来看，单篇教学和群文教学要互相结合，互为补充。单篇教学对经典文本精读、建立阅读基础有非常好的帮助，但它在追求知识的深度、广度以及促进学生素养迁移等方面的作用远不如群文教学；群文教学虽然整合性强，但倘若缺少了对单篇文本的细致分析和文本解读，也很难建立真正的整合与联系。在学习任务群教学中，二者均应有合理的出场，并相互补充，共同促进学生核心素养的发展。

需要说明的是，传统的单篇文本虽然指向语文要素的落实，但其自身依然保持着相对独立的教学使命与功能。学习任务群视域下的单篇文本则需要确定其所对应的学习领域，然后依照相应的学习任务群、学段学习要求以及教材安排等来确立相应的学习任务。同样的文本，归入不同的学习领域，所形成的学习任务也会发生变化。

 问题解决

一、议题聚焦：学习资源选择的前提

群文阅读并不是简单的篇章叠加，而是围绕一个核心议题选择具有较丰富的互文关系的多个文本（片段）展开深入的研究和学习。因此，选择有价值的议题是开展群文教学的有效前提，议题设计的意义在于用少而深的学习内容代替多而浅的学习内容，促使学生学习一些典型文本，解决一些具有代表性的问题，达到以点带面、事半功倍的效果，也能使学生从整体上理解语文学科的特点，养成语文学科的思维方法。[①] 例如，以"作家"为议题，将老舍的文章放在一起，学生阅读后可以了解老舍的写作风

———————————
① 刘倩，马云鹏.单元主题学习：深度学习的有效路径：以"择生与择死"单元为例［J］.中学语文教学，2019（6）：16-19.

格，进而走进其他作家；以"体裁"为议题，将世界各地的创世神话组合在一起，学生就能了解神话的特点，进而可以了解童话、民间故事、诗歌、小说的特点；以"阅读策略"为议题，则可以将《渔歌子》《黄鹤楼送孟浩然之广陵》《面朝大海，春暖花开》等诗歌组合在一起，利用"抓住诗歌里的矛盾读懂诗歌"这一阅读策略展开教学。

由此可见，"议题"就是一组文章中蕴含的一个或多个可供师生展开讨论的话题，具有开放性、可议论性、可建构性和系统性。群文阅读中的议题可以与教材的单元主题保持一致，也可以由教师灵活安排，作者、体裁、写作风格或阅读策略、表达方式等都可以作为议题选择的方向，这些也必然会影响学习资源的选择。

二、文本组元：群文教学的核心

群文教学的落点在于"群"，即多文本的选择和多文本的组合都至关重要。议题确定后，可选择的文本很多，教师应基于课程标准、学情等确定文本。选择哪些文本，如何选择，如何在学习任务群教学中安排学习内容，逐步完成文本阅读，是影响群文教学质量的关键。一般而言，围绕议题选择和组合文本要遵循以下原则。

第一，考虑小学生特点，文本难度和数量应适中，文本形式多样。教师要根据学段特点，有针对性地选择文本，如针对小学低段，应尽量选择短小的童话故事、儿童短诗、小韵文等。也可以结合小学生的阅读心理，选择图画书等图文并茂的文本，激发学生参与阅读、自主阅读的兴趣。文本数量和梯度的安排也要适中，数量不宜过多，小学低段还涉及识字问题，应适量选择注音版文本。另外，还要结合小学生的生活实际，在选择资源时适当考虑音视频资源，增加动画卡通人物形象等。例如，蒋军晶老师执教《武松打虎》一文时，就特别注意引领学生针对"打虎"群文——《李逵杀虎》《武松打虎》以及与"武松打虎"相关的图片、视频和非连续性文本等，围绕"武松形象为什么能够家喻户晓并广为流传"这一贯穿课堂教学始终的核心线索进行整体性阅读。

第二，文本之间应既有趋同性又有比较性，即"求同存异"。求同，即文本之间具有共同点——主题相同、结构相似或表达技巧相同、风格相似等具有一定趋同性的文本组成一组群文阅读的文本。例如，五年级上册第一单元《白鹭》《落花生》《桂花雨》《珍珠鸟》四篇课文就是根据同一主题"一花一鸟总关情"选择的结果；如果基于"同中比异"的原则，也可以结合对比写作手法来展开进一步的比较阅读，这四篇文章都采用了对比的手法。同样，这个单元也可以选择其中一个写作要点进一步拓展资源，如"抓住事物特点"，就可以将《白鹭》《珍珠鸟》《猫》等文章结合起来，关注作者是如何写出不同对象的特点的。总之，文本之间的关联，既可以是求同，发现规律，也可以是求异，即通过对不同文本的内容、形式或结构等方面的对比分析，概括出文本之间的异同，从而全方位提高学生的阅读素养。

第三，文本的覆盖面要宽，课内与课外结合。群文阅读的初衷在于扩大阅读的体系，增加阅读的质和量，因此，在选择文本时，要尽量拓宽思路，从课内延伸到课外，拓宽学生的阅读视野。例如，某教师将《桥》《在柏林》《窗》《雪夜》《最后一只乌鸦的最后一句坏话》等不同国家的小小说组合起来，让学生自己去发现小小说最大的特点是出人意料而又情理之中的结局，既拓展了小小说阅读的量，又可以在比较联动中发现小小说的写作特点。

三、文本联动：建立单篇和群文之间的联系

安排好文本等学习资源之后，要通过不同文本（资源）之间的比较和勾连，建立单篇和群文之间的联系，借助文本联动，完成议题问题的解决。文本联动的方式主要有以下两种。

一是从"一"到"类"，精读与略读相结合。即以一篇精读联动多篇略读。需要特别指出的是，这里的一篇往往是教材中具有典范意义的经典篇目或最能突出议题典型问题的篇目。一般而言，该篇的教学也多采用精读的方式进行，精耕细作，形成对议题关键问题的关键性认识，继而推广到"类"。显然，这里的一篇是基础，一类是拓展的巩固和延伸，这样有助于学生形成总结，理解其主题或结构或写法等方面的同质性和异质性，进而形成普遍性、规律性的认识。例如，五年级下册第一单元《祖父的园子》可以与《吟唱》《童年的萤火虫》组成群文，《祖父的园子》是教材重点篇目，设置为精读学习篇目，可以设置提问：园子有什么特别之处？园子里的"物"都有什么？你最喜欢什么，为什么？继而通过略读完成其他三篇文章的学习——三篇文章都写了"物"，在你看来，有哪些是相同的，又有哪些不同？从精读走向略读，从相同走向不同，最终了解作家作品中儿童式的表达风格。① 总之，群文教学策略的选择要凸显精读课文的功能，教师要引导学生展开读、比、议、统筹阅读学习活动，以形成对改组文章的整体性、建构性认识。

二是遵循任务解决逻辑，结构化文本（资源）。群文是资源整合的一种方式，如何将群文阅读和问题解决能力相关联，也是当下学习任务群教学提出的新要求。以问题解决为导向的语文课程建设，强调整合课程内容，结构化课程内容，倡导建立单元整合教学形态，即建立篇章之间的关联。单元整合教学中问题展开的逻辑与学习资源设计密切相关。以四年级下册第五单元整体教学为例，围绕单元学习要素"重点描写印象深刻的景物"这一关键问题，教师设计了三个主要学习任务，分别是"一起去旅行""风景这边独好""我来当导游"，分别解决写作时"按顺序""巧过渡""有重点"三个问题。在不同的任务中，教师安排了不同的文本作为解决问题的载体。第一个学习任务选择"单元导语"、课文《记金华的双龙洞》与"习作例文"作为学习资源，主要通过阅读分享游览体验，确定写作顺序；第二个学习任务则安排了课文《海上日出》和单元小练笔"初试身手"，通过读关键语段，浏览全文，体会抓住景物的变化和特点

---

① 邢志敏.群文阅读视角下的单元整体教学设计：以统编教材五年级下册第一单元为例［J］.语文建设，2020（14）：14-17.

来写这一写作策略；第三个学习任务"我来当导游"安排了"交流平台"和"写作"板块内容，设计旅游路线图，写游览经历。总体来看，学习资源的安排与学习任务需要密切相关，学习资源也打破了教材原来的逻辑，做到了重整合、组合、利用。另外，该组资源类型也较为丰富，既有连续文本和非连续文本的组合，也充分利用了现有教材的不同模块，资源"群"中各资源之间的关系也更加灵活、多样。教学设计与实施如下表所示。

"欢歌寻足迹，妙笔绘美景"教学设计与实施

任务	子任务	内容	课时安排	主要活动
一起去旅行	聊一聊游览经历	单元导语《记金华的双龙洞》习作例文	1	分享自己的旅游照片；简单谈自己的游览经历
	跟着作家去旅游		2	梳理文中的路线图；读一读地点转化过渡句
风景这边独好	作家笔下的奇观	《海上日出》初试身手	2	读关键语段，浏览类文，体会怎样写景物变化与特点；小练笔，写景物特点
	推荐赏景好去处			
我来当导游	设计旅游路线	交流平台习作"游＿＿＿＿"	1	设计旅游路线图；写游览经历，评选最佳游记
	写我的游览经历		2	

【案例】

单元整体教学视域下《"精彩极了"和"糟糕透了"》单篇教学设计①

一、单元学习目标

《"精彩极了"和"糟糕透了"》是统编版小学语文五年级上册第六单元第三篇课文。本单元的人文主题是"舐犊之情，流淌在血液里的爱和温暖"，也就是体会父母之爱。语文要素有两个：阅读方面是"体会作者描写的场景、细节中蕴含的感情"；表达方面是"用恰当的语言表达自己的看法和感受"。

明确这一整体性目标，知道了"教什么"，接下来，关于"怎么教"就要创设有效的单元学习任务群。人文主题方面的学习任务必然是"感受父母之爱"，如筹划"父母之爱朗诵会"，拍摄微电影、小视频《我的父亲母亲》《我与父母》，讲讲、写写父母关爱你的故事，谈谈你对父母之爱的看法等。语文要素的学习任务必然与读、圈、画、标场景和细节，以及体会感情、仿句段学练表达方法等有关。单元学习任务群确立了，分解落实到单篇文本上，则需通过用心解读文本而定。

《"精彩极了"和"糟糕透了"》学习任务活动便是基于上述单元大任务、紧扣文本的人文主题和表达特色而设定的。

① 张素芹."单元整体教学"视域下单篇教学任务的设计策略：以《"精彩极了"和"糟糕透了"》为例[J].语文教学通讯，2022（33）：54–56.内容有删改.

二、教材内容及表达特色简析

（一）教材内容简析

《"精彩极了"和"糟糕透了"》的作者是美国著名作家巴迪·舒尔伯格，文章写的是作者小时候写的一首诗得到父母两种极端的评价：母亲认为"精彩极了"，父亲认为"糟糕透了"，以及这两句评价对其人生的影响，以此表现爱有两种不同的形式。文章分为两部分：第一部分是叙述童年故事；第二部分是谈成年感受。文章条理清晰，主题明确。

（二）表达特色简析

本文在表达上有以下三大特色：以动作描写为抓手对"等待"场景进行工笔细描；以语言描写为抓手对争吵场景进行精彩再现；叙述与抒情议论相结合，主题明了。

三、学习任务设计框架

四、学习任务设计要点

学习任务一："工笔补白"，抓住细节话焦急

这一学习任务设计紧扣文本表达特色一——抓动作进行细节描写来设计。文章第四自然段"七点。七点一刻。七点半。父亲还没有回来"。三个词语，三句话。作者为什么不直接写：七点半，父亲还没回来。而是要这样一一强调呢？因为这样写更能表现作者等待的焦急、煎熬，他是看着钟表数着时间度过一分一秒的，真是度秒如年。七点，"我"焦急的表现如何？七点一刻，"我"更焦急了，我又会有怎样的表现呢？七点半呢？显然这是文本留白的技巧，不仅突出表现了作者等待的煎熬，同样给我们留下了想象补白和进行言语实践的空间。因此，引导学生仿照第三自然段细节描写，再来"工笔补白"：七点，七点一刻，七点半，作者焦急等待的语言、动作或神情等细节描写。在具体的语言情境中，学生感受语言文字的丰富内涵，语文素养得以有效提升。

学习任务二："争吵"继续，丰富言语诉关爱

这一学习任务实践活动主要依据表达特色二、三创设。

教学片段一：

师：请大家读一读第六至第十三自然段，你感受到巴迪父母争吵的火药味了吗？

师："我再也受不了了……饭厅里，父母还在为那首诗争吵着。"巴迪跑进了卧室，他们的父母又该怎样继续争吵呢？谁愿意扮演这一对父母在饭厅里继续"争吵"？（学生表演。）

> 师：现在请你结合"他们的争吵"并大胆发挥想象让"争吵"更为激烈些吧！仿照这一部分的表达方法，也用提示语在后、在中或不同的方式写一写他们继续争吵的内容。记住要让他们各自说出自己为什么要如此评价巴迪的诗，开始动笔吧！

这一情境创设和练笔任务设计，使学生在为巴迪父母设计为什么要如此评价巴迪的诗的台词时，让父母双方各自从自己的教育观点上表明心迹。"我鼓励他是为了让他有信心，你这样打击他，他会灰心丧气……""我批评他是实事求是，是让他能认清事实，不会让他盲目骄傲，盲目自信，我同样是为他好……"学生能写出来时自然说明他们已经体会到了这两者都是爱。课文"争吵"片段中没有明说的爱在续写中得以挑明，"体会父母之爱"和"学会感恩"使语文课程的主题内涵和育人功能得以凸显。同时这一任务实践活动不仅让学生体会到父母之爱，还为学生提供了一个"语用"践行平台。而第三至第六自然段的文本又是仿写的母篇。学生通过仿写"了解国家通用语言文字的特点和运用规律，形成个体的语言经验"，以语言描写为抓手写场景。

学习任务三：倾情诉说，选择方式传真情

> 教学片段二：
> 师：课文学到这儿，相信你们已经体会到巴迪此时此刻的心情。你能用哪些词语说说他的心情呢？
> 生：骄傲，幸运。
> 生：感动，父亲宁可让"我"误解他不爱"我"，也要提醒我。
> 师：你是从哪些句子中体会到这些的？
> （学生读相关句子。）
> 师：爱要大声说出来！现在你就是巴迪，此刻你就处于"感恩父母"演讲会的现场，你愿意大声把自己这些发自肺腑的感激之情讲出来吗？
> 师：开始练习吧！精彩的演讲马上开始。
> （这一学习任务设计直奔作者议论、抒情的关键句。议论、抒情句是最适合演讲渲染情感的，此设计既抓住了这一语体特点，引导学生悟情，读出讲好，又再次落实了人文主题目标。）
> 师：巴迪理解了两种不同方式的爱，并采用议论和抒情的方式直接表达了自己对父母的感激之情。你的父母是怎样爱你的？你理解他们的爱吗？
> （学生表达。）
> 师：现在你想对爸爸妈妈说些什么呢？请注意表达的方式。
> （学生表达。）
> （教师相机指导，如果是感激之类可直接抒情；如果是提建议之类则要委婉，要多从对方的角度提出。）

此学习任务设计紧扣文本表达特色，结尾两个自然段采用叙述与议论抒情相结合的方式，落实了"学习用恰当的语言表达自己的看法"这一"语用"要素目标。

五、教学流程

（一）谈话导入，板书课题

（二）自读提示，明确目标

（三）默读课文，理清文脉

思考：课文回忆了一件什么事？（童年回忆部分）作者长大后又是如何看待这件事的？（成年感受）

（四）合作探究，感悟深情

1. 课文提到了几次"精彩极了"和"糟糕透了"？分别是谁说的？他们为什么这样说？

2. 巴迪等待父亲赏诗的心情如何？从哪些描写中可以看出？随着时间越来越晚，巴迪的心情如何？试着仿照第三自然段的细节描写，写写七点、七点一刻、七点半时巴迪等待的情形。

3. 圈画文中的场景描写，体会情感。饭厅里父母还在为那首诗争吵，他们又会怎样争吵呢？请仿照第六至第十三自然段的表达方式，写写他们继续争吵的场景，注意让他们吵出自己这样评价的理由。

4. 成年后的巴迪如何看待父母之爱？你能体会到他的心情吗？请大声读出来。如果这是"感恩父母"演讲会现场，你能替巴迪勇敢地讲出来吗？

（五）拓展延伸，升华情感

1. 巴迪明白了鼓励、严厉都是爱。你明白了吗？你如何看待这两种爱的方式呢？请联系自己的生活实际谈一谈。

2. 凝诗小结，余音绕梁。教师出示自己自创的小诗，配乐和学生齐诵，升华主题。

【案例分析】

第一，教学设计勾连单篇与教材单元。2022年版课程标准提出通过"单元整体教学"落实单元学习任务，受到教学时间限制，"单元整体教学"最终必然要依托每篇课文、每个课时。这个教学设计的可贵之处是正确认识单篇的价值，在新形势中能清醒地处理单篇和教材单元之间的关系。首先，整体把握单元篇章内容及结构，通过整合与梳理明确单元目标；其次，挖掘单篇文本的特色，紧扣特色表达设计相应的学习任务。整个设计基于单元全局，关联单篇资源，规划分解学习任务，逐层深入，以单篇撬动单元。

第二，学习任务与文本特色相呼应。教师扎根文本解读，通过教材梳理和单篇研读发现了该文本的三大表达特色，并聚焦表达特色，结合单元目标，对应设计三个学习任务。有效的文本解读能够帮助教师迅速且准确地抓住教学切入点，呈现文本的独特价值。学习任务与文本特质的呼应有助于再次凸显文本亮点。

第三，结合课型设计流程。《"精彩极了"和"糟糕透了"》属于略读课文，教师在教学时应依据略读课型要求，把握教学特点，即略读课的教学重点在于对精读课所学进行迁移与运用，在巩固强化中提升能力。本篇教学设计侧重引导学生根据学习提示进行自主阅读与交流，充分考虑略读课型特点开展教学。

📖 教学建议

一、强化教师阅读体系构建，为选择资源提供源头活水

群文阅读从议题设定和文本的选取、加工和组元到课堂实施，都离不开教师的课程资源开发能力，对教师的阅读体系提出了很高的要求。从量上看，如果让学生读一类文章，就意味着教师要去读更多的文章；从质上看，如果让学生精读一篇文章，教师就要读更精更专的文章，才能保证精读的效果。同时，从一篇文章到群文阅读，教师需要建立自身的阅读体系，不断结构化不同阅读内容，尝试建立不同篇章之间的逻辑关联，并能根据不同的议题随时提取信息……因此，开展有效的群文阅读，是对教师课外阅读量极大的考验。教师只有多阅读、广涉猎，才能在群文教学中创造性地选择资源、合理安排文本组合，为教学提供源源不断的信息活水。

二、循序渐进，处理好单篇和群文、精读与略读的关系

不论是学习任务群教学本身，还是群文阅读，在教学中都应该遵循循序渐进原则。从学生的角度看，学生要遵循学习的基本规律，从基础学习开始，利用单篇和群文的不同优势，打好基础，逐步推进单元整合学习、主题学习等；从教师的角度看，教师也应遵循教学的基本规律，端正认识，充分认识自身的教学经验，明确单篇和整合教学的适用性，从而有计划有步骤地开展相应的教学。例如，在二年级教学中，在经历多次单篇童话阅读学习活动后，学生对童话文体的感知、理解达到一定的量，此时教师可以开展一次以"有趣的童话"为议题的群文阅读教学，让学生巩固和深化对童话基本表达方式的认知，深化学生对童话的喜爱。三、四年级在经历多次比喻句的单篇教学活动后，学生对比喻的修辞手法有了充分的感知与积累，教师可以开展一次以"比喻手法"为议题的群文阅读教学活动，加深学生对比喻手法的理解，提升学生的鉴赏和运用能力……这样，单篇与群文交叉使用，整体推进，语文学习也会更加扎实。

总之，教师在处理资源和安排课程时，要统筹安排，注意课内外阅读资源相结合，精读与略读相结合，单篇与群文相结合，逐步提高学生的阅读质和量。切忌操之过急，盲目求新。

三、夯实过程，整体统筹，全面推进教学

群文教学看似在一堂课完成对多篇文章的学习与理解，实则需要教师在课前、课

中、课后做充分的准备。课前要考虑学情、教材、学习任务群的要求，选择文本时要关注议题、组合和顺序；课中要调整议题、提供支架、补充资源、做好评价；课后更要总结、反思，关注学生反馈，做好单元总结和梳理等。

总之，各个环节都需要系统统筹和规划。小学语文群文教学面临的巨大挑战在于学生阅读准备不足，因此，如何布置引导性、前置性任务和作业，如何引导学生关注议题，如何确定文本的数量和质量等，都需要教师精心地设计和全面、系统地考量。

第三章

组织语文实践活动：识字与写字·阅读与鉴赏

按照 2022 年版课程标准的界定，语文课程是一门学习国家通用语言文字运用的综合性、实践性课程，应以语文实践活动为主线来组织教学。在语文课程中，识字与写字是基础内容，阅读与鉴赏也是语文教学的重要板块，在这两个领域，人们积累了丰富的教学经验，但也存在一定的知识碎片化等不足。如何从语言实践活动的角度来把握和组织识字与写字、阅读与鉴赏等活动，促进语文学习与社会生活的联系，是新课程实施的重点之一。本章依据 2022 年版课程标准理念，分别从阅读文学作品、开展实用性阅读与表达、开展思辨性阅读、开展整本书阅读等方面分别介绍不同样态阅读教学的价值、内涵、方法，对于提升语文读写等基础内容的教学效能具有积极的借鉴价值。

3-1 如何引导学生在语境中识字？

 问题提出

一、识字是义务教育阶段语文教学的关键问题

语文教学是一个复杂的多元层级体系，字词教学处于这一体系的底层，[①] 也是小学语文教学的关键问题。这是因为：其一，对于语文学科教学本身而言，识字在整个语文教学体系中处于基础性地位，识字教学的成效在很大程度上影响语文其他领域的学习；其二，对于语文教师而言，识字教学是其专业素养中最基础、最核心的构成，也是一名教师接触教学实践后首先需要面临和解决的问题；其三，对于中小学生而言，识字不仅能够丰富其语文知识体系，更能够拓展其获得知识和能力的路径与空间，为学生终身学习和未来发展奠定基础。

二、识字是语文"双新"改革关注的重要领域

随着课程教学领域对于课程实施价值取向和实践方法的批判反思，倡导"基于标准"的教学越来越成为一种流行的范式。[②] 2022 年版课程标准要求：语文课程应引导学生热爱国家通用语言文字，在真实的语言运用情境中，通过积极的语言实践，积累语言经验，体会语言文字的特点和运用规律，培养语言文字运用能力。在 2022 年版课程标准设计的课程总目标中，识字与写字教学是单独目标。不仅如此，课程标准还对不同学段的识字教学提出了明确的阶段性目标和要求，如倡导识字教学目标的拓展，强调在语言环境中识字，强调识写分流等。反观当前的语文识字教学，普遍存在"单个生字教学面面俱到，割裂对文本的整体理解""机械地随文识字，未对一篇课文的生字教学作整体设计""识字教学与阅读教学等融合不够"等问题，亟需得到解决。

三、识字是学生核心素养形成的基础性保障

义务教育语文课程培养的核心素养，是学生文化自信、语言运用、思维能力、审美创造的综合体现。在学生核心素养的培养过程中，识字教学具有重要的基础性价值。从文化自信的角度看，识字学习能够培养学生热爱国家通用语言文字，热爱中华文化，体会参与当代文化生活的情感，形成文化自信；从语言运用的角度看，学会认字是了

---

① 姜利波. 词语教学初探［J］. 聊城大学学报（社会科学版），2008（2）：240-241.
② 崔允漷. 课程实施的新取向：基于课程标准的教学［J］. 教育研究，2009（1）：74-79+110.

解汉字含义以及学会正确理解和表达的基础，识字与写字是学生学会语言运用的基础和前提；从思维能力的角度看，识字教学能帮助学生在语文学习过程中进行联想想象、分析比较、归纳判断，培养学生的高阶思维能力；从审美创造的角度看，汉字蕴含着独特的结构美、形象美、内涵美，通过识字教学引导学生通过感受、理解、欣赏、评价语言文字，能够帮助学生获得较为丰富的审美经验，形成初步的感受美、发现美和运用语言文字表现美、创造美的能力。

 **问题分析**

一、识字教学

（一）识字教学的内涵

识字教学是语文教学的重要组成部分，其基本的教学目的包括：第一，引导学生熟练掌握常用字，作为读写的基础，小学阶段要求累计认识常用汉字 3000 个左右，其中 2500 个左右会写；第二，培养学生熟练运用字典辞书，引导学生自己认识通用字和其他生字；第三，培养学生掌握基本的识字方法，学会思维拓展和举一反三，为后续学习和语文素养积累奠定基础。识字教学法是语文教学法的组成部分，是研究识字训练的目的、要求、步骤和方法。根据语文识字教学的目的论和方法论，在具体的教学过程中，识字教学一般需要遵循认清字形、读准字音、了解字义等具体要求。

（二）识字教学的方法

从目前的研究梳理和教学方法的维度看，识字教学的方法主要包括速成识字法、集中识字法、分散识字法、注音识字法、提前读写法、部件识字法、意义分类识字法、循环识字法、字族文识字法和字理识字法等。其中，集中识字法、分散识字法是语文识字教学中常见的方法。

集中识字法的基本特点是以小学低年级识字教学为重点，识字暂时脱离课文，让学生在两年内学习 2000 ~ 2500 个常用汉字，然后再进行读写训练。其优点主要包括：依据汉字规律，把音、形、义有内在联系的字分别归类集中编在一起，学生依据规律识字，举一反三，有利于识字能力的提高；在识字课上，任务明确集中，教学目标单一，识字量大、速度快。这种识字法的不足之处主要包括：让学生将记忆集中在意义互不关联的一批生字上，难免单调乏味；在音、形、义有内在联系的一组字中，难免有字形过繁、意义抽象、使用率不高的字出现，容易形成新的教学难点，如果处理不当，会加重学生负担；由于识字量大、速度快，教材编写很难做到全面照顾所有生字，总有一些生字不能及时运用和巩固，容易回生；由于年龄所限，小学生观察不够精细，所学生字过早归类辨识，反而容易造成混淆。

第三章 组织语文实践活动：识字与写字·阅读与鉴赏

分散识字法是一种注重音、义联系，以"字不离词，词不离句，句不离文"为主要特征的识字教学方法，又称"随课文识字法"。分散识字法的精髓是"字不离词，词不离句，句不离文"，将识字教学寓于阅读教学之中，把识字教学和培养学生的听、说、读、写能力有机结合起来，互相促进，平衡发展，以求取得多方面的成效。随课文分散识字，既可保证识字质量，又可同时进行语文能力的培养和训练。学生在识字过程中能随时受到课文中规范化语言的熏陶。刚学过的生字新词就在课文中及时重现，学生通过学习课文，既巩固了生字新词，又进一步领会了字词的运用。这样有利于把课文中的语言变成学生自己的语言，为培养学生的读写能力打下良好的基础。此外，分散识字法遵循儿童的认识规律，注重教学艺术与教学方法的研究。注重激发学生的识字兴趣，强调打好识字基础，教给识字方法，培养识字能力，是分散识字法的主张和实施要点。分散识字法的主要局限是不能像集中识字法那样充分利用汉字规律进行识字教学。

近年来，随着语文教学改革的深入和学科交叉的演进，字族文识字法、韵语识字法、计算机辅助识字法、四结合识字法等日渐成为语文识字教学改革的新思路。

二、语境与识字教学

（一）语境的基本概念

语境，顾名思义就是语言使用的环境。从语言学习、语言使用和语言行为的角度看，语境是承载语言行为和语言交往的一个可行性基底。一方面，语言行为和语言交往都是在语境中进行的；另一方面，语境是判定语言行为和语言交往真伪的依据和准绳。①

（二）基于语境的识字教学

所谓语境识字法，就是改革传统的由字引词的认知教学方法，将一篇课文所规定的新汉字融入相应的语境，特别是课文所建构的语境中，并且通过所需的认识方式来完成汉字形、义教学任务的学字方法。②本文所倡导的基于语境的随文识字，即"在语言环境中识字"，其基本要求和价值是将识字教学贯穿阅读的全过程。从识字教学的角度看，"语言环境"并不仅仅是指字、词、句、段、篇，它还包括课文中的插图、多媒体课件，以及整个课堂教学过程中的朗读、说话、口语交际等一系列语言实践活动。教师在对生字进行教学、巩固、反馈时，不一定完全按照课文中出现的顺序，而是应根据教材的特点进行整体设计，将识字与阅读、说话训练、口语交际等有机地融合在一起。这种基于语境的教学，不仅能加深学生对汉字的理解，也能有效促成学生利用所学汉字进行表达和交流的能力，拉近学生语言学习和语言运用之间的距离，还

①　刘伟，郭贵春．言语语境与语境实在［J］．科学技术哲学研究，2016（5）：31-35.

②　太山，林平泽，金琴女．语境识字法略论［J］．佳木斯教育学院学报，2000（4）：28-29.

能让学生在一种更加生动、有趣的环境中学习汉字，拓展思维，体验文化，培育核心素养。

 问题解决

从语言学习的角度看，语境提供了一种更准确理解和记忆语言的环境。语言的理解和记忆在很大程度上取决于语境意义的掌握。奥贝尔和福兰克斯的实验指出，语言的理解是由语义结构（句意）向交际结构扩展的过程。按一般概念理解句子中的词，会给完整的理解带来困难，只有借助上下文和背景知识，才能正确理解句子。由此，语境与字词的准确理解和应用有密切关联，在合适的语境中，学习者能够更好地理解字词的多样性和实践运用要求，建构语言认知与语言实践的内在关联。从语文学习的角度看，语文教学中的语境就是说话人所处的语言环境，指语言交际过程中，为了表达某种特定意义所依赖的主客观因素，包括时间、地点、场合、话题和交际者的身份、心理背景、文化背景、交际目的等。[①] 在不同的语境中，汉字有不同的呈现方式和意义表达，在相应的语境中学习汉字，学生能够更准确地理解汉字的含义，提升汉字认知和理解的有效性。

2022 年版课程标准强调在语言环境中引导学生学会识字的重要性，但是在具体的教学过程中，如何运用合适的教学方法来有效发挥语言环境的积极价值，促进识字教学的改革创新，是新课程改革背景下语文教师必须面临的现实性任务。"在语境中识字"的教学实践应该坚持"24 字原则"，即：合理分布，分步落实；针对特点，各有侧重；方法优化，科学记忆。这实际上也呈现了新课程改革背景下基于语言环境开展识字教学的有效方法。

一、合理分布，分步落实

教材中的课文，有的是儿歌，有的是短文，为教师的识字教学提供了生动的语言环境。为更好地凸显语言环境对识字教学的价值，可以采用"合理分布，分步落实"的策略。"合理分布"指的是生字新词的学习要与阅读相契合，不割裂对文章的整体阅读；"分步落实"指的是生字的音、形、义可以通过"记忆—理解—运用"这三个阶段分步落实，不追求一步到位。在教学中，教师一般可先结合将课文读正确的训练落实读准字音。学生在熟读课文，了解大致内容后，可侧重对字（词）义的了解，适当结合字义的了解和要点，完成对字形的初步记忆。在写字指导时，集中夯实字形记忆。在复习巩固时，可引导学生选择几个生字词语结合课文内容说一两句话，进一步反馈他们对课文内容的了解，落实字词的初步运用。

在日常教学中，教师可以根据课文的内容设计相应的语境来开展识字教学。具有

① 陈丹娜，池朱兴.语境·靶向·价值：识字教学中俗解汉字应秉持的原则［J］.语文建设，2021（12）：4–7.

方法主要有以下三种。

（一）概括性语境中的识字教学

概括性语境指的是教师对文本的内容作一定的归纳和概括。概括的内容至少应符合两个条件：其一，有利于学生比较迅速地了解文本的大致内容。其二，有利于学生借助教师概括的内容相对集中地学习一组生字。教师提供的概括性内容必须包含所学的生字。以一年级上册《雪地里的小画家》一课的语境设计为例。教师可以在学生借助汉语拼音自学生字、自读课文之后，出示这样一道填空题，为学生提供一个概括性语境：

　　雪地里来了一群小画家，它们是（<u>小鸡</u>）、（<u>小狗</u>）、（<u>小鸭</u>）和（<u>小马</u>）。

　　小画家们走了几步，在雪地上分别画了（<u>竹叶</u>）、（<u>梅花</u>）、（<u>枫叶</u>）和（<u>月牙</u>）。

这一概括性内容使5个分散在各处的生字得以相对集中。这一内容又为学生学习生字提供了相应的语境，有利于学生有效认读、记忆和初步理解。同时，这样的设计还有利于学生整体把握课文内容，逐步形成概括能力。

（二）提示性语境中的识字教学

提示性语境指的是教师通过画面、关键词句或相应的句式来呈现文本整体或局部的内容。教师将生字置于相关的"提示"中，通过"提示"所设计的语言环境组织相应的生字教学。以一年级下册《树和喜鹊》一课的语境设计为例。这一课需要认识12个生字。在具体的教学设计和实施过程中，教师抓住"孤单""快乐"这两个统领全文的生字新词，设计一个提示性语境——为什么树和喜鹊一开始很孤单，后来变得很快乐了呢？这种提示性语境的设计目的，一是引发学生阅读的好奇心，从而引领学生进入课文的整体阅读；二是帮助学生借助文中一些重要的词句，如"只有（一棵树、一个鸟窝、一只喜鹊）""有了邻居（好多好多树、好多好多鸟窝、好多好多喜鹊）"，理解生字新词"孤单""快乐"的具体意思，并在语境中有机落实本课另外两个生字新词"只有""邻居"的教学。这一提示性语境带动了整篇课文的阅读，将识字与阅读紧密结合，可谓非常巧妙。

（三）延伸、拓展语境中的识字教学

延伸、拓展语境指的是教师基于文本适度补充相关内容，以期通过与文本若即若离的语言环境设计，复现相关生字，达到巩固和夯实的目的。其主要的教学呈现形式大致可以分为四种：一是基于文本的合理想象；二是文本内容（语言）重组；三是文体的简单转换；四是与课外阅读相整合。以一年级上册《比尾巴》一课的语境设计为例。这一课需要认识的生字有11个。在学完课文后，教师可以请学生朗读下面这段话：

　　猴子的尾巴长长的，兔子的尾巴短短的，公鸡的尾巴弯弯的，鸭子的尾巴扁扁的，松鼠的尾巴张开后好像一把伞，孔雀的尾巴打开后最好看。

在教学过程中，教师根据课文内容，将原本的诗歌转换为叙述性语段。学生在重组的语段中巩固生字的认读，同时，也能让学生在朗读中积累规范的句式，达到一举多得的目的。

二、针对特点，各有侧重

汉字有其基本的构成特点，在识字教学过程中，教师引导学生科学把握汉字的构成特点，分门别类地开展汉字识字教学，既能够有效提升识字教学的效率，也能够引导学生更好地理解和掌握汉字的构成特点和规则，掌握识字方法，达到触类旁通的目的。辩证地看，汉字的音、形、义联结虽然约定成分居多，但总体上存在或多或少的内在逻辑，可为语文生活所用，也可为语文教学特别是识字教学所用。[①] 对于语文教师而言，课堂教学时间很有限，除了识字任务，还有阅读、写作等其他任务，因此识字教学不可能面面俱到。处理好汉字的音、形、义三者之间的关系，引导学生掌握汉字的构成特点，应该是提高汉字教学效率的必然选择。

识字教学要针对特点，各有侧重。也就是说，教师要针对生字的读音、字形、字义等，对生字进行各有侧重的教学。对读音难以掌握的字，要多读；对字形有困难的字，要多写，或交流记忆的方法，了解字的结构、笔顺；对构词率比较高的字，可以通过组词和扩词来积累词汇；对意思难理解的字，可通过造句或结合文章的内容来理解。例如，一年级下册课文《端午粽》中的六个生字"端、粽、节、总、米、间"，教师在教学时就可以做到各有侧重：字音上，要对"粽、总"这两个平舌音的生字进行正音；字形上，要关注"端、粽、节、总、间"这五个合体字，让学生交流识记方法。其中，教学"粽"字时，可以有意识地引导学生去发现"粽"是个形声字，左边的"米"字旁表义，右边的"宗"表音。识字教学应从重视音与形的关联度，逐步向加强形义的关联度过渡。学生在识字过程中进行各有侧重的学习，有利于提高识字教学的效益。

三、方法优化，科学记忆

义务教育阶段的识字教学要根据学生认知的阶段性特征和识字教学的规律，采用合适的教学策略。其中，特别要注重通过教学方法的改革创新，激发学生学习汉字的兴趣，让学生通过科学的记忆方法提升识字效率，感受汉字学习的快乐，形成契合课程标准价值和理念的多样化、科学化的教学方法。

---

① 池朱兴，施茂枝.小学识字要义：识记当代社会成员的约定：再谈让识字教学回归常识［J］.语文建设，2020（2）：15-20.

（一）激发兴趣，运用趣味识字方法

让学生快乐识字，在语文教学中具有不可替代的意义。[①]趣味性识字方法的运用，不仅可以激发学生学习汉字的兴趣，还能提升识字教学的效能。带有趣味性的识字方法如下：

加一加：学习"白"，日＋撇。

减一减：学习"去"，"丢"去掉一撇。

合一合：学习"动"，"云"和"力"合起来就是"动"。

编字谜：学习"回"，大"口"藏小"口"。

换部首：学习"跳"，桃树的"桃"的木字旁换成足字旁就是"跳远"的"跳"。

形声识字："蜻"，声旁"虫"，形旁"青"

形象分析："雨"，想象一幅画面（上面横是屋顶，竖、横折钩像窗户，四点像顺着窗户掉下来的雨滴）。（特别注意：四点的方向）

这些识字方法不仅有趣，还能让学生明白可以根据字的不同特点采用不同的方法来识记，逐渐养成用比较科学的方法识记汉字的习惯。

（二）鼓励个性化，引导学生科学记忆

在识字教学过程中，教师要注意鼓励学生将个性化识字和科学记忆相结合。例如，学习"鼠"字时，有的学生就说"鼠"字就像一只小老鼠，上面的"臼"是老鼠的脸，下面的"㓮"像老鼠的牙齿；"安"字就像小女孩带上了安全帽。之所以采用这样的识字方式，是因为低年级学生的思维比较形象、具体，但是识字不够精确、科学。因此，教师要引导学生掌握规范、简洁的识字方法，利用汉字的特点、造字的规律记字。汉字大部分是形声字，利用这点实施教学能大大提高教学效率。例如，教学"扌"偏旁的字时，可以引导学生发现这类字跟手的动作有关系；教学"氵"偏旁的字时，则让学生思考这类字跟什么有关系。渐渐地，学生就能自主发现一些形声字的规律，这样不仅在一定程度上减少了错别字，而且学生喜欢学，记得牢，提高了识字、用字的准确率。

识字方法还有许多，例如：

增加笔画或者部首，如主＝王＋"丶"；往＝主＋双人旁。

减掉笔画或者部首，如牛＝生－"一"；青＝清－"氵"。

在识字教学过程中，教师普遍感觉到，汉字讲究音、形、义，而其中最难的就是记"形"，有时形近字很容易混淆，或者记了这个字就忘了那个字，特别是对于低年级学生而言，这种现象更加明显。因此，在低年级学生的识字教学中，教师还可以采用以下方法来提升识字教学的有效性。

其一，比较异同，观察两三个生字的相同点和不同点。例如，比较"人"和

3-1 如何引导学生在语境中识字？

---

① 孙宗乐，李晓庆．让学生快乐识字：小学语文低年级识字教学初探［J］．教育现代化，2018（33）：347-348.

"人"，两个字笔画、笔顺都一样，都书写为"撇、捺"，但是两个笔画的位置不同，"人"是撇上捺下，"乂"是撇下捺上。教师要引导学生观察、发现，通过比较来记忆字形。这个方法不仅帮助学生通过比较来区分那些形近字，还可以在比较、识字的同时培养学生的观察力和思维能力。

其二，归类识记，引导学生对汉字进行归类，并寻找规律，减轻识字负担。

部首归类：如一年级下册课文《操场上》中的"跑"和"踢"字的偏旁都是"足"字旁，老师可以让学生用游戏的方式了解这两个字都和脚上的动作有关。这种识字方法不仅可以从字形上，而且可以从字义上帮助学生识字。

部件归类：如"蜻蜓"的"蜓"，右边的构字率很高，这时可以逐步让学生收集汉字的常见部件，并且进行按部件归类的游戏活动。又如，在学习"娃"字时，可以有意识地问学生，"娃"字右边的部分我们在哪儿看到过？学生通过努力回忆，可能会说出"蛙""哇""洼"等字。在这个过程中，学生不再是一个字一个字地学，而是一组字一组字地学，学一个字，复习一组字，学习的效率大大提高了。

【案例】

《树和喜鹊》课文语境中的识字教学设计①

一、进入情境，激趣导入

1. 出示谜语，引出"喜鹊"。

2. 介绍喜鹊：喜鹊在中国被视为吉祥鸟，深受人们的喜爱。喜鹊生活在自己搭的鸟窝里，很安全也很舒服。

3. 学习"窝"，认识"穴"字旁。

4. 今天我们一起读的童话故事和喜鹊有关，这个故事的名字叫《树和喜鹊》。他们之间发生了什么故事呢？

二、初读课文，整体感知

1. 读课文，完成填空。

从前，树（　　　　），喜鹊也（　　　　）。后来，树有了（　　　　），

　　　怎么样　　　　　　怎么样　　　　　　　　　谁

喜鹊也有了（　　　）。树变得（　　　　），喜鹊也变得（　　　）。

　　　　谁　　　　　　怎么样　　　　　　　怎么样

2. 学习"孤""单"，认识"子"字旁、"丷"字旁。

3. 学习"乐"，读准多音字。

三、学习第1、2自然段，了解树和喜鹊孤单的原因

1. 指导读句，读准"一"的读音和多音字"只"。

2. 联系第1自然段，理解"孤单"的意思。

3. 想象孤单的树和喜鹊会说什么。

---

① 案例由上海市虹口区第四中心小学杜怡雯老师提供。

四、学习第 3、4 自然段，了解树和喜鹊成为邻居的原因

过渡：后来这里发生了变化，轻声读第 3、4 自然段。

1. 学习"邻""居"。

（1）注意"邻"是前鼻音。

（2）交流识字方法。

（3）联系课文说说树和喜鹊的邻居是谁，联系生活，说说自己的邻居是谁。

2. 学习"种"，读准多音字。

3. 想象有了邻居的树和喜鹊又会说什么。

五、学习第 5、6 自然段，了解树和喜鹊快乐的原因

过渡：有了邻居后喜鹊过着怎样的生活呢？

1. 读第 5、6 自然段，交流：每天喜鹊在干什么？

2. 学习"招""呼"。

（1）读准轻声。

（2）交流识字方法。

（3）联系生活，演一演怎样"打招呼"。

（4）联系上下文，想象喜鹊是怎样打招呼的。

3. 学习"觉"，读准多音字。

4. 喜鹊有了邻居，生活很快乐，有了邻居的树过着怎样的生活呢？课文没有具体写，请你展开想象，说一说树生活的场景。

【案例分析】

课文《树和喜鹊》的教学目标是：正确认读 10 个生字和 2 个偏旁，读准 3 个多音字；能运用联系上下文的方法，解释孤单、邻居、招呼等词语的意思；能正确、流利地朗读课文，读准"一"的变调；能说出树和喜鹊从孤单变快乐的原因，知道有朋友就快乐。

其中，识字学习是本课的基础性学习目标。在教学设计和实施过程中，教师采用了随文识字的方法，借助课文的语言环境，结合文本的具体内容，运用"合理分布，分步落实"的原则，实现了在阅读过程中有序、有针对性地学习生字。在具体的教学过程中，10 个生字在课堂教学中的分布如下：在课题引入环节，学习"窝"；在整体感知环节，学习"孤""单""乐"；在学习环境的变化环节，学习"邻""居""种"；在学习树和喜鹊的变化环节，学习"招""呼""觉"。这种根据课文内容和语言环境引导学生分步进行文字学习的方法，将生字的学习与词、句、课文的学习相契合，不脱离语境机械、孤立地识字，不割裂对文章的整体阅读，减轻了集中学习汉字可能带给学生的压力和疲惫，也结合文意提升了学生对汉字的理解程度，更好地实现了汉字的理解和记忆。

从识字教学方法的总体运用来看，本案例遵循了基于情境开展识字教学的基本要求和规律，结合课文的内容和教学要求设计了生动的教学情境。例如，指导学生学习"招呼"这个词语时，先指导学生读准字音，再运用形声字构字规律识记生字，然后联

系生活演一演怎样"打招呼",最后回归课文情境,想象喜鹊会怎样"打招呼"。

从汉字本身来看,汉字是音、形、义的统一体。任何一个汉字,只有在一定的语言环境中,它的音、形、义才能具体化和确定化。正如叶圣陶先生所说:"生字生语必须依据本文,寻找那个字语的确切意义;又必须依据与本文相类和不相类的若干例子,发现那个字语的正当用法。"再者,从语文学习的角度来看,把生字放入具体的语言环境中感知、理解、掌握,在教学过程中读说结合,教学内容与形式多样化,可以充分调动学生的学习积极性,使学生在规范语言的熏陶中逐步领会汉字的运用方式,符合低年级学生学习语文的规律。

 教学建议

语文教学要坚持全人发展的教学思想,落实以核心素养为中心的教学目标。对于识字教学而言,要坚持素养导向和全人发展理念,就要跳出单一的思维方式,从整体、系统、联系的视角推动识字教学改革。具体而言,要在识字教学中处理好四个方面的关系。

第一,要处理好识字与拼音的关系。在学生自读课文的过程中,一定要让学生借助拼音把课文读正确,一来可以复习已学过的拼音,二来可以让学生养成"遇到不认识的字,借助拼音读一读"的习惯。

第二,要处理好识字与阅读的关系。一方面,让学生在认识汉字之后,回到课文中读一读,加深对汉字的了解和记忆;另一方面,通过汉字的学习,引导学生加深对文本的理解,通过阅读更好地理解文意,体会感情,达到汉字学习和阅读素养积累同步提升的目的。

第三,要处理好识字与表达的关系。在识字教学过程中,教师有必要提供一些词或句,引导学生进行口头表达训练,这样既可以帮助学生在复习字词的基础上回忆课文的相关内容,又能训练学生的表达能力。

第四,要处理好识字与写字的关系。教师在识字教学过程中要重视学生的写字指导,指导学生写规范的字,树立"提起笔来即练字"的理念。要注意在引导学生识字的同时指导学生写字,使学生在写字的过程中加深识字的印象。

问题提出

一、写字教学是语文教学体系的重要内容

汉字是中华民族的瑰宝，是中华文化的重要组成部分。书写汉字是我国几千年来文化传承和传统教育的必修课，也是现代语文教学不可或缺的一项重要内容。写字是语文学习尤其是识字的有机组成部分，而且对学生良好习惯的养成、文化的熏染，乃至陶冶性情都有着至关重要的作用。在全世界所有文字中，只有汉字书法成为了一门源远流长、异彩纷呈而百代不衰的艺术。这就是我国自古以来在识字教学中始终重视写字教学，并将汉字书写作为语文课程重要内容的原因。从语文教学的历史梳理看，尽管每一个时期的具体要求不同，但是对于汉字写字教学的重视始终伴随着语文教学的改革进程，写字教学始终是语文教学的主要内容。[①] 当今时代，写字教学更是被赋予了重要的社会意义、文化意义和教育意义。《关于进一步加强学校语言文字工作的意见》指出："说好普通话、用好规范字、提高语言文字应用能力是学校培养高素质人才的基本内容。"学生不仅要熟练规范地使用普通话，还要熟练掌握和使用应知应会的规范汉字和汉语拼音，且书写规范。识字能力和写字能力作为语言文字应用能力的一部分，是学生系统接受文化教育的开端，是终身学习的基础。识字与写字是小学语文课程的重要教学内容，是阅读和写作的基础，也是培养学生语言素养的基础。作为语文学科教学的指导性文件，课程标准明确指出学生要通过课程学习具有正确、规范运用语言文字的意识和能力，要认识和书写常用汉字，学会汉语拼音，能说普通话。同时还专门对不同学段明确提出了"识字与写字"的具体要求。这充分说明了写字教学在当今语文教学体系中的重要价值。另外，学会正确合理地书写汉字，不仅有助于品味中华文化之美，涵养文化自信，还有助于中华特有文化的传承、保护和创新。因此，书写汉字理应在语文教学体系中受到重视。

二、写字教学存在的问题

尽管从当前的研究和实践看，多数语文教师能够认识到写字教学对于学生语文学习、素养培养、审美塑造等具有重要意义，但是如何在语文教学实践中通过有效的方法合理培养学生的写字能力，依然是教师普遍感到困惑的问题。在语文教学中存在诸

---

① 杨建国. 小学写字教学与书写能力要求的百年嬗变 [J]. 语文建设，2022（6）：64–68.

多写字教学问题。首先，部分教师缺少在课堂教学中指导学生合理写字的意识。尽管《义务教育语文课程标准（2011年版）》就有专门的写字教学要求和教学指导，但是有的教师担心写字指导会占据有限的语文课堂教学时间，不愿意在教学中对学生进行及时必要的写字指导，导致写字教学的具体任务难以在教学中真正落实。其次，教师普遍缺乏有效的写字教学方法。以小学低年级为例，教师经常带领学生做的一种写字练习是"书空"，即学生举右手伸食指，眼睛看着黑板上的字，嘴里一边念着笔画名称，手指一边在空中写这个字。这种练习对于识记汉字和汉字的笔画是有益的，但由于是在空中书写，学生不能看到自己所写过的笔画，对真正写字所必需的笔画和部件的结构安排不会有太大的帮助。从整体来看，在指导学生写字的过程中，大部分教师缺乏必要的写字指导教学技能。教师在指导学生写字时，没有加强笔画、部件的书写指导和训练，直接就让学生书写笔画较为复杂的汉字；只关注关键笔画在田字格中的位置，而忽视汉字整体的间架结构；未注意引导学生养成先观察、后书写、再比较的书写习惯，导致学生反复擦写，提高却不快。最后，一些语文教师自身缺少良好的写字习惯和写字能力，写字教学的基本功不够扎实。特别是近几年新上岗的教师，学历水平与写字能力呈现出反差。部分教师字写得歪歪扭扭，虽然不是错字，但横不平，竖不直，字不端，行不整。他们往往执教低年段的语文课，不足以给正处于启蒙阶段的学生做示范对象。

问题分析

一、写字和写字能力

写字是用笔描摹汉字形体的过程，也是人类表达思想的基本方式之一。万应均在《汉字书写与书法艺术》一书中指出：汉字写字，是指运用各种不同的书写工具，遵循汉字的结构规律，在纸上或其他东西上面写出文字。它是人们记录语言、交流思想、传递信息的一种文化行为。[1] 从该描述可以看出，写字需要借助一定的书写工具和书写载体，需要遵循汉字的组织结构规律和笔画顺序，如先上后下、先左后右、先横后竖、先进后关等。从心理学的角度来看，写字是一种视觉和动觉协调的活动，它包括一系列的动作，如坐姿、握笔姿势、运笔姿势等。[2] 盖伦曾设计了一套写字运动模型，较科学地解释了写字活动发生的过程，即生成写字目标的信息—设置用于执行运动程序的参数（如字的大小、位置等）—神经肌肉发出指令，指定产生写字作品所需的肌肉和力的大小。结合盖伦的写字运动模型可以发现，写字作为一种动作技能，在执行过程中需要调动人的大脑、关节和多种感官。同时，写字也体现着主体的观察、记忆、思维、想象等心理活动。写字流利程度高的儿童能够解放出更多的工作记忆，用来进入

---

①　万应均.汉字书写与书法艺术［M］.长沙：湖南人民出版社，2005.

②　朱作仁，祝新华.小学语文教学心理学导论［M］.上海：上海教育出版社，2001.

整体构思、将思想转换为文字和进行书写监控等思维过程。由此可以认为，写字即学习者在遵循汉字书写规律和个人动作技能、心智技能发展规律的基础上，用书写工具在纸张或电子屏幕上书写汉字的动作活动和心理活动。在这一过程中，学习者需要不断进行观察、组织、运行、调整，以逐渐达到正确、工整、流利、美观的写字水平。[①]

能力是个体顺利完成活动任务的直接有效的心理特征，属于个性心理特征范畴。能力的习得具有长期性，能力的构成具有复杂性。对于学生而言，写字能力通常是一种与识字能力相互协调、相互依存的能力。写字能力即学习者顺利完成写字活动所必需的个性心理特征，包括一般的观察能力、记忆能力、辨别能力、迁移能力等，也包括与写字活动有关的知识、技能、策略、习惯等。

二、学生写字能力教学的基本要求

2022 年版课程标准对不同学段的写字教学提出了具体要求：

第一学段（1~2 年级）要求为：掌握汉字的基本笔画和常用的偏旁部首，能按基本的笔顺规则用硬笔写字，注意间架结构，初步感受汉字的形体美。努力养成良好的写字习惯，写字姿势正确，书写规范、端正、整洁。

第二学段（3~4 年级）要求为：写字姿势正确，养成良好的书写习惯。能用硬笔熟练地书写正楷字，做到规范、端正、整洁。用毛笔临摹正楷字帖，感受汉字的书写特点和形体美。

第三学段（5~6 年级）要求为：写字姿势正确，有良好的书写习惯。硬笔书写楷书，行款整齐，力求美观，有一定的速度。能用毛笔书写楷书，在书写中体会汉字的优美。

第四学段（7~9 年级）要求为：写字姿势正确，保持良好的书写习惯。在使用硬笔熟练地书写正楷字的基础上，学写规范、通行的行楷字，提高书写的速度。临摹、欣赏名家书法，体会书法的审美价值。

课程标准较全面和鲜明地刻画了不同水平之间的差异。事实上，只有充分明确学生发展的阶段差异、识字与写字活动的特殊属性以及不同的文字应用情境，才能合理划分和准确表述学生识字能力与写字能力的水平层次，进而有效开展写字指导和写字教学。

三、学生写字能力教学的主要原则

写字是一种动作技能，它的形成与其他技能一样，同样要经历一个由生疏到熟练到自动化的发展过程。另外，它还有心智技能的因素，人在写字过程中需要一般的观

① 姚林群，李杨茹，刘畅. 小学生识字与写字能力：要素、水平及评价指标［J］. 教育测量与评价，2022，（6）：80-90.

察、记忆、思维等能力。因此，为了加强写字教学的科学性，提高写字教学的效率，促进学生发展，学生写字能力教学必须遵循以下原则。

第一，关注写字过程中情感态度和审美情趣的培养。汉字的音形义之间存在着密切联系，这是它与世界上其他文字明显不同的地方。如果让学生懂得这个字为什么这么写，怎么构成，他们就会领略到它的文化内涵，提升审美情趣，在书写过程中体验和展现中国文化深厚的历史积淀，其情感态度和审美情趣的培养就不言而喻了。

第二，重视教师的示范指导作用。特别是对于小学阶段初学写字的儿童，他们的动作技能处于低级阶段，观察分析能力差。因此，每次书写练习时，教师都要按照书写的要求对学生进行具体指导，对书写的动作、规则（如落笔、止笔、用力大小、关键笔画在田字格中的位置等）进行仔细讲解和示范，避免学生做错误的尝试。教师的示范首先表现在写字教学的示范指导上。课堂教学时的板书也是学生学习的榜样。板书要字迹清楚、字体端正、布局美观，身教重于言教。此外，学校也应为学生创造良好的学习环境，凡是有汉字的地方都应符合上面的要求，这样更有利于学生写好汉字。为了更好地发挥示范作用，教师应该加强基本功训练，掌握一定的书法知识。

第三，重视"新起点"教学。在小学阶段，学生在写字方面会遇到各种大大小小的问题，如第一次使用铅笔、第一次描摹、第一次在田字格中写字等。每个"第一次"都是整个写字教学过程中的"新起点"。教师要抓住每一个"新起点"中的重点和难点，进行切实有效的指导。

第四，持之以恒，常抓不懈。任何技能的掌握和习惯的养成都需要经过长时间的练习。在技能未掌握、习惯未养成前要反复练习，在技能已经掌握、习惯已经养成后也要经常练习，只有这样才能不断巩固和提高。写字同样如此，但是这不等于说练习的时间越长越好。如果一次练习时间过长，不仅会使学生产生厌倦情绪，还会降低练习效果。教师可以在每天课堂教学中抽出 15~20 分钟，指导学生随堂练习，在时间上给予基本保证。

 问题解决

一、培养学生良好的写字习惯和姿势

正确的写字习惯和姿势不仅有利于把字写正确，有利于学生的正常发育，还有利于保护学生的视力。

（一）写字姿势的培养方法

正确的姿势是学生写好汉字的前提。特别是对于小学生而言，他们正处于身体快速发育阶段，任何不规范的姿势和动作都会对其身体发育造成不良影响。可是在课堂中，我们经常可以看见学生各种不规范的握笔姿势，有的像拿毛笔，一把抓，笔杆竖得笔直；有的食指包拇指；有的握到笔芯处……这些握笔姿势对手指甚至整个手臂的发育都不利。我们还看见各种不正确的写字坐姿，有的胸部紧贴桌子，有的头偏向左侧，有的趴在桌上，脸几乎要贴在本子上了……这些坐姿不仅影响视力，还会影响脊柱的健康发育。

1. 看图示范

在指导学生写字时，绝对不能忽略写字姿势。除了让学生懂得写字姿势的重要性之外，还要用正确的方法加以指导。例如，可以提供标准书写姿势图，边讲解边示范，在示范动作步骤时要清楚，以便学生分步模仿。例如，可以先让学生按照图片在大拇指、食指、中指和虎口处找到四点，然后用笔贴准中指和虎口处的两点，最后大拇指和食指自然靠上。

学生掌握合理握笔姿势后，教师可以进行写字姿势教学，将写字姿势分四步讲解。

第一步：头放正——头端正，稍向前倾，眼睛离本子一尺（约 33.3 厘米）。这样视线正，下笔容易看得清。

第二步：身坐直——身体坐直，两肩放平，胸口离桌子一拳，腰部挺直。

第三步：臂撑开——两臂自然撑开，左手按纸，右手执笔，右手腕不要紧贴纸面，以便手腕活动自如。

第四步：脚放平——两脚放平，踏稳。两脚间的距离与肩膀同宽，不要坐在凳边，更不能将凳腿跷起。要让自己的身体稳定不摇晃。

2. 儿歌导行

练习时，可以伴唱儿歌，不仅能提示动作，还能调剂精神，活跃气氛。

（1）握笔姿势的儿歌：找准四点记心中，贴好四点空心拳，手离笔尖两厘米，运笔自如靠手指。

（2）写字姿势的儿歌：两脚撑开脚放平，左手按纸右执笔，头正身直坐端正，精神集中姿自然。

正确的握笔和写字姿势不是一两天就能练就的，需要教师反复强调，不断提醒和督促。宁可教学进度慢一些，字少写一些，也要在开始阶段严格指导和训练，帮助学生养成良好的书写习惯。

（二）准备合适的写字工具

小学阶段的学生年龄小，指尖肌肉完成小动作的能力差。有的学生笔都拿不稳，更别说写好了。教师可以让家长给孩子准备六边形 HB 铅笔。六边形的铅笔有棱有角，比起圆形的铅笔，握在手中更容易固定住，免得学生为了避免铅笔打滑而用力过度。用 HB 的笔芯写出来的字深浅适度，能使作业书写比较整洁。另外，还要准备一块绘图橡皮和两块 16 开大小的垫板，保持作业本的角不翘起。

（三）指导学生书写整洁

良好的书写习惯还体现在保持作业本的整洁上，因此教师应在课前要求学生做好准备工作，准备好铅笔、作业本，同时还要让学生注意手的卫生。开始写字后，教师应要求学生保持作业本平整、洁净，写字时集中注意力，尽量不写错别字，尽量少用橡皮，更不能在作业本上乱涂乱画。

二、科学指导学生写字和练习

写字教学涉及的方面很多，教师应该根据学生的年龄特点和汉字书写规律，有计划地按照循序渐进、由易到难的原则来安排练习。

（一）指导学生锻炼手指和手腕的小肌肉群

小学阶段的学生年龄小，手部肌肉群发育不完全、力量小，握笔写字时使不出力气，导致横竖写得弯弯扭扭。我们可以在学生学写汉字之前，引导他们在课前、课间做手指操，让手指和手腕的小肌肉群得到充分锻炼，同时还能调动学生的听、说、想等各种感官，促进左右脑和谐发展。

手指操《花儿开》

春天花儿开（双手握拳，从大拇指开始依次打开）

朵朵真可爱（从大拇指开始依次收拢，双手握拳）

只能用眼看（中指和大拇指捏合，其余三指展开，做兰花指）

不能用手摘（两手展开，自然摆动）

（二）指导学生练习基本笔画

汉字是由笔画按照一定规则构成的方块图形。笔画可以归纳为五大类：横、竖、点、撇、折。几千个常用汉字，甚至上万个字都是由有限的笔画组成的。所以要想把字写对写好，就要把最基本的构字单位——笔画写好，这是首要的基本功。

为了让学生写好基本笔画，教师还可以根据这些笔画的特点编顺口溜：横要平，竖要直，点要有精神，撇要撇出尖。小小一个撇，本领有三个，先重后轻是短撇，像顶帽子是平撇，像把小刀是竖撇，仔细看，认真写，三种撇要分清。

对于初学写字的学生来说，写好"竖"比写好"横"更难。这和人的两只眼睛呈水平排列，眼球左右移动比上下移动更灵活自如，参照物更明确等有关；也和写"横"需要调动的手和臂的肌肉群比写"竖"的动作容易有关。同样的道理，写好"捺"比写好"撇"更难。写"撇"时手握着笔向外移动比较容易控制，写"捺"时手握着笔要向右手的内手腕处斜移，这个动作不容易把握，"笔度"也很难掌握得恰到好处，写出来不是过平就是过直，甚至弯弯曲曲。了解了这些难点后，侧重这些比较难写的笔画的练习也是必要的。同时，教师要指导学生在练习基本笔画时避免呆板、僵硬，写出动势和美感。

（三）指导学生遵守笔顺规则

汉字是由笔画按一定规则搭配而成的，无论搭配成整个字还是搭配成部件，都要根据约定俗成的经验选择最佳顺序将笔画依次书写才能把字写好。这个顺序就是笔顺。笔顺规则是顺应绝大多数人书写汉字的习惯所做的约定，符合经济、就近、节约的原则。现代汉字文章大多是从左向右、从上往下依次书写的，每个字内的笔画也遵循同样的次序，整齐划一。一个字或一个部件再复杂，只要按照笔顺规则有条不紊地书写，就能一笔一画清晰明了，易于拆分，简单好记，而且可以减少错误，是正确认识、记忆汉字的好帮手。

笔顺规则主要包括从左到右、从上到下、从外到内、先横后竖、先撇后捺、先中间后两边、先进入后关门。教师在指导学生学习笔顺规则时可以采用下列方法：当堂板书生字，边板书边教学生说笔顺；学生用手指在桌面上或空中写字（书空）；将字的笔画拆开，再按照笔顺次序排列，让学生描写。

（四）指导学生感受间架结构

每个汉字，无论笔画多少，也无论这个字的结构是扁还是瘦，都占有一个空间。如果任意书写，不是写完字后田字格内剩余空间过大，就是前几笔就把田字格占满了，后几笔无法安排。因此，书写者要看着眼前预留的方块空间，在头脑中浮现出要写的汉字在田字格中的模样，这在心理学中被称为"表象"。表象是汉字在头脑中记忆的清晰形象，不但是识记汉字与否的检验，也是书写时笔画和结构如何布局落笔的依据。

要写的字笔画比较少，笔画安排就要疏朗些；要写的字笔画比较多，笔画安排就要紧凑些；若事先知道写完前一个部件后右边或下边还有部件要写，这个部件就要写得扁些或瘦些。表象越清晰，字写得就越正确，在田字格内的布局就安排得越合理。

当我们在田字格内写字时，第一笔落笔有个大致的范围即可，容许度最大。但只要写了第一笔，第二笔就会受到限制。因为书写汉字时，第一笔的结笔处和第二笔的起笔处都有一定距离。它们是相交、相接还是相离，相交和相接的点在哪里，相离的距离有多远，都要"胸中有丘壑"才行，否则就会写不好甚至写错。把心里想的字正确地写出来，要依赖对笔的控制和手眼之间的协调。看起来是个简单的动作，实际上是书写者在大脑支配下的复杂协同活动。如果学生在最初练习时得不到及时、正确的指导和引导，养成不良书写习惯，也许会"抱憾终身"。

三、有效运用写字教学的基本方法

要对学生进行有效的写字方式指导，教师不仅要具有强化写字教学的基本意识，也要掌握写字教学的基本方法。一般而言，对写字能力的训练要从小学阶段特别是小学低年级阶段就开始给予足够的重视，因此，对于小学阶段的教师而言，掌握和合理运用有效的写字教学方法更加重要。教师在设计和使用写字教学方法的过程中，可以参照如下方式和经验。

（一）给予学生书写的合理示范

低年段的小学生善于模仿，因此在写字教学中，教师的示范对学生有着重要的作用，是言传与身教的结合。在学生练习写字之前，教师要先当众讲解示范，使学生形成正确的视觉表象。课堂示范是指导学生写字最基本最主要的方法之一。教师示范的内容包括坐姿、握笔、书写动作、笔画和结构布局等。对于有些难写的生字要个别示范。在当众示范以后，有些学生还是掌握不好正确的书写要领，此时教师就得个别辅导。由于是面对面指导，因此学生对老师的示范往往观察得比较清楚，能较快地纠正自己的错误之处。另外，还有一些学生需要老师手把手示范，这种方法主要针对初学写字的小学生，通过手把手，教师直接牵动学生的手指，使其能较快地形成正确的书写动作。尽管教师在课堂上采用了多种不同的示范方法，但学生在作业中还是会出现这样或那样的问题，这就需要教师在批改作业时，在原字的旁边给出示范或修改，并及时总结，使学生清楚地认识到自己的不足之处。

（二）指导学生观察字形与框格

每个汉字在书写时都有迹可循，关键在于开始时要教给学生观察的方法。例如，先从整体上看看要写的字的框架和结构；然后再仔细观察字的各个部分，看看它是由哪些部件或笔画组成的，这些部件和笔画是否经过变形后组合在一起；最后再综合观察汉字的各部分所占比例以及主笔在田字格中的位置，感悟点画形态、结构布局、笔法特点，养成良好的观察习惯。

（三）指导学生对照与比较，学会自我观察

在写字教学中，即使教师认真范写和指导，仍会出现以下现象：描红时，学生的笔画与字帖不符；临写时，即便教师已经重点指导过的笔画，仍然会出现书写偏差；更正时，不善于观察、比较，第二个字反而不及前面一个写得好。追根溯源，出现上述现象的主要原因是学生没有形成自主观察比较的良好书写习惯。

1.边书写边定位

（1）定起笔：一个字的起笔在书写过程中有着举足轻重的作用。字的起笔过高过低，过左过右，都会使字偏离。因此，学生在写字时首先要把第一笔写好。在田字格里，教师要引导学生先仔细观察字帖，可以根据字的横中线、竖中线确定第一笔的位置，心中默记下位置后在书写时尽量接近字帖的位置。

（2）定高低：在书写汉字时，每个部件摆在什么位置大有讲究，摆得过高过低都不好看。因此，教师要引导学生在书写汉字时关注部件和笔画的高低。一些有趣的口

诀可以帮助学生轻而易举地发现笔画的高低变化，如左右有横斜着对，即字的左右两边如果都有横，就不能在一条直线上，必须处置布局为左低右高或左高右低。

（3）定大小：教师要提醒学生注意，字不能占满格，也不能缩成一团。如果没有把握确定字的大小，不妨先试着写一两个，等心里有感觉了再正式书写。

2. 写后比照字帖

临写一个汉字后，教师要提醒学生将自己写的字和字帖仔细比较：大小是否适当，间架结构是否匀称，运笔是否流畅……然后再有针对性地继续书写，写后再比较……在临写、比较、矫正的过程中，学生便会逐步形成自主观察的习惯。

（四）形成扶级而上的柔性批改

教师在批改学生书写作业时要重在激励，增强学生练字的自信心和积极性，既要肯定进步又要指出不足，鼓励学生改进。

其一，符号与批语相结合，尊重学生的个体差异，不用同一把尺子衡量、评价学生。教师可以运用一些辅助方式，如当学生无法在田字格内正确书写一些汉字时，可以用红笔为其添加"提示笔画"，而不是采用以往的"一遍批改定分法"。在扶持状态的批改形式下，帮助学生渐渐形成一定的书写技能，最终达到一定的作业书写要求。同时，教师还可以在练习卷上用多种趣味表情作为评价符号，或用"有进步""你真棒""保持整洁"等激励语言来传递情感暗示，借此提高学生写字的动力。

其二，面批与示范相结合。在面批过程中可以适当做示范，使学生少走弯路，亲身体验正确笔法。

其三，过后再评。教师可以让学生保存自己每次的作业，过一段时间后再拿出来与现在的作业进行比较。

四、注重培养学生的自主学习能力

汉字书写能力的提升需要学生久久为功，教师的提醒帮助是一个方面，学生的自主学习和自觉练习也是一个方面。汉字结构纷繁，数量庞大，笔画多样，字形丰富，识写不易。小学生的身心发展尚不完全，注意力和记忆力有限，而写字能力的水平往往又与注意力和稳定性息息相关。这就要求教师在写字教学中根据学生当前所处的身心发展特点，倾注耐心的教学指导和多样的教学方法，来培养学生的自主学习能力。过多地强调机械式重复和单纯讲字的书写，往往会限制学生的自主学习能力，降低学生的写字兴趣，导致收效甚微。教师不妨跳出单个字的书写讲解，发掘更加行之有效的教学方法。例如，可以通过深入浅出、新颖有趣的教学设计和游戏、猜谜、故事等教学方法，吸引学生进入学习情境中，充分感受写字的乐趣，并在教师的鼓励下找到自信心，调动内在的求知欲，形成主动学习汉字和练习汉字书写的良好习惯。

阅读教学中半包围结构的写字教学^①

以《动物儿歌》为例

教学目标：

1. 能指导学生正确描、写"间、迷、造、运、池、欢、网"7个生字，掌握"走"字旁的半包围结构的汉字的结构特点和书写要领。

2. 能在教学中继续强调培养学生良好的书写习惯，并能随时发现问题、进行纠正。

3. 能激发学生写字的兴趣。能在练习评价中培养学生的书写审美情趣。

教学时间：20分钟。

教学过程：

一、做游戏，找结构特点

1. 游戏：星星眨眼睛。

本课的字词学完了，我们一起复习一下，做一个游戏——星星眨眼睛。

我们一起给所学的生字归归类，送"星星"回家。

半包围结构的字——间、迷、造、运、网

左右结构的字——池、欢

同部首的字——迷、造、运

2. 找规律，认识结构特点。

发现了吗？这些半包围结构的字可以分为哪两类？（上包下、左下包围）

它们的写法有什么不同？（上包下的字"间、网"的笔顺规则是先外后内，左下包围的字"迷、造、运"的笔顺规则是先内后外）

今天，我们就来学写"迷、造、运"三个左下包围的生字。

二、学写字，重书写习惯

1. 指导学生书空笔顺。（强调笔顺规则是先内后外，复习基础笔画和"走"字旁）

2. 解决书写难点。

"走"字旁的平捺要舒展，要拖住里面的字。

迷：先内后外，里面的"米"写在中心偏右上一些。

造：先内后外，里面的"告"的第二横写在横中线上。

运：先内后外，里面的"云"的撇折写在中心点往上一些。

3. 学生练习写字，教师巡视，纠正读写姿势。

4. 用实物投影，并当场点评学生的书写作品，随机批改纠正。（可选择不同层级的学生书写作品，重在鼓励）

5. 学生根据教师指导进行书写修正。

三、掌握要点，大面积训练

1. 复习巩固"走"字旁的生字的书写要领。

---

① 案例由上海市虹口区第四中心小学杜怡雯老师提供。

2. 大面积训练"迷、造、运"三个生字。

3. 点评、改进。

【案例分析】

　　上述教学案例集中体现了小学阶段语文教学中写字教学理念和方法的有效运用。首先，教师在设计教学目标和任务的过程中，充分关注了课程标准对写字与识字教学的阶段性任务和要求，将写字教学的指导与阅读、识字等进行有机融合，发挥了语文学科教学的综合育人价值。其次，在教学过程中，教师能够根据小学低年级学生的特点，有针对性地设计写字教学的方法和习惯指导，将课程目标、教学目标进行了有效落实。在这一过程中，教师注重通过有效的场景设计、过程指导、即时评价等，引发学生写字的积极性，鼓励不同层次的学生认真投入写字训练；通过针对性的指导和重点任务设计，帮助学生厘清汉字结构，体会汉字之美，学会重点、难点汉字的书写方法。从整体上看，教师将写字教学的设计和实施与整个文本教学融为一体，既能够锻炼学生的写字素养，也不让课堂显得零散破碎。

 教学建议

　　写字能力的培养不仅是学生语文素养培养的重要内容，也是语文教学中教师普遍感到"本领恐慌"的重要领域。有效培养学生的写字能力，除了上文中提到的原则和方法之外，教师还要在教学过程中注意三个"有机结合"。

　　第一，识字与写字有机结合。对于小学阶段的学生而言，认字和写字往往是一个有机贯通的过程，课程标准对于教学要求的设计也是将识字与写字进行整体界定，因此教师在教学过程中要引导学生在识字的基础上写字，通过写字更好地认字、识字、理解字，最终达到写字与识字的融会贯通。

　　第二，"教师的导"与"学生的练"有机结合。既要注意写字方法的指导，帮助学生养成良好的书写习惯，掌握必要的书写方法，也要激发学生写字的自觉性，保护好学生写字的兴趣，引导学生通过及时的、必要的、持续的练习，循序渐进、久久为功地提升写字能力。

　　第三，"学生书写能力提升"与"教师书写能力提升"有机结合。教师要充分认识到写字教学的重要性，将写字能力的教学整体纳入课程教学设计、实施和评价的过程中，也要有一种"素养危机"和"榜样示范"意识，不断提升自己的汉字书写基本功，提升写字教学的整体素养，以便在教学过程中更好地发挥示范引领作用。

问题提出

一、文化传承和文化自信是时代发展的重要特征

重视文化是当今时代发展的重要特征,在这种重视的过程中,民族传统文化的传承和文化自信的养成又是两个重要的关键词。党的十八大以来,习近平总书记多次在重要场合强调民族文化传承保护和涵养文化自信的重要意义,对新时代文化建设提出了很多重要论断。2023 年 6 月 2 日,习近平总书记在文化传承发展座谈会上强调,文化关乎国本、国运,中国文化源远流长,中华文明博大精深,只有全面深入了解中华文明的历史,才能更有效地推动中华优秀传统文化创造性转化、创新性发展,更有力地推进中国特色社会主义文化建设,建设中华民族现代文明。

近年来,党和国家先后制定出台了很多事关文化传承与创新、民族文化自信的政策文件,这些政策文件在强调新时代文化建设重要意义的过程中都无一例外地提出,学校教育是传承与创新民族文化、涵养文化自信的重要方式,强调要将民族文化的传承与创新和学生文化自信的培养纳入国民教育体系。2014 年,教育部印发的《完善中华优秀传统文化教育指导纲要》建议把中华优秀传统文化教育系统融入课程与教材体系;2017 年,中共中央办公厅、国务院办公厅印发的《关于实施中华优秀传统文化传承发展工程的意见》指出,实施中华优秀传统文化传承发展工程的一项重点任务是贯穿国民教育始终,建议以幼儿、小学、中学教材为重点,建构中华文化课程和教材体系;2021 年,教育部印发的《革命传统进中小学课程教材指南》《中华优秀传统文化进中小学课程教材指南》指出了在中小学课程中进行革命传统教育和中华优秀传统文化教育的意义,要求将中华优秀传统文化很好地渗透到各科教育教学中,并根据不同学段的学生提出了不同的要求。由此可以认为,做好文化的传承与创新,帮助学生树立清晰明确的文化认同和文化自信,是时代发展赋予学校教育的重要使命。

二、识字和写字是文化传承和文化自信的有效载体

学校教育是传承文化和涵养文化自信一种重要方式。教育传承过去、造就现在、开创未来,是文化交流与文明对话的重要一环。但是教育要实现其文化功能,需要一定的载体作为支撑。从汉字的起源、逻辑、价值看,识字和写字应该是实现文化传承和涵养文化自信的有效载体。汉字不仅是一种书写形式,更是中国人的伟大创造。它为使用它的人提供交流思想的工具,还浓缩了中国人的人生体验,包含中国人对社会

和人生的看法，还为探讨中国思想史提供了重要的资料。经过数千年的积淀，汉字深刻地反映出古人的生产文化，把古人如何谋生，如何顺应自然、征服自然的过程充分地展现出来。所以，让每个学生写好汉字，是语文教师教学时必须高标准完成的任务。提高书写汉字的能力，是学生语言实践的重要组成部分，是学生运用语言并获得思维发展的重要过程，是学生在中华文化中获得审美乐趣的重要载体，是学生热爱祖国语言文化，弘扬中华优秀传统文化的重要体现。从汉字对文化的重要价值出发，语文课程作为一门工具性与人文性相统一的课程，自然而然地被赋予了鲜明的文化传承价值。在语文教学中自觉融入文化元素，让语文教学更好地承担传承文化和涵养文化自信的任务，是新时代语文教学改革的重要思路和方向。

 问题分析

一、汉字文化的内涵阐释

汉字是记录汉语、进行汉语书写的文字，经历了不同形体的演变，现如今被人们普遍使用。按现代汉语分类，汉字文化可分为"汉字"与"文化"两大类，按此分类，汉字文化包含两方面的含义：一是"汉字"和"文化"中间加上"的"，组成"汉字的文化"；二是"汉字"与"文化"中间加上"与"，组成"汉字与文化"。这两种不同的含义从两个角度对"汉字文化"加以阐释。从第一个含义出发认识"汉字文化"，是把汉字当作中华文化的组成部分来探索。这种解读方式主要是从汉字自身所蕴含的文化角度来分析的。从第二个含义出发认识"汉字文化"，就是要以汉字为核心，以考察汉字自身所具备的诸如构形上、音韵上、字义上等的文化。从字形上来看，汉字文化是以汉字为基本载体的特殊文化。从这个角度上来说，汉字文化可以说是一种特殊的文化现象。

基于上述理解，学界对汉字文化形成了不同的理解方式，有的学者认为汉字文化是一种独特的文化样式，是整个中华文化体系的组成部分。例如，从文化体系而言，汉字文化是汉文化的一个子系统，是汉文化的一个部分。汉字通过其历史演变过程，反映中华民族的物质与精神生活面貌。也有学者认为，汉字文化就是指汉字所具有的文化内涵，是一个相对独立的文化领域。它不仅是一个从文化角度发掘汉字自身承载的文化因子而得出的结果，也是以汉字为视角考察中华传统文化的结晶。

基于现有的汉字文化理解和概念阐释，小学语文识字与写字教学中的汉字文化应该建立在对汉字文化与中华文化的内在逻辑关系的把握上，充分考虑义务教育阶段语文识字与写字教学的特征，形成一种完善的解读体系。在这种解读体系中，汉字文化由两部分组成，从汉字本体来看，汉字文化是指汉字产生、演变的历程以及汉字的构字规律和音形义中包含的中华文化信息；从汉字关系论来看，汉字文化是指汉字所塑造的文化包括字谜、谚语、成语故事、寓言故事、诗歌等。从这个角度出发，识字与写字教学的文化融入，一方面要引导学生通过汉字字形、字义等的把握，了解汉字本身蕴含的文化内涵、文化之美，体会汉字中的文化信息，加深对汉字的理解和运用；另一方面也要引导学生准确把握汉字文化与中华传统文化的内在关联，通过汉字文化加深对民族文化的理解、认同、自信，真正发挥汉字教学的文化价值。

二、课程标准中关于识字与写字教学的要求

识字与写字具有重要的文化价值，但是在传统的语文教学中，教师往往对汉字与文化之间的内在关联性把握不准，在识字与写字教学中过于注重认、读、写等基本技能的传授，忽视了汉字背后文化价值的有效发挥，缺少对文化元素的主动融入，导致汉字教学有的时候难以很好地承担其应有的文化效能。2022 年版课程标准鲜明地提出了义务教育语文课程培养的核心素养，其中一个方面就是"文化自信"。这充分说明语文教学与学生文化自信培育之间理应有着密切的内在关联，着眼学生文化自信的培育改造传统的语文教学应该成为一种重要的价值导向。作为语文教学的一个重要领域，识字与写字同样具有重要的文化价值，课程标准对识字与写字教学的设计也在很多领域体现了文化层面的要求。

首先，在语文课程性质的描述中明确提出，语文课程应引导学生积淀丰厚的文化底蕴，继承和弘扬中华优秀传统文化、革命文化、社会主义先进文化，增强对习近平新时代中国特色社会主义思想的理解和认识，全面提升核心素养。

其次，在课程理念的表述中明确提出，语文课程要面向全体学生，突出基础性，使学生初步学会运用国家通用语言文字进行交流沟通，吸收古今中外优秀文化成果，提升思想文化修养，建立文化自信，德智体美劳得到全面发展；要重视对学生思想情感的熏陶感染作用，重视价值取向，突出社会主义先进文化、革命文化、中华优秀传统文化。

再次，在课程目标的设计中明确提出"文化自信"的素养标准，认为文化自信是指学生认同中华文化，对中华文化的生命力有坚定信心。通过语文学习，热爱国家通用语言文字，热爱中华文化，继承和弘扬中华优秀传统文化、革命文化、社会主义先进文化，关注和参与当代文化生活，初步了解和借鉴人类文明优秀成果，具有比较开阔的文化视野和一定的文化底蕴。在语文课程的总目标中提出，要通过语文教学，引导学生热爱国家通用语言文字，感受语言文字及作品的独特价值，认识中华文化的丰厚博大，汲取智慧，弘扬社会主义先进文化、革命文化、中华优秀传统文化，建立文化自信。

最后，在识字写字教学的具体要求中贯穿了文化领域的渗透任务。例如，第二学段要求学生能感知常用汉字形、音、义之间的联系，初步建立汉字与生活中事物、行为的联系，初步感受汉字的文化内涵；第三学段要求学生感受汉字的构字组词特点，体会汉字蕴含的智慧。

基于上述分析可以认为，语文教学具有重要的文化价值，汉字文化是语文教学承担文化价值的重要体现和方式。在识字与写字教学中主动渗透文化教育，通过汉字文

化的阐释引导学生更好地涵养民族文化自信，是时代发展赋予学校教育的重要使命，也是语文教学更好地落实课程标准的内在要求。

三、汉字文化在语文统编版教材中的呈现 ①

语文教材是学生学习汉字的一手资料，也是教师进行教学活动的直接依据。在教学前分析好教材中的汉字文化知识，做好课前准备是教师上好课的前提。统编教材紧密结合语文学科特点来体现社会主义核心价值观，将能够充分体现社会主义核心价值观的内容，特别是中华优秀传统文化和革命传统文化有机融入教材的课文选篇、内容编排、导语和习题设计等多个方面，同时融合语文课程蕴含的语言教育、情感教育、审美教育，使学生愿意接受，起到润物细无声之效。

汉字文化的有效融入是统编版教材的重要特征，统编版小学语文教材呈现的汉字文化内容主要有汉字的构字规律、演变历程及音形义所蕴含的中华文化信息等。其中，汉字的构字规律主要包括象形字的构字规律，会意字的构字规律，形声字的构字规律等。例如，一年级下册第三课《小青蛙》是一首儿歌形式的字族文识字韵文，其课后练习"想一想，填一填"是引导学生发现形声字的形旁与字的意思有关。教师可以引导学生说说这 5 个字的特点，然后填一填，引导学生体会形声字的构字规律和汉字的结构之美。汉字的演变历程也是蕴含在语文教材中的重要文化元素，如课文《"贝"的故事》介绍了"贝"字的由来、演变及发展，从单纯的"贝"字得出以"贝"为偏旁的系列汉字，又从"贝"字得出了以"贝"为偏旁的系列汉字的大概含义。课文插图展示了"贝"这个汉字的发展和变化过程。教师可以将插图与课文中的内容相结合，引导学生从中感受汉字的演变历程。汉字的音形义所蕴含的文化信息也是汉字文化在语文教材中的重要内容，如不同偏旁代表的意义，"氵"字旁大多跟水有关系，"贝"字旁大多跟钱有关系，"月"字旁大多与身体有关系，提手旁大多与动作有关系。汉字文化不仅包括汉字本身的文化意蕴，也包括汉字塑造的独特文化。汉字塑造的丰富文化是从汉字本身之外的文化来看的，主要包括字谜、谚语、格言等，这些内容在语文教材中也有体现，应该成为教师对学生进行汉字文化教育的重要素材。

 问题解决

一、立足素材，激发学生的文化认同

对学生进行汉字文化教育，最核心的目标是激发学生的文化认同，帮助学生涵养文化自信。课堂是进行汉字文化教育的重要平台，教师要善于挖掘教材中的文化素材，通过有效整合与挖掘教材课文，立足教学资源激发学生的文化认同。在这一过程中，

---

① 李敬伟.汉字文化在小学低年级识字教学中的融入现状及策略研究［D］.沈阳：沈阳师范大学，2023.

教师也可以引入课外民族文化素材,在丰富语文教学课程资源的同时做好学生的汉字文化教育。

传统文化的呈现方式可以灵活多样,如趣味故事类、插画类、乐曲类等。传统文化学习素材作为阅读材料,在辅助传授新知、丰富识字和写字教学内容的同时,可以起到拓展延伸、复习巩固字词的作用。例如,在学习课文《"贝"的故事》时,教师可以利用偏旁归类识字法进行学习内容的引申,以及其他常见偏旁部首(如木、王字旁)识字和写字方法的引申归类,融合文字知识,丰富学习内容,加深巩固理解。[①]

二、挖掘素材,提炼汉字的文化内涵

汉字的字形不仅具有表意功能,而且具有表音功能,字的读音与字的字形有着密不可分的联系。因此,在识字教学中,教师要利用汉字字形背后的丰富文化内涵来帮助学生理解字义,引导学生将所学汉字与所学知识建立联系,从而加深对所学汉字的理解与记忆。例如,在教"日、月、云"字时,可以借助象形造字法等对汉字的形成过程进行讲解,引导学生了解汉字背后的文化意义。汉字作为中华文化的瑰宝,其读音蕴含着丰富的文化内涵。在小学语文识字与写字教学中,教师要将汉字读音与汉字文化相结合,使学生对汉字产生浓厚兴趣。例如,诗句"春蚕到死丝方尽"中的"丝"的读音与"思"的读音相同,但字形和意义都不同,又一语双关,在文字上表现出中华优秀传统文化旺盛的生命力。又如,在学习"鱼"字时,可以给学生讲解"鱼"字的音义关系,其中蕴含着祖先对充沛的食物和其他物资的期盼,投射出他们对后嗣子孙绵延不绝的祈求。在中国的传统佳节中,"鱼"类菜品也是必不可少的,它象征着富足和丰裕。这种形式的教学可以加深学生对汉字的理解程度,进而提高他们的文化自信。[②]

三、探究结构,体悟汉字的哲学意蕴

汉字是历史最悠久且一直使用至今的一种文字,其起源、构造、演变等方面具有丰富的研究价值。汉字蕴藏着中华文明独特的哲学思想,值得语文教师深入挖掘、细致讲解。2022 年版课程标准在第一学段和第二学段的教学目标中强调应让学生感受汉字的形体美,可见从汉字字形入手进行教学可以丰富学生的审美体验,更好地帮助学生了解汉字历史,增强文化自信。一般而言,从汉字的构成看,其蕴含的哲学意蕴主要包括不偏不倚的境界、天人合一的思想、躬身实践的态度等。教师在识字和写字教学过程中,可以引导学生认真探究和体会汉字的结构,从中体会汉字蕴含的哲学意蕴,

① 金玉玲.在语文教学中涵养小学生文化自信:以识字写字教学为例[J].福建教育学院学报,2023(6):59-61.

② 金玉玲.在语文教学中涵养小学生文化自信:以识字写字教学为例[J].福建教育学院学报,2023(6):59-61.

拓展汉字的文化教育价值。例如，一年级学生首先接触的汉字是金、木、水、火、土等，教师可以从审美的视角引导学生观察发现这些汉字具有美术图形中的对称性，以此切入可将汉字形体上的"对称"与儒家思想中的"中庸"相结合，进而将中国自古以来所提倡的不偏不倚、中正平和的观念传递给学生，通过分析汉字独特的构形特征，拓展学生思维，将中华民族的审美观和哲学观潜移默化地传达给学生。

四、分析造字之法，感悟古人智慧

2022年版课程标准在第三学段的识字与写字教学要求中强调学生应感受汉字的构字组词特点，体会汉字蕴含的智慧。教师可以带领学生从造字入手，讲解汉字的起源，感受古人的造字智慧。以形声字的造字方法为例，形声字是汉字中数量最多的构字类型，不仅能够给学生提供识字的技巧和方法，其本身也蕴含了丰富的哲学辩证思想，体现了古人的智慧。文字分为"表意"与"表音"两类，汉字中的形声字由声符与意符构成，将相互对立的"音"与"义"统一到文字之中，使人们看到字形的同时可以知晓其读音和含义。例如，"材"字的左侧偏旁表意，表示与木头有关，右侧部件表音，与整字读音相同。看到此字即可大致感知其内涵与读音，可见形声字的巧思。"音"与"意"本是相互对立的概念，但古人却将其融合在同一字形之中，彰显中国先民朴素的辩证唯物主义思想。在汉字教学中引导学生理解和把握汉字构字法背后的哲学思想和独特智慧，不仅有助于学生加深对文字本身的理解，也容易引发学生的民族文化认同和文化自信。

五、赏析汉字形体，热爱传统文化

汉字不仅在字形构造方面具有无穷魅力，其在历史演变中发展的不同形体同样极具审美价值，有利于唤起学生对汉字文化的喜爱。2022年版课程标准在第三学段的识字与写字教学目标中指出学生应能用毛笔书写楷书，在书写中体会汉字的优美。这说明汉字的形体概念应被学生认知，教师可以在此学段为学生介绍汉字的形体发展，拓宽学生的视野。自古以来，许多文人兼具书法家与诗人身份，他们的作品同时具有外在美与内在美，是汉字审美教学的最佳载体。例如，在讲解六年级上册课文《七律·长征》时，教师可以为学生展示毛泽东洋洋洒洒的草书作品，让学生直观感受毛泽东书法的大气磅礴。这不仅可以深化学生对该诗的理解，也能使学生感受到汉字形体的艺术魅力。欣赏不同形体的书法作品，感受汉字多变的书写艺术，可以激发学生对本民族语言文字的兴趣与热爱，进一步提高学生的文化素养。

六、着眼字词联系，领略汉语魅力

汉字是构成语言的基础，通过构词应用于真实的语言环境中。从整体入手审视汉字的内涵，可以帮助学生体会汉字的魅力。语文教材从二年级开始出现词语表，提示教师不但要重视单个汉字的解读，更应将其连字成词，从词汇视角进行讲解。以"和"字为例，若单独讲解只能分析其表层的连词含义，但用其组词即可发现其背后的文化脉络。用"和"字组词可以得到"和平""和谐""和顺"等，显示出中国人温良和善的秉性；再联系相关古文则有"礼之用，和为贵。先王之道，斯为美，小大由之"，展现古人对和谐社会的追求；放眼国际则有周恩来总理提倡的和平共处五项原则，体现中国的大国姿态。在"和"字背后是中华民族自古以来向往和平、追求安宁的美好愿望。教师带领学生围绕"和"字展开联想可以发现其体现的中华民族的博大胸怀。连字成词可以让学生见微知著，在细微处了解汉字文化，感受中华文化独有的魅力。[①]

七、创设实践环境，拓展文化功能

语文教学要与学生的现实生活密接关联，提升语文学习的实践价值。从识字与写字教学的现实需要看，创设一定的环境，特别是与学生实际生活密切关联的现实环境，不仅有助于提高学生的识字与写字效能，也是对学生进行汉字文化教育的有效方式。传统文化是中华民族精神的象征，承载着历史文化底蕴，也是每个中国人的根和魂。因此，在小学语文教学中，教师要注重结合生活情境引导学生识字和写字，通过生活情境提高学生对中华优秀传统文化的认知和认同。例如，"月"字是重要的汉字和偏旁部首，在介绍"月"字时，教师可以将它与现代生活紧密联系起来，介绍中秋节、吃月饼、赏月等相关知识，激发学生对传统节日文化的兴趣，达到在教学过程中有效融入汉字文化教育的目标。

八、借助媒体技术，提升文化融入效能

信息技术的快速发展是当今时代的重要特征，推动信息技术与语文教学的有机结合是课程标准提出的新要求。对于识字与写字教学而言，合理运用信息技术，不仅能帮助学生更好地理解和把握汉字的结构、历史、意义，还能有效提升识字与写字教学中汉字文化融入的实践效能。特别是对于小学阶段的学生而言，他们的年龄较小，注意力集中时间短，在直观形象水平上更难了解汉字文化内容。教师在教学时可以借助多媒体设备及其他工具，指导学生对汉字所蕴含的文化内容进行感知，以便理解接受，从而汲取文化知识的养分，更好地传承汉字文化。还可以组织学生观看汉字文化相关视频，通过多种方式查阅相关资料，这样不仅能激发学生的识字兴趣，还能使学生多方面了解汉字的文化，提升文化素养。例如，《"字"从遇见你》这个节目通过视频讲解汉字的来源和流变，让人们懂得每一个汉字背后潜藏的文化知识。教师可以引导学

---

① 赵浩含，谢雨珊．基于新课标的小学识字与写字教学提升文化自信研究［J］．辽宁师范大学学报（社会科学版）2023（4）：102–106.

生观看视频的讲解，帮助学生了解汉字中的文化知识，从中汲取文化力量。

【案例】

《对韵歌》教学实践片段与分析 [1]

一、教学目标

1. 认识"云""雨""风"等 7 个生字并会写 3 个生字。

2. 正确、流利地读课文、背课文。

3. 感受对子的韵律美和节奏美并产生兴趣。

二、教学重难点

1. 教学重点：读准字音，识记字形。

2. 教学难点：培养对对子的兴趣。

三、教学过程片段：

（一）谈话导入

课前三分钟：

1. 老师介绍百家姓里的"李"字，"木"和"子"相加变成"李"字。生活中有许多这样的字需要你仔细观察，认真发现。

2. 认识课题。（板书好课题，齐读课题。读准字音、不拖音）

（1）出示识字卡片"对"字的两部分，左边是又，右边是寸。谁能把这两部分合在一起变成"对"字？（学生上台展示）这样左右加一加就变成了"对"字。

（2）你是怎么认识这个"对"字的？老师先举例说明怎么认识"对"字（生活中、词语和句子中、广告牌等），再引导学生尝试说一说。

读"对"字，进一步识记。（个别学生读，再次齐读课题）

在课题中认识"对"字，教给学生识字方法。

（二）初读课文，整体感知

1. 请同学们听录音读课题，边听边看，心里跟着读。

2. 老师范读，学生跟读。注意读准难读的字"风"和"虫"。

个别学生读课文，初读感知。（注意评价、指导）

3. 集中识字，再读课文。

（1）学习第一句"云对雨，雪对风。"

初步认识象形字"云"和"雨"。出示"云"和"雨"这两个字的象形图让学生猜一猜，感知汉字的魅力。再读。

教师在教学过程中演示了"云"和"雨"字的变化过程，意在引导学生感受汉字的不同演变历程，从汉字的演变过程中感受汉字的魅力。

再次认识"云"和"雨"，教师引导。大自然中的"云"变化多端，不同的时候会出现不同的云，有乌云、白云、彩云，你还知道哪些云或有关云的词句或知识？大自然中也有不同类型的雨，有大雨、小雨、春雨、秋雨，你还知道哪些雨或有关雨的词

---

① 李敬伟．汉字文化在小学低年级识字教学中的融入现状及策略研究［D］．沈阳：沈阳师范大学，2023．

句或知识?（学生自由说一说）再个别读。

认识"风"，大自然中的风也是淘气的宝宝，有微风、狂风，你还知道哪些风或有关风的词句或知识?（学生自由说一说）再个别读。

再读第一句，教师总结。"云""雨""雪""风"都是大自然中的天气现象，是自然现象。（给这些现象匹配相应图片）

（2）学习第二句"花对树，鸟对虫"。

教师在黑板上贴相应的图片，让学生猜一猜花对树是什么对什么，鸟对虫是什么对什么。（教师提示，总结花对树是植物对植物，鸟对虫是动物对动物）

观看花、树、鸟、虫的图片，感受对韵歌里描绘的美丽画面。

认识"花"字，可以用卡片识字（上下加一加），在生活中识字，在词语、句子中识字（你知道什么花或哪种美丽的花? 说一说），个别读。

看图片认识"虫"字，再齐读第二句。

教师小结。

（3）学习第三句"山清对水秀，柳绿对桃红"。

学生跟教师读，读准字音。

认识两个四个字的词语"山清水秀""柳绿桃红"。

看图片，了解什么样的景色是"山清水秀""柳绿桃红"。

通过卡片识字、文中识字、图片识字、词串识字、在生活中识字等多种识字方法，让学生感受汉字的结构特点和汉字蕴含的文化内涵，从而喜欢上汉字。

（4）体会对韵歌的节奏美，尝试背诵。

师：齐读课文，边读边思考，你还有什么新发现?

生：《对韵歌》中每一行都有"对"字；"对"字前后的字数一致；"风""虫""红"押韵。

（边看板书边拍手，尝试背诵课文）

师生合作对对子。

学生写字，掌握笔画名称撇折、提，会写"云""虫"。

认识笔画名称撇折，会写"云"。

认识笔画名称提，会写"虫"。

最后展示、评价。

【案例分析】

《对韵歌》为统编版小学语文一年级上册识字单元第五课的内容，课文取材于自然景物，采用"对对子"的形式，声情并茂、朗朗上口。全文三句，第一句和第二句用单字对形式包罗自然现象"云、雨、雪、风"和动植物"花、树、鸟、虫"。第三句用双字对仗，表现了山清水秀、柳绿桃红之美。《对韵歌》不仅为识字教学提供了素材，也为弘扬中华传统文化提供了媒介。识字教学应该更多地发掘汉字自身的魅力，力求使汉字形象化和趣味化，图文并茂地展示汉字的演变过程，传授识记方法，激发学生的学习兴趣，使学生养成积极识字的习惯。对于刚开始接触"对对子"的学生，要想使他们喜欢上这种文学形式，教师应该在课堂上给予他们足够的时间去朗读、诵读，使他们在各种形式的朗读和诵读中领悟内容，体会"对韵"。同时通过拓展延伸进一步调动学生对国学的喜爱之情和传承中华传统文化的积极性。本课需要认读的生字云、雨、虫、鸟都是象形字，教师可以用象形字的识字方法引导学生识字，让学生能够学以致用。另外，还可以让学生在生活中识字，电视、书籍、广告等经常出现在学生的生活中，利用生活激发学生识字的兴趣很重要，让学生充分感受到其实生字就在他们身边。学习用普通话正确地朗读课文、背诵课文，这是教学重点，本课中教师主要采用范读、领读、跟读、接龙读等多种形式，使学生在阅读中生趣，读出律动，在诵读中试背。同时，教师还设计了两个生字的书写，意在帮助学生养成良好的书写规范。

🔑 教学建议

文化是教学活动的重要价值表征，汉字教学具有重要的文化价值。汉字的生命力如此绵长而旺盛，是因为它充满文化内涵，散发智慧之光。对汉字文化的深入挖掘和合理解读与 2022 年版课程标准的文化导向相符，有利于传承中华优秀传统文化，是汉字教学的必然趋势，而在这一过程中，教师显然承担着极为重要的作用。新时代的语文教师应不断深入研读课程标准，寻找"识字与写字教学"和"文化传承与自信"的有机契合点，以文字为切入点加深学生对本民族文化的认知与自信，加强对传统文化的传承与弘扬，提升学生的语文综合素养。在教学过程中，教师除了要有文化传承与创新、文化自信培养的主动意识之外，还要准确把握汉字文化在统编版语文教材中的呈现样态和规律，把握汉字文化传承和识字与写字教学的关系，掌握在识字与写字教学中渗透汉字文化的基本方法，特别是在教学目标设计、教学过程实施和教学评价的过程中，要主动融入文化的因素，更好地发挥语文教学的文化传承价值。与此同时，教师也要不断提升自身的文化素养，这是做好汉字文化渗透和文化教育的基础条件，也是教师建构指向于未来教学的完整素养体系的必然选择。

3-4 如何指导学生阅读文学作品？

问题提出

一、文学作品阅读是课程标准着重强调的重要任务

2022 年版义务教育语文课程标准的一个重要突破就是通过学习任务群的方式改革教学内容的呈现方式和教学组织实施的具体要求。课程标准指出：义务教育语文课程内容主要以学习任务群组织与呈现；义务教育语文课程按照内容整合程度不断提升，分三个层面设置学习任务群。"文学阅读与创意表达"学习任务群属于第二层次——发展型任务群，旨在引导学生在语文实践活动中，通过整体感知、联想想象，感受文学语言和形象的独特魅力，获得个性化的审美体验；了解文学作品的基本特点，欣赏和评价语言文字作品，提高审美品位；观察、感受自然与社会，表达自己独特的体验与思考，尝试创作文学作品。作为一个重要任务的设计，如何在教学中围绕语文课程的立德树人价值导向和"审美创造"核心素养培养要求，采用有效的方法指导学生开展高质量文学阅读，需要教师在教学中认真思考。引导教师从传统的阅读教学思维转型到素养导向、单元整体的文学阅读教学新思维，是落实"文学阅读与创意表达"学习任务群要求的基础和前提。

二、文学作品阅读是学生核心素养培养的有效支撑

从 2022 年版课程标准的改革逻辑看，核心素养导向是贯穿其中的重要思路，学习任务群设计与学生核心素养培养有着密切的关联。从某种程度上说，学习任务群的课程目标是从核心素养里"长"出来的。学习任务群与核心素养既有侧重对应的关系，又有综合体现的关系。"文学阅读与创意表达"学习任务群侧重对应义务教育语文课程培养的核心素养中的"审美创造"素养。课程标准指出："审美创造是指学生通过感受、理解、欣赏、评价语言文字及作品，获得较为丰富的审美经验，具有初步的感受美、发现美和运用语言文字表现美、创造美的能力；涵养高雅情趣，具有健康的审美意识和正确的审美观念。"从这一表述看，审美创造是通过感受、理解、欣赏、评价等语文实践活动获得一体两面的发展。一面主要发展其工具性价值，属于能力维度；另一面主要发展其人文性价值，属于涵养维度。可见，"文学阅读与创意表达"学习任务群在这一核心素养的培养中具有重要地位。不仅如此，"文学阅读与创意表达"学习任务群对于文化自信、语言运用、思维能力等核心素养的培养也有积极价值。学生通过对文学作品的学习与作者共情，能够深度体会作品表达的情感和价值观，加深对民族

文化、传统文化等的认知和认同，进而形成文化自信。文学作品是语言的建筑，经典作品则体现了语言的典范性、创造性，因此，文学作品的学习对落实语言运用这一核心素养的要求，引导学生感受"丰富内涵"，"形成个体语言经验"至关重要。[①]思维品质、思维习惯以及逻辑思维等思维能力的培养，指向所有学习任务群的学习，"文学阅读与创意表达"的学习需要学生的大脑积极参与，需要学生想象文学作品中的故事情节和人物形象，在进行创意表达的过程中更需要通过发散思维进行合理想象、拓展、建构，因此，文学阅读对于学生形象思维、创造思维等的培养具有重要意义。此外，着眼于学生的全面发展和性格养成，文学作品具有重要的道德引领、审美培养、情感养成、知识拓展等价值，对于学生综合素质的提升和全面发展的实现具有积极意义。

 **问题分析**

一、阅读文学作品的概念阐释

一般而言，文学作品是指通过对生活、社会、自然和人性的思考，以语言为工具，以文字为形式，形象地反映生活，表达作者对人生、社会的认识和情感，以唤起人的美感，给人以艺术享受的著作。阅读是一种主动的过程，是由阅读者根据不同的目的加以调节和控制的，可以陶冶人的情操，提升人的修养。阅读是一种理解、领悟、吸收、鉴赏、评价和探究文章的思维过程。语文教学中的阅读文学作品，主要是指学生自主或在教师的引导下调动多种感官理解文学作品的内涵、价值，体会文学作品的思想情感，进而汲取知识、拓展思维、涵养情怀、陶冶身心的过程。这一过程不仅对学生的语文学习具有积极作用，对学生的身心健康成长和综合素养形成也具有重要意义。

二、课程标准对文学作品阅读教学的要求

课程目标的学段要求是以语文实践活动方式为维度来呈现的，学习任务群与语文实践活动方式也是有所侧重且综合体现的。与"文学阅读与创意表达"学习任务群更为匹配的语文实践活动方式是"阅读与鉴赏""表达与交流"。在第一学段，有关"文学阅读与创意表达"学习任务群的内容在"阅读与鉴赏"和"表达与交流"的第3条有具体表述；在第二学段则都在第4条；在第三学段，在"阅读与鉴赏"的第4条和"表达与交流"的第3、第4条都有涉及。

从学习任务群设计的角度看，"文学阅读与创意表达"属于发展型学习任务群的内容之一。课程标准对这个学习任务群又按不同学段规划了具体的学习内容，提出了具有层次性的教与学要求。从整体上看，划分为四个学段，其中小学阶段包括三个学段。

---

① 杨九俊."文学阅读与创意表达"任务群的理解与落实［J］.基础教育课程，2023（2）：20-26.

各学段的学习内容如下：

第一学段（1～2年级）：

（1）阅读并学习讲述革命领袖、革命英雄、爱国志士的童年故事，表达敬仰之情和向他们学习的愿望。

（2）诵读表现自然之美的短小诗文，感受大自然的美景与变化。

（3）学习儿歌、童话，阅读图画书，体会童真童趣，感受多姿多彩的生活，初步体验文学阅读的乐趣。

第二学段（3～4年级）：

（1）阅读并讲述革命故事、爱国故事、历史人物故事，感受幸福生活来之不易，表达自己对美好生活的向往，以及对革命英雄、仁人志士的崇敬之情。

（2）阅读描绘大自然、表现人类美好情感的诗歌、散文等文学作品，结合自己的生活体验，尝试用文学语言表达自己热爱自然、珍爱生命的情感。

（3）阅读富有想象力和表现力的儿童文学作品，欣赏富有童趣的语言与形象，感受纯真美好的童心，学习用口头或者图文结合的方式创编儿童诗和有趣的故事，发展想象力。

第三学段（5～6年级）：

（1）阅读、欣赏革命领袖、革命先烈创作的文学作品，以及表现他们事迹的诗歌、小说、影视作品等，感受革命领袖、革命先烈伟大的精神世界和人格力量，认识生命的价值；运用讲述、评析等方式，交流自己的情感体验。

（2）阅读表现人与自然的诗歌、散文等优秀文学作品，感受大自然的奇妙，体会人与自然和谐相处的意义；用口头或者书面的方式表达对自然的观察与体验，抒发自己的情感。

（3）阅读表现人与社会的优秀文学作品，走进广阔的文学艺术世界，学习品味作品语言、欣赏艺术形象，复述印象深刻的故事情节，积累多样的情感体验，学习联想与想象，尝试富有创意地表达。

（4）阅读反映少年成长的故事、小说、传记等，交流自己获得的启示；学习运用细节描写等文学表现手法，描述自己成长中的故事。

三、文学作品阅读教学中存在的主要问题

近年来，随着语文课程教学改革的推进，文学作品阅读教学越来越受到语文教师的重视。但是由于教师教学的风格、学生的阅读能力与水平以及阅读内容的难易程度等方面存在差异，虽然目前大力提倡重视文学作品的阅读，但文学作品阅读教学依然受到诸多因素的影响，还存在一些问题。比较突出的问题表现在三个方面：其一，文学作品阅读教学价值导向偏离。从整体上看，文学作品具有丰富的文学价值、教育价值、社会价值，引导学生通过文学作品的有效阅读提升文学素养，涵养道德情怀，建立文化自信，培养学生审美创造的多维度价值，是文学作品阅读教学应有的旨趣。但

是在现实情境中，有的教师缺少对文学作品教学价值的正确把握，缺少对学生有效的阅读方法指导，教学的重心仅仅围绕在学生阅读答题技巧的传授之上，这在很大程度上消解了文学作品阅读教学应有的价值，导致文学作品的立德树人和核心素养培养功能难以得到真正发挥。其二，文学作品阅读整体思维缺乏。文学作品有不同的主题和体裁，同一主题和体裁的作品带给读者的感受具有某种逻辑上的一致性。2022年版课程标准强调整本书阅读和单元整体教学，这实际上就是要求教师指导学生在阅读文学作品的过程中有一种整体意识。但是在实际教学中，有的教师没有认识到单元整体设计与实施阅读教学的重要价值，仅仅将精力放在单一语篇的理解和教学上，难以发挥文学作品教学的整体育人效能。其三，文学作品阅读教学中"读思悟创"割裂。在文学作品阅读教学中，教师要在阅读上下功夫，可以安排学生在每周阅读课、闲散时间自主阅读。在阅读方法上应不拘一格，既可以不求甚解，仅了解其梗概，也可以不动笔墨，不精细批注等。但在阅读过程中，有的教师和学生片面追求阅读的量，不进行深入思考，只是走马观花，对阅读的作品的理解也只是停留于表面，一谈仿佛全知，深究便摸不着头脑；或思考未与生活相联系，未形成思想上的共鸣。因此，文学作品阅读也是一个边读边悟的过程。在深刻理解文本内涵价值的基础上进行合理的创造应用，是文学作品阅读教学应该注意的问题。

 问题解决

　　阅读是人类获取知识最快速、最高效的途径之一。阅读能力是人终身学习的基本技能，需要从小开始培养。有效的阅读教学能提高学生的阅读能力，可以使学生快速积累经典文学知识，提高学生的口语表达能力、文章写作能力和文学素养，培养学生的学习兴趣，拓展学生的知识领域，提升学生的思维层次，陶冶学生的情操，涵养学生的人文情怀和高尚人格。在语文教学过程中，指导学生进行有效的文学作品阅读是一个系统性工程，既需要教师深刻理解文学作品阅读教学的价值诉求，掌握文学作品阅读教学的基本原则，也需要教师学会合理引导学生选择课外阅读素材，掌握阅读的基本方法。更为重要的是，教师需要结合课程标准中关于学习任务群设计和单元整体教学的要求，在单元整体教学中引导学生学会有效地进行文学作品阅读。

一、准确理解文学作品阅读教学的价值诉求

　　教师的教学活动本质上是一种有目的、有意识的创造性活动，教师的教学观念在其教学行为中占据重要的引领和导向地位。教师教学观念是教师在教育教学中形成的对相关教育现象，特别是对自己的教学能力和所教学生的主体性认识，可从教学本质观、教学方式观和教学价值观三个维度予以考察。[①]一般而言，任何层面的教学改革，

① 赵茜，尹姗，李刚．深化、内化、明晰：教师教学观念的转变［J］．教育发展研究，2017（4）：71-75.

都是从改革教师的教学观念入手的，以教学观念的重塑引领教学行为的变革是一种正常的改革逻辑。要进行有效的文学作品阅读教学，引导学生合理地进行文学作品阅读，首先要改变教师的阅读教学观念，其中的基础就是教师要充分认识到课程标准改革背景下义务教育阶段文学作品阅读教学的价值旨趣，体会到课程标准对文学作品阅读教学不同于以往的要求。

文学作品阅读在本质上是人类独有的一种审美性、情感性精神活动，是以美的"语言艺术"以及诗、小说、散文、剧本和报告文学等体裁的作品为对象，运用想象、联想而使作品的内涵在头脑中具体化，从而产生或喜怒哀惧或振奋震撼等情绪上的反应，并获得精神愉悦感、人格自由感和心灵净化感的审美活动。相比于成人的文学作品阅读，义务教育阶段学生的文学作品阅读处在初级阶段，目的是使学生获得个性化的审美体验，提高审美品位，即学生凭借语言文字，展开想象，进入文学作品描绘的情境中进行角色体验，将作品中人物的命运投射到自己的生命世界中，情不自禁地领悟、体味、再创造，甚至陶醉其中，使心灵受到震撼，呈现出一种独特的精神状态。教师应引导学生尽可能多地进行文学作品阅读，积累审美经验，形成初步的感受美、发现美的能力，涵养高雅情趣，培养健康的审美意识和正确的审美观。[①] 由此，当下语文教学中的文学作品阅读教学应该跳出单纯的知识、技能导向，树立起清晰的核心素养意识，通过文学阅读促进学生综合素养的提升，这种意识是教师对学生进行有效的文学阅读指导的基础。

二、科学把握文学作品阅读教学的主要原则

教学原则是从教育教学原理过渡到方法技巧的一种中间形态，[②] 是教学过程中应该遵循的共同的价值要求和行为规范，对于具体教学活动的开展具有重要的指导价值。教学原则既有共性，也有不同学科、不同学段、不同教学内容上的个性，需要进行针对性的设计和厘定。义务教育阶段的文学作品阅读教学要从"文学阅读与创意表达"学习任务群的实施入手，结合学生的学段特征进行设计。一般而言，义务教育阶段的文学作品阅读教学整体上应该遵循四个方面的基本原则。

其一，情境真实性原则。义务教育阶段的学生尚处于学习阅读的起步阶段，通过课堂学习，要慢慢走向独立阅读文学作品，并能把自己的阅读成效进行创意表达。因此，教师在教学中必须创设真实的学习情境，让课堂阅读教学和学生的真实阅读生活实现有效对接，体现学以致用。

其二，方法整合性原则。文学阅读教学要注意听、说、读、写、思多种方法的整合，综合运用朗读、讲述、评议等多种方法学习作品，感受文学作品的语言魅力和人物魅力，创意表达自己的阅读体会和阅读收获。

其三，过程自主性原则。文学作品阅读的过程就是一个意义建构的过程，文学作品阅读的目的就是建构意义。义务教育阶段的学生虽然阅读经验不是很足，但他们也有自己独立的思考和想法，教师应该让他们自己去直面文字，经历阅读，通过比较、讨论等去发现文字表达的秘密，体会文字蕴含的情感。

其四，目标审美性原则。"文学阅读与创意表达"学习任务群和其他学习任务群最大的区别，就是教学目标指向不同。本学习任务群旨在让学生获得个性化的审美体验，提高学生的审美品位。义务教育阶段以培养学生的形象思维为主，是培养学生文学作品审美能力的起步阶段，也是重要阶段。

三、指导学生掌握文学作品阅读的基本方法

阅读不是一项随意的工作，需要相应的方法论作为支撑。义务教育阶段的学生往往缺少必要的阅读方法积淀，这会在实践中影响他们对文学作品内涵、价值的学习成效。因此，教师在教学过程中要注重对学生阅读方法的培养。阅读文学作品的方法有很多，精读是其中一种基本的阅读方法。它是按照文章的顺序逐字、逐句、逐段地读下去，对每个词语、每个句子、每个段落和每个篇章进行深入思考，弄清其含义。精读的对象一般是优秀的文学作品或内涵较深、经得起推敲的文章。除了精读之外，速读、跳读、精华提炼、创读等也是常用的文学作品阅读方法。速读是一种快速读书的方法，通过快速浏览一遍文章内容，只了解文章大意即可。这种方法适用于阅读同类的书籍或参考书等。速读可以加快阅读速度，扩大阅读量，提高阅读效率。跳读是一种跳跃式的读书方法，可以抓住书的筋骨脉络进行阅读，重点把握各个段落的观点。当遇到疑问处时，可以跳过去继续读，读到后面就能领会全文了。这种方法可以帮助我们更快地阅读，提高阅读效率。精华提炼也是一种常用的阅读方法。这种方法可以帮助我们更好地理解文学作品内容，从中提炼出精华，把握文学作品的核心思想，同时也能够锻炼学生的概括能力。创读是一种更高级的读书方法，倡导学生在阅读过程中融入更多的思维创造工作。学生在阅读过程中一边吸收作者的思想，一边进行思考甚至质疑，最后通过创意表达的方式呈现自己思考质疑的成果，实现阅读与表达的有机统一。

四、注重文学作品阅读教学方法的创新

培养学生文学作品阅读能力最重要的途径应该是课堂教学。教师要深刻把握课程标准的要求，注重通过文学作品阅读教学方法的创新，指导学生开展有效的文学作品阅读。这种创新可以从以下三个维度进行。

其一，资源或材料创新。所谓资源或材料创新，是指在文学阅读时引入其他相关甚至看起来毫不相关的资源或材料，为感受、理解、分析文本打开崭新的解读空间，获得创意表达的灵感。在教学中，这类创意表达往往与互文性阅读、群文阅读等创意

阅读紧密结合。

其二，方式方法创新。所谓方式方法创新，主要指在文学阅读与表达中借鉴其他学科、领域的概念、原理或方法，获得新的阅读体验与表达的创意。例如，韦应物《滁州西涧》中的"野渡无人舟自横"一句脍炙人口，一般的读者可能会结合"无人"二字，将"舟自横"理解为船静静地拴在渡口，但王宁教授用语言学的方法对"横"的本义和延伸义进行溯源，得出如下结论："横"由"横向的挡门的门闩"引申出"横竖"与"横逆"两义，由"横逆"引申出"迂曲""任意""不定向"等意思。例如，"江水横流""才华横溢""横眉冷对千夫指"等，"横"的意思都是"多向的""不定向的"，"舟自横"中的"横"字用的正是这个义项。船在渡口的湾里，自由自在、方向不定地漂泊，完全是一种动态的景象。"横"的客观字义决定了舟的形象，也落实到诗意上。

其三，表达媒介创新。在表达媒介向度上，教师可以通过将文字、声音、图像等传统的表达介质与其他介质尤其是信息时代新的媒介相联系，实现表达媒介的转换、融合，以此提高学生的表达兴趣，引导学生将文学作品阅读和创意表达真正融合起来。

五、在单元整体教学中引导学生有效阅读

在素养导向的现代课堂教学中，单元整体教学被置于重要地位。从课程建构与实施的角度看，单元连接着课程与课时，单元设计既是课程开发的基础单位，也是课时计划的背景条件，立足单元开展整体性教学，有助于打破知识的独立、割裂局面，更好地培养学生的综合素养。对于语文教学而言，不论是主题式学习任务群的设计，还是核心素养的培养，在很大程度上都离不开单元整体教学。因此，培养学生有效开展文学作品阅读的教学也要融合在单元整体教学之中。这种教学整体上的过程一般包括三个部分：其一，确定单元教学目标。分析学情，分析教材结构，确定单元教学中的语文要素，明确单元教学的具体目标要求。其二，规划单元教学活动，包括确定单元教学目标、设计教学问题链和课堂教学活动等。其三，设计单元教学评价，包括课时作业中的过程性评价、任务完成后的终结性评价等。

教师在进行单元整体教学设计时，要注意把握不同学段对文学作品教学的不同要求。例如，第一学段要注意：阅读情境设计以兴趣为先导，以情感为纽带，让学生乐读；任务内容重构强调整体感知，注重想象体会，让学生赏读；读为主策，综合运用学习方法指导，体会节奏韵味，让学生会读。第二学段要注意：处理好任务群学习与单篇课文学习的关系；处理好情感体验与语言形象感受的关系；处理好整体感知与重点理解的关系；处理好创意表达与经验世界的关系。第三学段要注意：调动审美需要，激活学生生活体验，让学生融入阅读情境；设计学习任务，整合学习资源，激发学生表达愿望。

小学语文二年级上册第六单元"文学阅读与创意表达"教学案例①

一、分析教材，把握学情，制定学习目标

二年级上册第六单元的人文主题是"革命先辈"，编排了《八角楼上》《朱德的扁担》《难忘的泼水节》《刘胡兰》四篇课文，讲述了革命先辈的感人事迹，歌颂了革命先辈的崇高品质，初步渗透革命传统教育。

单元主要学习任务是"借助词句，了解课文内容"。学习《八角楼上》时，结合插图体会词语意思，了解课文内容；学习《朱德的扁担》时，借助描写朱德挑粮的词句体会朱德与战士们同甘共苦的革命情谊；学习《难忘的泼水节》时，借助描写周恩来总理的穿着和泼水动作的词句感受总理和傣族人民心连心；学习《刘胡兰》时，联系上下文了解词义，再借助词句体会刘胡兰的英勇不屈。

二年级的学生已经具备一定的独立识字能力，能借助拼音独立读通课文，但对一些长句子、难句子的朗读仍需关注。词义理解尚处于朦胧阶段，需用多种方法帮助理解词语。另外，本单元的课文具有鲜明的主题教育意义，讲述的内容与学生的生活有较远的距离，给学生阅读理解和意义建构带来一定的困难。著名特级教师薛法根老师认为，任务设计之初就要设定可预见的"成事"结果，如生活问题的解决、行为态度的改变、完成的言语作品等。也就是说，要用目标结果来指导教学实践。基于以上认知，可以用学习任务群理念做指导，从基础性和发展性两个层面制定本单元学习目标：

基础性目标：认识本单元49个生字，读准2个多音字，会写30个汉字，会写33个词语表里的词语，学习动词和名词的搭配；能用普通话正确流利地朗读课文。

发展性目标：能借助课文插图、联系上下文等方法了解课文内容；感受革命先辈的精神，并由衷产生敬意。

二、创设情境，设计活动，展开学习过程

本单元课文讲述的都是革命先辈的事迹，事迹本身是真实的，是值得国人学习和传颂的，所以本单元学习情境可以这样创设：

同学们，校园广播台开设了"学习革命先辈，讲述先辈故事"栏目，向全校学生招募"故事小达人"，我们第六单元学习的就是革命先辈的故事，你们有信心把课文学好，到校园广播台去讲故事吗？

学习任务群强调的是"任务"的群而非"文本"的群，其本质是学生在真实的学习情境中自主学习。学习任务群的活动设计是从不同角度去设计活动，以达成任务目标，具有显著的目标导向特征。低年级的阅读教学是学生学习阅读的起步阶段，要承担识字写字、练习流畅朗读、学习阅读、积累运用语言等多重任务，虽基于单篇开展语文学习活动设计与实施，但其达成目标的角度是各不相同的。每一课展开学习活动的具体方法和路径是不同的，但指向的目标都是"借助词句，了解课文内容"，完成"讲好革命先辈故事"这个终极任务。

具体展开学习的过程需根据学生的学习实际和文本特点进行设计。例如，《八角楼上》一课可以设计以下四个子任务：

子任务一：我来读故事——朗读课文，识记生字

正确流畅地朗读课文，是阅读理解和学习语言运用的前提。本子任务采用自由读、同桌互读等多种方法，鼓励学生尽可能把课文读正确、读流畅。

反馈检查朗读时，智趣融合，把生字识记、词语积累和朗读练习有机融合。例如，学习"代""争"时，可用叠加的方式，在复现中识记生字。先出示"代"，让学生读读字音，记记字形；再出示词语"年代"，理解年代就是"时代、时期"的意思；接着出示"艰苦斗争的年代"，识记"争"，并结合资料理解"艰苦斗争"；最后出示"井冈山艰苦斗争的年代"。这样，学生就能感知到字、词、词组之间的关系，有助于朗读和课文理解。如此，学生记住的不是一个个孤立的文字符号，而是有意义的文字生命体。最后借助"什么时候，谁在哪里干什么"的句式，让学生感知课文主要内容。

子任务二：我来讲故事——走近主席，讲好故事

要参与"校园故事小达人"选拔，必须先学会讲故事。讲好故事的秘诀在于掌握故事的语言，体会故事的情感。低年级学生虽然阅读经验不是很足，但他们也有自己独立的思考和想法，应该让他们自己去直面文字，经历阅读，通过比较、讨论等去发现文字表达的秘密，体会文字蕴含的情感。

本课的教学紧紧围绕"毛主席是怎么工作的？"这个课后主问题设计学习活动，分步骤展开学习。

第一步，让学生找出直接描写毛主席工作的第2自然段，提出学习要求：一读，自由读第2自然段；二标，给第2自然段标上句子序号；三想，哪个句子直接写出了毛主席工作时条件很艰苦？学生借助图片，从"单军衣""薄毯子""竹椅"等词语中体会到这些物品单、薄、凉的特点；再结合日常生活，明确这些物品一般在夏季或天气凉爽时使用；最后联系上文中的"寒冬腊月""深夜"等词语，体悟井冈山斗争时期的条件很艰苦。

第二步，围绕"毛主席是怎么工作的？他为什么这样工作？"再次研读第2自然段，抓住"凝视""沉思""觉察"等词语，结合观察插图，体会毛主席忘我工作的精神。同时，补充《井冈山的斗争》等资料，让学生初步感知毛主席对中国革命胜利的伟大贡献。

第三步，围绕"这样的夜晚仅仅是这一个吗？"回扣第1自然段，抓住"每当""夜幕降临"等词语，理解毛主席每天都如此辛勤地工作。

如此，一步一步，学生通过阅读不断地去发现，去体悟，去建构属于自己的故事意义，为讲好故事打下坚实的语言基础和情感基础。

子任务三：我和主席说说话——借助对话，生发情感

学习红色经典课文，不仅学习语文知识和技能，还要传承红色基因。本课可设计两个指向创意表达的问题，实现迁移学习，传承红色基因。

第一个问题：为什么毛主席白天不写文章，而要夜幕降临后再写？通过讨论交流，

学生会得出"白天要和战士们一起打仗""要挖井、种粮""要研究怎么和敌人作斗争"等符合当时情境的答案。

第二个问题：毛主席白天要斗争，晚上要写文章，夜以继日高强度地工作，你想对他说什么？学生在与毛主席的想象对话中，自然萌生对毛主席的敬仰之情。

子任务四：主席事迹我来写——梳理分类，练习写字

写字是低年级阅读教学的一个重要内容，课程标准在第一学段的"梳理与探究"里要求学生能对学过的生字进行梳理，对书写的要求是能注意间架结构，初步感受汉字的形体美。

本课汉字的书写，除了常规的范写、练写、点评外，应先让学生自己观察，按结构进行分类；再借助图形、辅助线等，强调难写、易错的字，待学生会写后，把生字放进新的语境中练习运用。

三、设计工具，提供选择，促进实践反思

2022 年版课程标准对语文课程评价建议如下：语文课程评价包括过程性评价和终结性评价。过程性评价贯串语文学习全过程，终结性评价包括学业水平考试和过程性评价的综合结果。因此，评价工具也要从过程性评价和终结性评价两个方面来设计。

"革命先辈"单元评价工具	
过程性评价	1. 每一课的课堂作业。 2. 每一课的朗读情况。 3. 参与学习的态度、情感等过程表现记录表。 4. 课堂发言、讨论中表现出来的价值观等反馈表
终结性评价	1. 一份单元学习调查问卷。 2. 借助多种形式讲述一个革命先辈的故事。 3. 拓展了解革命先辈事迹，向他人介绍一个课外的革命先辈的事迹

在使用以上评价工具时，要有一定的灵活性，让学生可以选择适合自己的方式方法来呈现学习成果。例如，上表中终结性学习评价的第三条，学生就可用以下方式来呈现：为革命先辈做名片；唱与革命先辈相关的歌曲；看与革命先辈相关的电影等。此外，开展过程性评价时，可以邀请学校管理人员、其他任课老师、家长等参与，通过多主体、多角度的评价反馈，更全面、客观地了解学生的真实学习情况，帮助学生处理好语文学习与个人成长的关系，促进学生自我反思和自我管理，提升自我监控学习的能力。

【案例分析】

该教学案例整体上遵循了单元整体教学设计的一般逻辑和方法，在认真分析单元素材的基础上，着眼学生核心素养的培养建构了涵盖基础性和发展性的单元教学目标体系，将核心素养的要求落实到单元教学整体设计之中。在教学过程中，注重通过任务链的设计，引导学生更好地通过阅读理解文章的中心思想，同时注重学生阅读能力、阅读方法的培养，引导学生更好地将阅读和表达进行关联。在教学评价环节，有效兼

顾了过程性评价和终结性评价，设计的任务符合学段学生的身心发展特征。更为重要的是，能够结合单元主题，将德育和思政元素有效融入教学设计之中，彰显了课程标准要求的立德树人根本任务。

🔍 教学建议

文学阅读教学是语文教学的重要内容，这一部分的教学既具备一般阅读教学的共性，也有文学作品教学的个性，因此需要教师在教学过程中有针对性地进行思考和设计。语文教师要更好地指导学生开展文学阅读教学，除了可以采用上述举措外，还有以下三个需要注意的问题。

一、注重引导学生合理选择阅读素材

中外文学作品种类繁多，主题各异，哪些素材适合哪些学段的学生进行阅读，教师需要给学生一定的建议，可以通过推荐阅读书目、阅读材料的方式将合适学生阅读的文学作品推荐给学生，避免学生自主阅读中的"选择困难"。

二、注重引导学生将阅读和表达进行有机结合

阅读和表达有着重要的内在关联，阅读不是文学阅读教学的全部价值，教师在教学过程中要将阅读、写作、表达等内容相互关联，引导学生从文学作品阅读中提升自主思考和自我表达的能力，拓展思维，厚实素养，实现全面发展。

三、注重帮助学生涵养文化自信

中外文化各异，各有千秋。教师要在文学阅读教学过程中引导学生通过中外文化的比较，深刻理解中华文化的独特魅力，涵养对祖国文化的认同与自信，同时将思政元素融入文学阅读教学之中，更好地发挥其整体育人价值。

3-5 如何指导学生开展实用性阅读与交流？

 问题提出

一、学生核心素养的提升需要强化实用性阅读与交流

从近年来的课程教学和人才培养改革看，强调学生核心素养的培养是一个重要导向。核心素养是学生通过课程学习逐步形成的正确价值观、必备品格和关键能力。它是关于学生知识、技能、情感、态度、价值观的结合体。核心素养除了具有综合性特征之外，还具有重要的实践性价值，也就是要在与学生现实生活密切关联的实践活动中体现其价值。语文实用性阅读与表达的核心价值也在于架起学生语文学习与现实生活之间的桥梁，提升学生学以致用的能力。实用性阅读与表达能力是学生综合素养的重要组成部分。从中国参加经济合作与发展组织的 PISA 测试结果看，中国学生在实用性阅读领域的整体表现还有较大提升空间。相关数据分析表明，实用性阅读效果的整体滞后不仅导致语文教学与经济合作与发展的阅读测试要求有差距，而且已经成为中国学生核心素养，特别是阅读素养、科学素养等提升的重要制约。[①] 因此，要发展学生核心素养，必须关注实用性阅读与交流，提升这一模块教学的整体质量。

二、课程标准的落实需要关注实用性阅读与交流

语文课程是一门学习国家通用语言文字运用的综合性、实践性课程。工具性与人文性的统一，是语文课程的基本特点。语文课程应引导学生热爱国家通用语言文字，在真实的语言运用情境中，通过积极的语言实践，积累语言经验，体会语言文字的特点和运用规律，培养语言文字运用能力。由此可知，强调实践性、实用性应该是语文课程和语文教学的重要特征。然而，在语文教学中，长期以来都普遍存在"重文学轻实用"的现象。究其原因，一方面是实用类文本本身缺乏趣味性，学生的学习意愿不强；另一方面，在"以考定教"观念影响下，教师教学的热情也不高。[②] 但随着"实用类文本"这一概念进入课程标准，特别是课程标准中"实用性阅读与交流"学习任务群的提出，如何通过"实用性阅读与交流"模块的教学更好地回归语文教学的本质，实现语文课程的价值，成为人们普遍关注的问题。"实用性阅读与交流"学习任务群是

---

① 张一平，许世红，郑海燕.实用类阅读能力是进一步提升中国学生科学素养的重要基础：基于 PISA2015 数据研究［J］.教育发展研究，2019（22）：38-43.

② 唐昕平，贾秋平.现实生活中的语言运用与发展：例谈"实用性阅读与交流"学习任务群实施路径［J］.语文建设，2023（5）：13-15.

对语文学习与工作生活关联的自觉回应，也直指语文课程的性质。阅读与交流的"实用性"是指当前语言文字的运用渗透到生活、工作和学习的方方面面。设置这个学习任务群的目的是让语文学习满足家庭生活、学校生活、社会生活交流沟通需要，让语文回归生活，力求实现学以致用，知行合一。这个学习任务群的实施路径为在语言实践活动中做事，其价值取向应指向"有用"，能够引导学生在语文学习的过程中满足"日常社会生活需要""适应社会、服务社会的能力""增强社会责任意识"。① 这有助于克服传统语文教学中存在的问题，推动课程标准的落实，实现语文课程育人价值的更好发挥。

 **问题分析**

一、"实用性阅读与交流"的内涵

（一）实用类文本

语文是社会生活的反映，来源于生活实际，服务于生活需要，语文学习内容和形式也应该与社会生活保持较高的一致性。夏丏尊指出，文章普遍有两种体式，一是实用的，一是趣味的。实用的文章，为处置日常的实际生活而说。尹昭怡指出，实用类文本主要是指根据事实传递信息的文本。实用类文本不仅包括基于事实的非艺术化文本，如应对公私事务的应用文、说明文、新闻、史料、序言、科技文章、学术论文、理论作品等，还包括一些基于事实的艺术化文本，如报告文学、演讲词、文艺随笔、文艺性说明文、文艺性政论文等。② 本文所涉及的实用类文本主要指统编版小学语文教材中实践性较强的文章，这些文章能够说明一些道理，有深刻的实用价值，能够贴合学生，引导学生认识社会交流，主要包括新闻、人物传记、说明文、时事评论等。

（二）"实用性阅读与交流"学习任务群

在社会生活中，以满足实用需求为目的所做的阅读与交流活动占有很大比例，如从新闻报道中获取资讯，按说明书提示使用新买的产品，阅读科普文章了解某一领域的知识等。在这样的情况下，如何培养学生的实用性阅读能力就成为语文教学的一个重要方向。"实用性阅读与交流"学习任务群旨在引导学生在语文实践活动中，通过倾听、阅读、观察、获取、整合有价值的信息，根据具体交际情境和交流对象，清楚得体表达，有效传递信息，满足家庭生活、学校生活、社会生活交流沟通需要。"实用性阅读与交流"学习任务群的教学不是简单的实用类文本的罗列，也不是简单的阅读与交流的相加，而是通过语文实践活动，筛选和分析有价值的信息，提高学生的综合能

① 管贤强，魏星．实用旨归、做事路径、语用意蕴："实用性阅读与交流"任务群的内涵解读［J］．语文建设，2022（20）：4-9.

② 尹昭怡．浅谈实用类文本细读的技巧和重要性［J］．文教资料，2021（23）：8-10.

力，引导学生加强对生活的认识，提升核心素养。

二、"实用性阅读与交流"的任务追求

20世纪末以后，回归生活、强调综合、注重素养成为课程建设的主流理念。2022年版课程标准中"实用性阅读与交流"学习任务群的设计思路充分体现了这一趋势。

（一）表述角度有所调整

"实用性阅读与交流"学习任务群不再从单纯的记叙、说明、议论等表达方式角度划分文章类型、组织阅读材料，代之以生活需要的角度，即人的角度。"实用性阅读与交流"学习任务群的名称凸显了人的主体地位和实用倾向。该学习任务群要求的阅读对象，如标牌、说明书、参观访问记、考察报告、科学家小传、科技作品、新闻报道、时事评论等，都是日常生活中真实存在的实用文；该学习任务群建议的学习活动，如与家庭成员、亲朋好友交流沟通，与同学、老师文明交流，都是真实的生活场景；该学习任务群建议的表达与交流活动，如写留言条、短信、日记、观察手记、现场报道等，都是生活中常用的表达形式。这启发我们，实用性阅读与交流的教学实施要以满足生活需要为中心，以解决实际问题为情境，如说明方法、新闻结构等知识性学习要为获取信息、表达交流服务，进而为改善社会生活服务。

（二）学习空间的拓展

"实用性阅读与交流"学习任务群强调"实用性"阅读与交流，而非对"实用文"的阅读。这不仅可以凸显学习任务群的核心价值，还有利于打破文体类型的局限，拓展实用性阅读与交流的教学资源和发挥空间，不必过分计较阅读材料属于什么文体。例如，《应有格物致知精神》是演讲，《叶圣陶二三事》是传记，《卖油翁》是笔记，《不求甚解》是杂文，《社戏》是小说。教师在设计实用性阅读与交流活动时可以忽略它们的文体差异，而聚焦前人的读书、写作与生活经验，还可以学习为人处世的艺术。这启发我们，"实用性阅读与交流"学习任务群不应该局限在少数几个实用类文本单元，而是应该有更广阔的空间。

（三）学习重点强调整合有价值信息

2011年版课程标准对实用性文章的阅读要求主要有"能抓住要点，了解文章基本的说明方法""能把握文章的基本观点，获取主要信息""阅读科技作品，还应注意领会作品中所体现的科学精神和科学思想方法"等。这些学习要求的核心是理解文章、获取信息。2022年版课程标准在保留获取信息要求的基础上，新添了"整合有价值的信息"等内容。其中，"整合"主要是对学习方式的要求，"有价值"是对学习结果的要求，两个关键词都体现了面对现代社会信息环境日益复杂的形势，鉴别信息品质的能力的重要性。这启发我们，基于核心素养的实用性阅读教学，应该从主要依

靠权威媒体、阅读经典文本并理解其中相对确定的信息，转向学会从多元媒体搜集信息、从多个文本筛选信息，进而对芜杂信息加以辨析。当然，整合信息的最终目的是提高语言文字运用能力和培养核心素养，为有效地传递信息、更好地解决生活问题服务。

（四）课程融合特点更加突出

强调综合，注重整合，是 2022 年版课程标准的基本理念之一。这一理念在"实用性阅读与交流"学习任务群里有两个显著标志：一是将阅读与交流两种活动融为一体；二是将学习内容、学习方法与三维目标融在一起。例如，第一学段的"学习认识有关标牌、图示、说明书等，了解公共生活规则，学会有礼貌地交流"，第三学段的"观察、思考日常生活，阅读记人叙事的优秀文本……与他人交流身边令人感动、难忘的人和事"。这些内容启发我们，"实用性阅读与交流"学习任务群的实施，应注意学习内容与学习目标之间的关联，减少彼此孤立的学习。

三、课程标准对"实用性阅读与交流"的具体要求

义务教育语文课程按照内容整合程度不断提升，分三个层面设置学习任务群，其中"实用性阅读与交流"是第二层次——发展型学习任务群的一个内容。"实用性阅读与交流"学习任务群的内容主要包含实用性阅读与实用性交流两个部分，课程标准对这两个部分的内容进行了递进性的整体设计。具体内容如下表所示。

"实用性阅读与交流"学习任务群各学段的学习内容

学段	实用性阅读	实用性交流
第一学段	有关个人生活、家庭生活、学校生活、中华优秀传统文化的短文；有关标牌、图示、说明书等	运用文明礼貌语言，与家庭成员、亲朋好友交流沟通；乐于分享学校生活中的见闻和感受；有礼貌地交流；将读到、听到、看到的故事讲给他人听
第二学段	有关家庭生活、学校生活、社会生活的短文；说明、叙写大自然的短文；有关老一辈无产阶级革命家和革命英雄、劳动模范、科学家的事迹	用口头和书面的方式，客观地表述生活中的见闻片段；用日记、观察手记等，展示自己观察自然、探索科学世界的收获；具体、清楚、生动地讲述有关老一辈无产阶级革命家和革命英雄、劳动模范、科学家的事迹
第三学段	记人叙事的优秀文本；参观访问记、考察报告、科技说明文、科学家小传等文本；革命英雄和劳动模范的事迹	通过口头表达、书面叙写，与他人交流身边令人感动、难忘的人和事；通过口头表述和多种形式的书面表达，分享观察自然、探索科学世界的所见所闻、所思所感；写日记；用多种媒介方式记录、展示、讲述革命英雄和劳动模范的故事

学段	实用性阅读	实用性交流
第四学段	叙事性和说明性文本；科技作品；为创造人类美好生活作出重要贡献的杰出人物的事迹；新闻报道、时事评论等作品	发现、欣赏、表达和交流家庭生活、学校生活、社会生活和大自然的美好；关注祖国的科技创新和社会主义建设成就，交流自己的发现与体会；就感兴趣的话题与同学进行线上线下讨论，根据目的与对象选择合适的媒介进行交流沟通

 问题解决

一、设计真实的语言运用任务情境

任务情境设计的本质是"真实性"，是需要确定真实情境的目标，寻找任务情境的生活原型，明确任务情境的类型，设计任务情境的框架，组织任务情境链，开展实用性阅读与交流的过程。以"拥抱大千世界"为例，该课例是在统编版教材五年级下册第七单元的基础上研发的。教师深入分析单元主题与学习素材的内在联系，对单元选文组合进行结构化分析。本单元的口语交际是"我是小小讲解员"，习作是"介绍中国的世界文化遗产"，所选课文《威尼斯的小艇》《牧场之国》《金字塔》都可以与"讲解""介绍"建立联系。从"用语言做事"的视角，可以试着让学生以解说员的身份来讲解、介绍中外文化，从而拥抱大千世界。在这样的思考下，教师可以用"图说＿＿"的方式整合"为文配图""为图撰文""'大千世界'主题图片展"等学习任务，通过"配一配""说一说"等方式，为学生创设一种有利于阅读、理解和表达的真实任务情境。"配一配"就是根据内容和细节，选择与课文内容最贴合的图片，为课文配图，用图示的方式呈现课文内容和基本结构。"说一说"旨在引导学生借助图片，拓展搜集资料，整理相关资料，列提纲，选择自己喜欢的方式解说课文，从而呈现异国的风物。学生还可以与自己互动，在实践中领悟到要善于观察生活。学生在互动中不断地联结、整合、重构，综合运用知识、技能解决实际问题，将书本中的静态知识转化为生活中用得到的语用经验，积淀语文素养。①

二、设计多样化的语文实践活动

学生的"实用性阅读与交流"能力不仅仅靠静态的课堂教学培养，更多地需要在开放、灵活、多样的语文实践活动和真实的场景中生成。由此，教师要指导学生有效地开展"实用性阅读与交流"，就需要创设丰富多样的语文实践活动。从多样的活动形

---

① 管贤强，魏星．实用旨归、做事路径、语用意蕴："实用性阅读与交流"任务群的内涵解读［J］．语文建设，2022（20）：4–9.

式看，主要包括朗读、复述、游戏、表演、解说、情景对话、现场报道等。活动的形式要贴近学生的喜好，要体现整合信息、传递信息、满足交际的要求，朗读、复述、游戏、表演、解说等是整合信息、传递信息的重要方式，情景对话、现场报道是基于交际的真实表达。从语文实践活动看，主要包括识字与写字、阅读与鉴赏、梳理与探究、表达与交流等。2022 年版课程标准特别强调了跨媒介时代下学习活动应利用数字资源和信息化平台，提升学生的语言理解能力和运用能力，增强学生语言表达的准确性和规范性。[①]

三、注重"实用性阅读与交流"的单元整体教学设计

单元整体教学是 2022 年版课程标准特别强调的教学新样态，指导学生开展"实用性阅读与交流"的主阵地是课堂，教师要注重在单元整体教学的系统性设计中体现对"实用性阅读与交流"学习任务群的重视，在单元教学的各环节中主动融入"实用性阅读与交流"的教学任务，发挥单元教学对学生"实用性阅读与交流"能力的提升价值。以统编版教材八年级上册第五单元为例，阐述单元整体教学中事物性说明文阅读与交流教学的流程和方法，从中窥探注重"实用性阅读与交流"的单元整体教学设计、实施、评价之道。

本单元共有五篇说明性文章，包括《中国石拱桥》《苏州园林》《人民英雄永垂不朽——瞻仰首都人民英雄纪念碑》《梦回繁华》《蝉》。这个单元的写作部分要求说明事物要抓住特征。说明性文章的阅读和写作属于"实用性阅读与交流"学习任务群的内容。在单元教学设计时，教师可以着重考虑以下四个问题。

（一）确定单元学习目标

确定单元学习目标之前，首先要对课程标准中的学段要求进行梳理。学段要求、学习任务群、学业质量等各个部分都对学习说明性文章有明确的要求。学段要求学生能把握文章的基本观点，获取主要信息，写简单的说明性文章，做到明白清楚。学习任务群要求引导学生在语文实践活动中，通过倾听、阅读、观察，获取、整合有价值的信息，根据具体交际情境和交流对象，清楚得体表达，有效传递信息，满足家庭生活、学校生活、社会生活交流沟通需要。学业质量中的学习要求是能区分事实与观点；能提取、归纳、概括主要信息，把握信息之间的联系，得出有意义的结论；能利用掌握的多种证据判断信息的真实性与可信度，能运用文本信息解决具体问题。上述学习要求都聚焦了获取信息、整合信息、传递信息等内容。

基于上述分析，学习本单元时，不仅要把握说明对象的特征，了解文章是如何使用恰当的方法来说明的，还要体会说明文语言严谨、准确的特点，增强思维的条理

---

① 管贤强，魏星.实用旨归、做事路径、语用意蕴："实用性阅读与交流"任务群的内涵解读［J］.语文建设，2022（20）：4-9.

性和严密性。学生学习这些说明文的目标之一就是要明白这些作品是如何介绍事物的，学习如何把握文章的基本观点，掌握事物性说明文的阅读策略和方法，并学会迁移运用。由此可以确定本单元的学习目标如下：第一，能区分事实与观点，获取文章信息；第二，能有效整合信息，说明文章的结构特点，推断所选材料与中心的关系，阐释文章的说明中心；第三，能借助不同媒介搜集信息，介绍事物时能合理运用说明方法，恰当安排说明顺序，突出事物的特征。前两个是阅读的学习目标，第三个是写作的目标。这些目标都对应了课程标准的要求，即获取信息、整合信息，然后传递信息。

（二）设计单元任务框架

义务教育语文课程内容主要以学习任务群组织呈现，因此在确定单元学习目标之后，就要设计单元学习任务，以指导学生开展有目的的、有高阶思维介入的结构化的语言实践活动。

结合本单元教材安排的阅读和写作内容，设计单元核心任务为完成一篇事务性说明文的写作。为了引发学生的阅读与表达兴趣，教师可以为这个任务增加一个生活情境——你有没有留意到，家居生活中有很多小物件，不仅能解决实际问题，还能提升生活品质，堪称"神器"。请选择一件家居生活小神器介绍给大家。这一任务实际上就相当于写一篇事物性说明文，也紧扣了实用性特点。结合日常生活的真实情境，设计学习任务，有助于引导学生留心社会日常生活，表达和交流自己在生活中的发现和感受。

任务是单元学习的关键，教师可以用任务整合这个单元的学习内容，引导学生通过阅读别人的作品，了解事物性说明文的特点，学习相关的阅读策略。在这个基础之上，再尝试将输入转化为输出，引导学生观察日常生活中哪些事物是值得介绍给别人，而且能够用准确规范的语言进行表达的。这样学生就能从学习文本内容走向语言实践，强化阅读策略和写作策略的获得，进而提升语文学习能力。该单元的核心任务包括：第一，明确要介绍的事物的信息，如事物的外形、结构、功能、用途、价值等；第二，学会用合适的语言进行表达，并突出事物的特征，把事物介绍清楚。

围绕核心任务，教师可以设计三个子任务：子任务一，阅读本单元事物性说明文并完成结构图；子任务二，梳理事物性说明文的共性阅读策略，并展示学习成果；子任务三，根据事物类说明文阅读策略逆推写作问题清单，完成写作任务。这三个子任务其实就是阅读与鉴赏、梳理与探究、表达与交流的语文实践活动。

任务设计完成后，主要的工作是设计具体的课时，厘定课时学习目标。本单元可以安排 10 课时。阅读与鉴赏安排 7 课时，包括两篇教读课各安排 2 课时，后面三篇自读课各安排 1 课时。完成五篇课文的阅读后再安排 1 课时的梳理与探究，2 课时的表达与交流。这种安排具有逻辑上的合理性：学生通过学习《中国石拱桥》《苏州园林》两篇说明文，了解事物类说明文的阅读策略，再将学到的阅读策略运用到自读课文学习中，梳理、反思和交流自己前期的语文学习经验，归纳出这些文章的阅读策略，抽象出这一类文本的共性阅读策略，以便将具有共性的阅读策略迁移运用到后续的表达与交流学习中。在此基础上，将事物性说明文阅读策略转化为写作策略，完成说明文写作规划课时安排以后，进一步确定各课时的学习目标。

（三）借助支架设计问题链

统编版语文教材构建了以阅读为核心的语文学习内容方法体系，通过阅读引导学生掌握相应的思考方法和策略就是语文教学的核心内容。教师在日常教学中要通过问题链引导学生形成思考问题的路径和方法，从而实现阅读策略的转化，帮助学生运用策略自主探究拓展和迁移，并逐步内化为自己的阅读能力。在设计问题链的过程中，教师要以问题支架引导学生的思维。问题支架的使用方法有两种：一是用问题支架组织学生学习交流，寻求问题解决方法；二是给学生提供问题支架，让学生通过问题支架独立思考，开展探索。以《中国石拱桥》的问题链设计为例，问题一中的一个问题支架是要知道第一段至第三段介绍了中国石拱桥的什么特点。这个问题支架具体分为三步走：第一，这三段中每句话的主语是什么？由此确定各段的说明对象，并且思考它们之间有怎样的关系，哪些陈述句揭示了说明对象的特征。这样的一个问题为学生提供了如何获取信息的方法和策略。第二，以阅读策略推动学习内容的有机融合。课堂问题链的设计是从文本的解读转化而来的，所以它会带有文本所特有的个性特征，或者说在不同的单元当中，它所确定的文本的核心价值可能也就不一样。但是在设计问题链时，需要从单元视角出发，与这一类文本的共性阅读策略相呼应，有机融合单元学习内容。

通过五篇文章可以抽象出这一类文本的共性阅读策略。核心问题是要读出这篇文章的说明中心，即说明对象的主要特征，以及作者通过这样的一篇文章要表达的思想认识。为了解决这个核心问题，首先要明确这篇说明文的说明对象。其次要思考作者围绕说明对象介绍了哪些特征，以及作者是如何介绍这些特征的。教师可以引导学生关注揭示事物特征的陈述句来概括说明对象的特征。作者一般会从事物的外形结构、功能作用等方面展开说明。为了让读者更好地理解说明对象的特征，增强文章阅读的趣味性，作者往往会借助一些说明方法和语言技巧。所以还要进一步分析作者是如何介绍事物的，用了怎样的语言形式，思考文章是按照怎样的顺序来组织材料的，这些材料之间有怎样的联系。最后，在前几个问题的基础上，需要进一步思考作者的思想认识。此外，在阅读的时候也可以有意识地区分哪些语言是陈述事实的，哪些语言是表达看法的。关注表达看法的语言，有助于提炼文章的中心。从单课的问题链设计到五篇说明文的阅读经历，最后梳理出一类文本的共性阅读策略，有助于学生在语言实践中对所获得的技能进行迁移运用。

（四）合理开展单元学习评价

"实用性阅读与交流"学习任务群的评价也要体现"实用性"原则，在真实的任务情境中根据相应的交际语境进行情境化测评。与文学作品相比，实用文读写更加依赖抽象的理性思维。在实际语文教学中，教师应采用"以评促学"的策略，加大评价力度，以评价促进教学变革，实现"教—学—评"一致性。2022年版课程标准非常重视评价，在各个学习任务群的教学建议中都对评价有一些具体的表述。以本单元的教学为例，可以通过师生共同制定一份针对表达的评价量表的方式来开展评价，也可以通过布置学生完成一项具体任务的方式来开展过程性评价和表现性评价。例如，教师可以要求学生运用本单元学习的说明方法介绍身边的一个"小神器"，从学生介绍物体部件是否清楚有序、结构原理是不是通俗易懂、介绍方法是不是合理、整体态度是不是认真等维度对学生进行评价。这个评价过程实际上就是关注学生学习过程的评价与引导，科学多样地选择一些评价方式，合理地使用评价工具，目的在于使学生获得成就感，促进学生自我反思，激发学生的学习能动性。

四、注重"实用性阅读与交流"教学的策略与工具开发

一方面，"实用性阅读与交流"教学是一个相对独立的教学任务群，需要相应的教学策略和教学工具进行支持。教师在实际教学过程中需要根据这一领域教学的特点，有针对性地设计和开发一些适用于引导学生开展"实用性阅读与交流"的教学策略和教学工具。"实用性阅读与交流"的最大特点是实用性，"进行交际""用于实践"是其最终的价值目标。围绕交际，需要示范引领、情感体验、逻辑表达等策略。围绕实践，需要读懂内容、学会技术、获取知识、筛选信息、推断结论、悟明写法等策略，更要学会把获取的知识信息、掌握的方法和技术运用到现实生活中，以解决实际问题，从而提高学生发现问题、分析问题和解决问题的能力。另一方面，无论是获取、整合信息，还是有效传递信息，抑或是满足生活需要，这些目标的达成都离不开工具的撬动。2022年版课程标准在第三学段就明确要求学生学习记笔记、列大纲、写脚本、绘制思维导图等整理和呈现信息的方法，这就需要教师在"情境簇"和"任务链"的活动设计中设计思维支架，开发相应的技术工具，帮助学生更好地进行"实用性阅读与交流"。①

【案例】

实用性阅读教学 RAFT 策略使用示例

实用类文本一般都处在交际语境中，面向具体的读者，针对具体的问题，选择相应的表达方式，以此达到实用的目的。由于每一篇实用文的对象、目的、具体问题都不同，因此文章的风格特征也不尽相同。教师在教此类文本时，可使用 RAFT 策略，列出角色（role）、读者（audience）、方式（format）和主题（topic）这四个交际语境要素，为实用类文本的阅读活动和以实用为目的的表达交流活动提供支架，凸显文体特征。以小学阶段的广告词和倡议书写作，以及初中阶段的演讲词阅读与写作为例，教师在教学过程中可以采用 RAFT 策略帮助学生梳理实用类文本的特征，掌握不同类型

① 管贤强，魏星.实用旨归、做事路径、语用意蕴："实用性阅读与交流"任务群的内涵解读［J］.语文建设，2022（20）：4—9.

实用类文本的写作策略。

实用类文本 RAFT 策略使用示例

教材	角色（R）	读者（A）	方式（F）	主题（T）	表达策略
六年级下册第一单元综合学习	篮球鞋持有者	热爱运动的青少年	广告词	向热爱运动的青少年推荐篮球鞋的功能	善用修辞增强感染力；语言新潮生动
六年级下册第五单元习作	育英中学六年级一班一员	全体同学	倡议书	倡议全校学生节约用水	背景引发共鸣；条理清晰，分条目论述；语言有力量，有号召性

【案例分析】

实用性阅读与交流既需要一定的语言场景，也需要有效的教学支架和教学工具运用，以便帮助学生更好地明晰不同类型实用类文本的特征，掌握实用性阅读与表达的基本规范。从上述表格可以看出，实用类文本 RAFT 策略的使用能够让实用类文本的"语境"要素更加具体化和可视化，能够让学生明确在这一学习任务群中的表达与交流需要明确自我角色，考虑读者要素，围绕写作方式与主题选择适切的表达策略，从而培养核心素养。另外，值得一提的是，RAFT 策略的使用除了回溯和创设交际语境要素以外，还需要结合日常生活的真实情境开展语言实践活动。例如，演讲稿的撰写任务实施，可以设置学校开展"超级演说家"活动的情境，创设"名人专栏"与"小演说家专栏"，分别进行名家演讲词的"梳理鉴赏"和"迁移运用"，以及自我演讲的"交流展示"活动，让学生在真实的言语情境中完成层递性任务。总而言之，教学过程中不同工具的设计和有效运用，能够让学生更加直观地理解和把握应用性文本特征，便于学生知识的凝练、迁移和运用，从而提升实用性阅读与交流的教学效能。

🔑 教学建议

课程标准用"实用性阅读与交流"学习任务群来统辖实用类文本的学习价值，从课程层面解决了以往学习内容分散、与生活脱节等问题。但从另一个角度来说，也产生了课程高度整合性与教学实施具体性的矛盾，在一定程度上加大了教学操作的难度。在具体的教学过程中，教师除了要掌握引导学生开展"实用性阅读与交流"的一般方法之外，还要注重把握两个具体关系。

一、关注实用类文本的共性与差异

实用类文本并不是一种具体文体，而是对以传递实用信息为主要功能、以满足人们生活需要为主要目的的众多文体的统称。由于社会生活内容丰富多变，伴随生活需要而出现的文本不仅样式众多，而且还在不断翻新，使得对实用类文体进行分类变得十分困难。从语文课程的时空条件和教学操作需要来说，既不可能仅用"实用类文本"笼而统之，也不能把它们切分得过细，而必须用适当的方式来组织学习内容。

二、关注不同学段的共性与差异

时间跨度大、学情差异明显是义务教育阶段的一个突出特点，因而"实用性阅读与交流"学习任务群的实施也要注意不同学段的差异。一般而言，在义务教育第一、第二学段，学生的生活经验、阅读积累以及思维水平都还不足以处理复杂事务，因而这个学习任务群的实施应该淡化甚至可以不管文体差别，把重心放在培养学生的阅读与交流兴趣上，增加各类文本的阅读量，适当布置一些与生活相关的实用信息获取、梳理与表达的实践活动，使学生感受实用性阅读与交流活动的价值，领会真实、科学、严谨、负责的学习态度。因此，一般不需要向他们介绍有关文体分类、表达方式等方面的知识。到了第三学段，教学中可适当引入文体知识、表达方式以及阅读交流策略方面的知识，渐渐开展典型的实用性阅读与交流活动。在第四学段，则可组织与文体联系密切的专题学习，如新闻阅读、采访、报道。但要注意的是，必须紧扣"实用性"这一核心，聚焦带有共性的关键能力，不宜对文体特征、阅读策略知识区分过细，尤其不宜按具体文体分别教授阅读策略和写作策略。①

---

① 郑桂华."实用性阅读与交流"学习任务群教学实施建议［J］.语文建设，2023（5）：4–7+26.

问题提出

一、注重思维的培养是当前课程教学改革的重要方向

良好的思维品质是学生实现主动学习、主动发展并涵养适应未来社会的综合素养的重要前提。人类社会进入 21 世纪以来，新科技的发展大大减轻了人类学习低阶知识与技能的负荷。思维能力，特别是包含批判性、逻辑性、抽象性等思维类型在内的高阶思维，作为完成复杂任务、解决劣构问题的高级综合能力，更能准确地反映当前世界各国对创新人才素质的要求，因而日渐成为各国推进教育教学和人才培养改革关注的重要问题。[①] 近年来，伴随着核心素养、深度学习等教育改革话题的兴起，思维的培养再度引发广泛关注。思维既构成着教育，也依赖着教育，国内外近年来的一系列重要教育教学改革政策都在不同程度上重视了学生思维的培养。经济合作与发展组织的一项报告指出，21 世纪人才需要具备十大核心技能，其中包括创造思维、批判性思维、问题解决能力、决策和自主学习能力等，这与思维培养要求的注重学生问题解决能力、决策能力、批判思维和创新思维等的培养目标和发展要求相一致。2016 年 9 月，《中国学生发展核心素养》总体框架正式发布，其提出了六大素养并细化为 18 个基本要点，包括理性思维、批判质疑、勇于探究、勤于反思、问题解决、自我管理等。由此可见，国内国外都将思维能力列为未来人才的必备技能。从教育教学改革的角度看，随着教育改革的推进，深度学习、综合素养等成为教育改革的重要理念，而思维能力的培养则被认为是促进学生深度学习，培养学生综合素养的重要支撑。不仅如此，新时代的教育评价改革也突出了培养学生思维能力的要求。2022 年版课程方案和课程标准的一个共同要求也体现了对思维能力培养的重视。由此，注重思维能力的培养是当前课程教学改革的重要方向，有效的课程教学必须具备培养学生思维能力的重要价值。

二、语文课程和阅读教学是培养学生思维的有效载体

思维是人脑借助语言对事物的概括和间接的反应过程。它以感性认知为基础，又超越感性认知的局限，属于认知过程的高级阶段，也是指导实践的有效模式。思维的养成，既有遗传等先天因素的影响，也需要教育等后期的培养。教育领域任何知识的

---

① 杨蕴佳，李美凤，李文.近十年国内高阶思维研究现状、热点与趋势：基于文献计量与知识图谱分析[J].现代教育技术，2021（8）：15-22.

学习和技能的掌握，都离不开学生的自我理解、体悟和摸索。思维作为一种程序性知识，通过在教学过程中不断地引导、操练和固化，学生能够在不断的尝试和反思中学会怎样运用思维解决问题，形成自己固有的思维模式，提升运用知识解决问题的能力。教育领域对学生思维能力的培养，既可以通过针对性的思维训练活动开展，也应该充分挖掘学科教学的思维能力培养价值，让思维能力培养成为学科育人、课程育人的一个重要向度。语文作为一门重要的应用性、实践性学科，也充满着思维能力培养的元素。培养学生的思维能力是语文课程的核心目标之一。但是长期以来，在语文教学过程中普遍存在"重知识教学，轻思维能力培养"的顽疾，即使有的教师注意到了学生思维能力的培养，但是思维能力培养的"惰性化、浅层化、碎片化"等现象依然突出。造成这一问题的一个重要原因是语文教学中的思维能力培养缺少有效的抓手和载体。"思辨性阅读与表达"学习任务群的设计，从某种意义上说就是要挖掘语文教学的思维能力培育价值，为在语文教学中培养学生的思维能力提供有效载体。在阅读教学过程中融入思辨，可以激发学生在较高的认知水平上进行理性思维活动，形成新的认知和观点，发展高阶思维品质，从而提升学生的核心素养。因为思辨性阅读是一种阅读方式，它的目的是在获取真知的基础上解决问题。思辨性阅读要求读者与文本、作者、同伴进行深度对话，思维始终处在质疑、分析、判断、探究的理性状态。因而，它能够成为沟通语文教学和学生思维培养的有效桥梁，值得在语文教学中予以重视。

 问题分析

一、思辨性阅读的内涵

"思辨性阅读"中的"思辨"，是指国际通行的概念"Critical Thinking"，这一英文的中文翻译为批判性思维、审辨式思维、思辨性思维等。就其起源看，思辨是一个古老的哲学名词，被认为是一种运动，常常与实践相比较。对于思辨的另一种解读是思维活动的载体和方式，包括分析、推理、判断等具体的思维活动。近年来，随着哲学、心理学、教育学等学科融合的加速，对于"思辨"的理解更多地开始与学生的批判性思维相联系。按照理查德·保罗等人的理解，批判性思维是一种严谨的、理性的、自我指导的思维。批判性思维是一种有目的的、自我调控的思维，包括一系列的操作技能。从批判性思维的内涵出发，可以认为，"思辨"是怀着一种好奇、自信、公正、谨慎的理性精神与态度，借助特定的认知技能，进行一种严谨的、理性的、自我指导的思维活动。[①]

① 魏小娜、陈永杰.小学语文"思辨性阅读"教学探析［J］.语文建设，2022（8）：16-19+75.

按照这样的理解，可以从"精神态度""认知技能"两个维度来界定"思辨性阅读"的基本内涵：思辨性阅读是指怀着一种好奇、自信、公正、谨慎的理性精神与态度，借助特定的认知技能，采用一种严谨的、理性的、自我指导的思维进行的阅读。思辨性阅读是一种与感悟体验式阅读相区别的阅读类型，强调阅读的态度、方法、思维的思辨性。[①]因而它在承担一般阅读教学具有的积淀学生文学素养，拓展学生知识体系，提升学生审美意识，净化学生内心世界等功能的同时，也具备了重要的思维培育价值。

二、思辨性阅读的目标和任务设计

按照 2022 年版课程标准的界定，"思辨性阅读与表达"学习任务群旨在引导学生在语文实践活动中，通过阅读、比较、推断、质疑、讨论等方式，梳理观点、事实与材料及其关系；辨析态度与立场，辨别是非、善恶、美丑，保持好奇心和求知欲，养成勤学好问的习惯；负责任、有中心、有条理、重证据地表达，培养理性思维和理性精神。

在课程标准中，"核心素养内涵""课程总目标""思辨性阅读与表达"的相关内容都涉及了学生思维能力培养的问题，这些问题对于理解和把握"思辨性阅读"的课程目标和课程任务有直观的指导意义。

课程标准在"核心素养内涵"的阐释部分明确指出，思维能力是指学生在语文学习过程中的联想想象、分析比较、归纳判断等认知表现，主要包括直觉思维、形象思维、逻辑思维、辩证思维和创造思维。这里实际上明确区分了"感性思维"和"思辨性思维"这两种不同思维的认知表现和思维类型。

"课程总目标"的第 6、7 条分别具体规定了感性思维和思辨性思维的课程目标。第 6 条课程总目标为："积极观察、感知生活，发展联想和想象，激发创造潜能，丰富语言经验，培养语言直觉，提高语言表现力和创造力，提高形象思维能力。"第 7 条课程总目标为："乐于探索，勤于思考，初步掌握比较、分析、概括、推理等思维方法，辩证地思考问题，有理有据、负责任地表达自己的观点，养成实事求是、崇尚真知的态度。"

"课程内容"部分设有"思辨性阅读与表达"学习任务群，四个学段对这个学习任务群的教学内容和任务进行了具体分解：

第一学段：阅读有趣的短文，发现、思考身边的鸟兽虫鱼、花草树木、家用电器等日常事物的奇妙之处，说出自己的想法；大胆提出生活和学习中遇到的问题，通过阅读、观察、请教、讨论等方式，积极思考、探究，乐于分享自己解决问题的办法，说出一两个理由。

第二学段：阅读有关科学的短文，尝试发现日月星辰、风雨雷电、山川草木等大

---

① 魏小娜，陈永杰．小学语文"思辨性阅读"教学探析［J］．语文建设，2022（8）：16–19+75.

自然的奥秘，依据事实和细节，运用口头和图文结合的方式，表达自己的观点和思考；阅读解决生活问题的故事，尤其是中华智慧故事，结合自己在生活中遇到的问题学习思考的方法，尝试运用列提纲、画思维导图等方式，表达故事中的道理；在日常学习和生活中，主动记录、整理、交流自己发现的问题和思考，学习辨析、质疑、提问等方法。

第三学段：阅读关于中华传统美德、社会公德等方面的短论、简评，结合校园或社会生活中的实际事例，学习有理有据地口头或书面表达自己的观点；在日常生活和学习中，发现并思考成语、对联、谚语、绕口令等多种语言现象的特点，体会不同的表达效果；阅读有关科学发现、技术发明的故事，用画思维导图等方式辅助，简洁清楚地表述科学家发现、发明的过程，学习科学家的创造精神，体会猜想、验证、推理等思维方法；阅读哲人故事、寓言故事、成语故事等，感受其中的智慧，学习其中的思维方法。

第四学段：阅读关于生活感悟、生活哲理方面的优秀作品，学习思考与表达的方法，结合生活经验和阅读材料，阐述自己的感悟和观点；学习关于科学探究方面的文本，联系自己的科学学习经历，围绕问题提出、探究过程、解决方法等进行专题式的研讨、演讲和写作；阅读诗话、文论、书画艺术论的经典片段，尝试运用其中的观点欣赏、评析作品；学习革命领袖的理论文章、经典的思辨性文本（包括短小的文言经典），理解作者的立场、观点与方法，围绕社会热点问题，以口头或书面方式参与讨论。

三、思辨性阅读教学的原则

2022 年版课程标准在说明"思辨性阅读与表达"学习任务群时，特别强调通过阅读、比较、推断、质疑、讨论等方式，"梳理观点、事实与材料及其关系"。基于这样的一种论述，教师在进行思辨性阅读教学的过程中，要坚持两个基本原则：其一，思维能力的培养要以"阅读"为中心。课程标准强调"梳理观点、事实与材料及其关系"，是要求教师在设计该学习任务群时，注重对教材文本、课程资源中的理性思维内涵和理性精神内核的把握。这种思维能力是对事物做出深刻反思与评论的一种思维活动，是关于思维的思维，并以口语或书面"表达"的形式呈现出来。其二，思维能力的培养要以"表达"为支撑。表达是将思维所得的成果用语言（语音、语调等）、表情、动作等方式反映出来的一种行为。表达，强调以交际、传播为目的，以物、事、情、理为内容，以语言为工具，以听者、读者为接收对象。① 在表达的过程中，学生需要调动不同感觉器官，需要多样化、高层次思维的介入，因而，在教学过程中，要真正培养学生思维的思辨性，就要充分利用阅读材料，引导学生合理表达。材料本身和合理表达共同构成思辨性阅读教学设计的基本内容。

---

① 郎镝."思辨性阅读与表达"任务群设计原则与实施路径［J］.语文建设，2023（1）：17-21.

问题解决

一、基于文本内容指导学生开展思辨性阅读

新课程理念下的思辨性阅读，首先要让学生走进文本语境之中，在整体感知的基础上，提取、分析、整合和评价文本信息，最终形成自己的个性化理解和体验，收获真正属于自己的语文能力和思维能力。因此，教师在阅读教学过程中，要注意将文本阅读和自主性探究结合起来，为学生提供广阔的思考、表达和交流空间。以六年级上册《少年闰土》一课为例，学生在初读阶段往往会被作者的思路带着走，在"猎奇—寻读—满足"中完成信息的接收。而课文开头写的"看瓜刺猹"与课文中间写的"看瓜刺猹"属于同一件事，鲁迅为什么在一篇文章中要写两次，对此很少有人留意。其实这既是一个阅读的问题，又是一个内容表达的问题。教学时，教师不妨引导学生直面两处表达，从中寻找、比较异同，而后通过独立思考和小组合作交流，逐步形成自己的看法。如此，学生在积极的思辨性阅读中发现两处表达所写的内容确实是同一件事，但表达的角度、方法不同：课文开头的描写是一直留存在"我"心中，令"我"向往的一幅画，画面中的人物——闰土，是一位以月亮为灯光、以海边瓜地为舞台，在尽情表演刺猹的小英雄，这是以第三人称进行的客观描写，语言与画面都很精美；课文中间以对话形式呈现闰土自述自己夏夜跟着父亲在海边瓜地里值守的情形，是以第一人称表达的，口语成分较多，能够带给人身临其境的感觉。

二、基于情感体验指导学生开展思辨性阅读

学生的阅读是有层次性划分的。2022年版课程标准明确指出：要保护学生的好奇心、自信心，鼓励学生自由表达、充分表达。对小学生来说，教师要将他们从阅读的低阶、中阶带往思辨、创造、修身的高阶，指导学生在阅读中学习和体会作者是如何表达情感的，揣摩作者表达情感的方法和路径，再将它们迁移到自己的表达实践中，慢慢习得表达情感的方法。例如，五年级上册《慈母情深》一课所在单元的语文要素是"体会作者描写的场景、细节中蕴含的感情"。课文主要讲述辛劳贫穷的母亲不顾同事的劝阻给钱让"我"买长篇小说《青年近卫军》的事情。课文中"我"对母爱的感知的描写是体验文本情感的关键所在。这种感受在文本中属于留白，没有直接出现在文本中。教师可以组织学生尝试表达："我"受到了怎样的冲击？为什么会受到这样的冲击？这样的冲击给"我"留下了哪些不同寻常的印象？而后，对比当时的物价与现在的物价，让学生在实实在在的数据面前，分析、推断出那时买一本书的价钱，对忙碌一天才挣到九毛钱的母亲来说，对近乎一穷二白的家庭来说，真是一笔不小的开支。通过这样的思辨性阅读与表达，学生对文本的情感体验得到落实，为他们在习作中创造性地表达情感打下基础。

三、基于个性化解读指导学生开展思辨性阅读

阅读是多主体之间进行对话的过程，其中学生与文本的对话就是阅读个性化的有效路径。这种个性化对话的前提是学生对文本的个性化解读，在这一点上，教师的解读无法替代学生的自主解读。同时，这种个性化解读有助于学生更好地理解文本的意思，通过拓展、想象等提升阅读境界，最终实现自身思维的培养。学生对文本的理解是从模糊到清晰、从粗糙到圆润的过程。在这一过程中，教师的鼓励、启发、引领，可以促使学生的思维不断进阶，思辨能力得以提升。同时，学生活跃的思维又反过来促使他们个性化、多角度地理解和感受文本。例如，在教学五年级下册《草船借箭》这篇课文时，有学生提出：既然当时江面上大雾弥漫，面对面都看不清，诸葛亮为什么能够把船开到曹操大营的对面呢？这个问题就属于个性化解读，学生发现了文本表达上的缝隙并以此提出自己的问题。教师就可以以此为抓手，引导学生进行合理想象和合情推断，将课堂教学中的"意外现象"转变为培养学生良好思维能力的有效载体。在积极的思辨中，有的学生认为要把江上起雾的全过程写出来，船队出发时江上开始起雾，船队到达目的地后才变得"面对面都看不清"；有的学生认为"四更天"江上已经起大雾了，行动时间要往前推，可以让诸葛亮借助江上起雾，慢慢开船去曹操大营的对面埋伏起来；有的学生认为可以从鲁肃的角度去看，上船时起雾、船停时发现雾太大了。如此，学生的思辨能力和表达能力都得到了锻炼。

四、基于想象力培养指导学生开展思辨性阅读

培养学生的思辨能力离不开丰富的想象和联想。要发展学生的想象能力，教师需要创设适合学生想象的氛围和情境，为学生开展想象提供知识基础，打开学生想象的大门，放飞学生想象的翅膀。在阅读教学中，教师可以根据文本内容，选择一些关键点组织学生开展想象活动，激发学生的想象力，为培养学生的创新思维和创造能力积累资源。例如，三年级下册课文《我变成了一棵树》表达的想象很大胆、很奇特：一个孩子为了玩耍和逃避吃饭变成了一棵树，上面还有各种形状的鸟窝，他邀请各种各样的小动物住进鸟窝里。教师在教学时，需要引导学生关注主人公为什么会产生变成一棵树的想法，变成一棵树之后附加的一系列变化中有哪些是出乎意料的事情，如此前后关联，积极思辨"为什么""怎么样"，学生才能根据文本内容找出这些问题的答案，继而通过这些信息产生新的发现，并饶有趣味地根据自己的需要，运用课文中的表达形式续写故事。当学生自己选择最迫切的愿望去开展大胆、奇特的想象，形成全新的意象后，就会充分感受到想象的快乐，享受想象带来的美妙境界。

五、基于过程性评价指导学生开展思辨性阅读

过程性评价应贯串学习任务的全过程，重点考查学生在学习情境中表现出来的学

习态度、参与程度以及思维能力等核心素养的发展水平，尤其是要借助思维导图等学习工具，真实地呈现学生内隐的思维过程，促进学生进行反思。在评价过程中，要注重思维培养的导向，特别是要通过学生在关键事件、关键活动中的表现对学生的思辨性阅读能力、表达能力和思维能力的培养进行科学评价。首先，根据具体的学习目标，制定表现性评价目标，设置对应的评价项目和标准。其次，选择最能体现思维能力发展的标志性表现，设计现场观察记录表。然后，运用记录表，定向观察并记录学生在学习活动中的关键表现，并当场作出针对性的点评或提示，以指导学生及时改进学习方法，调整学习过程。例如，演讲活动可以设置观点、举例、表达、形象和效果五个评价项目，突出与思维能力密切关联的三个关键性指标：观点正确、鲜明、新颖；例子真实、贴切、新鲜；表达清晰、流畅、准确。现场记录的是三个评价关键性指标的行为表现，为评价提供真实可靠的依据。最后，也是最为重要的，要凸显评价的发展性导向，通过对评价数据进行整理和分析，发现学生在思辨性阅读中存在的问题，改进教师的指导和学生的自主阅读，进一步拉近阅读与学生思维培养的距离，提升通过思辨性阅读培养学生思维能力的整体效能。

【案例】

"思辨性阅读"教学的单元整体设计[①]

——以三年级下册第八单元为例

"思辨性阅读"教学的单元整体设计包括三个主要步骤：第一步是确定单元教学目标；第二步是规划单元教学活动；第三步是设计单元教学评价。

义务教育语文三年级下册第八单元编排了两篇精读课文《慢性子裁缝和急性子顾客》《漏》，两篇略读课文《方帽子店》《枣核》，四篇课文均属于故事。此外，本单元还安排了口语交际、习作以及语文园地。

一、确定单元教学目标

确定单元教学目标是开展"思辨性阅读"单元整体教学设计的基础性工作，这一工作涉及诸多内容，如教材分析、语文要素整合梳理、学情分析等。本单元的语文要素包括两个：了解故事的主要内容，复述故事；根据提示，展开想象，尝试编写童话故事。设计单元教学目标，一个很重要的任务就是将语文要素目标化，然后把它转化为单元的重点目标。这一过程包括两个步骤：第一步是解释语文要素中的关键词语或术语，第二步是为这些关键词语或术语匹配行为动词。由此，本单元教学的重点目标可以表述为：①指出故事的要素，归纳故事的主要内容，揭示故事蕴含的道理；②详细复述故事，阐释自己对故事道理的看法。在厘定单元教学重点目标的基础上，通过教材分析、学情分析、阅读提示等领域的解读，可以将本单元的教学目标设计为：①在语境中认读 32 个生字，读准 5 个多音字，会写 25 个字，会写 26 个词语；②指出故事的要素，归纳故事的主要内容，揭示故事蕴含的道理；③详细复述故事，阐释自己对故事道理的看法。在三个教学目标中，第一个是常规目标，第二个和第三个是本

---

① 案例由上海市虹口区第四中心小学杨燕容老师提供。

单元的重点目标。

明确教学目标后，下一步的工作是设计教学任务。根据单元教学的重点目标，结合"思辨性阅读与表达"学习任务群的目的要求，本单元的核心任务可以设计为：负责任地表达自己对故事内容、人物或道理的看法。这一核心任务的具体要求包括四条：①指出故事的要素，归纳故事的主要内容；②提取故事细节，有条理、完整地详细复述故事；③揭示故事蕴含的道理；④有依据地和他人交流对故事内容、人物或道理的看法。为了匹配这样的任务要求，我们设计了三个教学子任务：①复述故事；②揭示故事蕴含的道理；③有依据地和他人交流对故事内容、人物或道理的看法。第一个子任务和第二个子任务对应的是任务要求的前三条，第三个子任务对应的是任务要求的第四条。三个子任务是层层递进的，前一个子任务是后一个子任务的必要条件。三个子任务是对核心任务的分解，也是在每一堂课当中要落实的教学内容。

确定总体教学目标之后，需要确定单元教学的整体课时安排，以及每一篇课文的总体教学目标和课时目标。值得注意的是，由于要凸显"思辨性阅读"的任务要求，因此在设计课时目标的过程中，不仅要关注知识、技能、素养等维度，还要对"思辨性阅读"的任务要求进行针对性落实。

二、规划单元教学活动

规划单元教学活动，首先要确定故事课的教学内容。根据刚才确定的子任务，本单元的教学内容之一是复述故事，需要用到的阅读策略是借助"山形图"梳理故事要素，归纳故事的主要内容，补充细节，详细复述故事。本单元的另一个教学内容是揭示故事蕴含的道理，需要用到的阅读策略是推断故事蕴含的道理。

在教学过程中，教师可以先形成一个核心问题。核心问题一般可以从核心任务着眼，从课文的内容中心表达策略着手进行设计，然后将这个核心问题分解成若干个下位问题。下位问题是核心问题分解后得到的子问题，基本就是下位子任务的一些具体要求。每一个下位问题的解决构成了核心问题解决的必要条件，这样就可以形成一个问题链。以《慢性子裁缝和急性子顾客》课堂教学活动设计为例，本课的教学目标是：①在语境中认读"箱""夸"等10个生字，读准多音字"缝""夹"，会写"性""卷"等14个字，会写"性子""布料"等18个词语；②指出故事的要素，完成山形图，归纳故事的主要内容，揭示故事蕴含的道理；③详细复述故事，阐释自己对故事道理的看法。教学中的核心问题是：《慢性子裁缝和急性子顾客》这个故事的道理对我们有什么意义？核心问题的三个下位问题是：①故事《慢性子裁缝和急性子顾客》的主要内容是什么？②故事《慢性子裁缝和急性子顾客》蕴含的道理是什么？③你对故事的内容、人物或道理有什么看法？针对下位问题①，采用的教学策略包括：运用山形图，指出故事要素；归纳故事的主要内容；补充故事细节，详细复述故事。针对下位问题②，采用的教学策略是：组织讨论造成故事结果的原因；推断故事的道理。针对下位问题③，采用的教学策略是利用文本情境，给故事中的人物提建议。

在教学过程中，教师要有明确的"思辨性阅读"教学意识，注重通过有效的场景设计引导学生开展阅读、思考、表达，提升学生的思维品质。例如，在"你会给慢性子裁缝和急性子顾客提什么建议"的教学环节中，教师可以采用两种具体的教学设计：①创设情境讨论。如果你来到了这家裁缝店，了解到慢性子裁缝和急性子顾客之间的矛盾，你会给慢性子裁缝和急性子顾客什么建议？②交流。在生活中，你是否遇到过因为彼此之间性格、爱好等不同引发的矛盾，你是怎么处理的？

三、设计单元教学评价

按照课程标准的要求，教师应为不同年级学生和不同学习内容选择恰当的评价方式，采用有针对性的评价工具。本单元教学从三个维度对学生开展评价：一是平时作业。为了促进学生养成有依据地表达的习惯，教师将学生的课堂交流转换成书面作业的形式。每篇课文教学后布置书面作业，如"你是否同意故事中蕴含的道理，请说明理由"，将学生的思辨固化成文字。学生通过这种持续的练习能呈现出进步的趋势，逐步养成有依据地表达的习惯。而每篇课文的口头作业来自四篇课文的课堂讨论，引导学生将课堂的交流延伸至课后，在与同伴的交流中，学习有依据负责任地表达自己的观点，养成辩证地思考问题的习惯。二是过程性评价。通过量表的方式对学生开展过程性评价，量表的一级指标是"复述故事"，二级指标包括"借助山形图梳理故事要素，归纳故事的主要内容，补充细节详细复述故事"，采用"一☆"到"五☆"的等第式评价。三是终结性评价。在单元的梳理讨论课中，教师带领学生回顾阅读和表达策略，进一步明确评价的标准。教师可结合本单元的口语交际板块，以趣味故事会的形式，通过讲故事交流、听故事说感想等方式，对学生完成单元核心任务的情况进行终结性评价。

【案例分析】

"思辨性阅读与表达"学习任务群的内容有两类：一是思辨性阅读；二是思辨性表达，包括书面表达与口头表达。思辨性阅读的学习内容以故事类文本为主，重点在于思考其中的道理，学习其中的思维方法；思辨性表达的学习内容以生活和学习中的问题为主，重点在于学习分析现象、讨论问题，有理有据地口头或书面表达自己的观点。在上述案例的教学过程中，教师一方面充分认识到了思辨性阅读和思辨性表达之间的内在联系，引导学生通过阅读和表达的有机结合，充分发挥了阅读与表达协同培养学生思维品质的价值。另一方面，教师对该学段学生思维品质培养的特征有较为深刻清晰的把握，能够在教学过程中通过针对性的任务设计引领学生学习思辨性阅读、批判性反思和交流的方法，通过实践活动体现出学以致用的教学导向。案例从单元整体教学的视角出发，通过目标确定、任务设计、教学实施、评价设计等维度，开发设计了一整套具有实践性、辐射性的操作范式，不仅有效地达成了单元教学目标，也突出了学生核心素养培养的导向，落实了"思辨性阅读与表达"学习任务群的要求。值得注意的是，学生思维品质的培养，不仅仅靠静态的教学和说教，通过组织实践类活动来锻炼学生的思维能力也应该是语文教师在教学过程中迫切需要关注的问题。

 **教学建议**

　　纵观当下的基础教育学科教学改革，传统的以知识传递为主要功能的教学价值观正在受到挑战。拓展学科的育人价值，培养学生良好的思维品质和学科素养，正在成为引领学科教学改革的重要理念。2022 年版课程标准将思维能力作为义务教育语文课程培养的核心素养之一，而且将"思辨性阅读与表达"作为一个学习任务群进行设计，这充分说明了思维能力培养的重要性。语文教师一方面要意识到培养学生的思维品质与培养学生的核心素养具有内在一致性，在落实课程标准的过程中树立思维能力培养的意识，在课程目标和内容设计、课程实施、课程评价等领域自觉将思维能力培养的内容纳入其中。另一方面要根据不同学段学生的身心发展特征，采用多样的方法提升学生思维能力培养的效能。在这一过程中，教师要充分了解学生的身心特征、发展规律，掌握学生思维能力培养的阶段性特征，也要注重设计多样化的语文实践活动，引导学生在实践中掌握思维能力培养的方法。同时，要结合信息时代的发展特征，充分利用信息技术拓展思辨性阅读的资源体系，为学生思维能力培养提供更多支撑。

3-7 如何指导学生开展整本书阅读?

问题提出

一、整本书阅读具有促进学生全面发展的独特价值

任何层面的教育教学活动,都无法回避价值的问题。对于教育而言,人既是起点,也是归宿,因此,教育活动的价值最终必然体现在对学生全面发展的关照与促进上。整本书阅读是深度的学习和阅读,能打破语文阅读教学的狭小格局,实现课外阅读与课内学习有机整合、泛读与精读灵活转化、非正式学习与正式学习有效对接,为学生的差异化、个性化阅读留下充足空间。因此,整本书阅读必然具有不同于碎片化阅读和其他阅读方式的独特价值与功能。从知识的角度看,整本书蕴含大量的文学常识、文学资源,能够帮助学生打开文学的宝库,拓展文学知识的日常储备,涵养基本文学素养,为学生学以致用,更好地提升表达能力、创作能力等奠定基础。从思维品质培养的角度看,单篇课文承载的更多是文化的横截面,甚至是某一种文化现象、某种文化下的场景。而整本书则不同,它更像是画卷,能够为学生展示完整的社会生活。整本书阅读需要学生更多的思维投入,以便更好地把握阅读材料的前后逻辑关系,把握不同人物的性格特点、行为习惯和彼此关系,把握事情发展的前因后果,也需要学生在阅读过程中对人物、事件的未来发展方向进行合理预测,进行完整细致的信息处理。因此,整本书阅读是一个完整的、自主的、持续的阅读过程,这一过程可以较好地培养和锻炼学生的阅读习惯,培养学生良好的思维品质。从情感价值的角度看,整本书阅读表面上看是学生与文本之间的交流对话,但是从更深层次的角度看,也是学生以阅读材料为载体所进行的自我心灵对话。这种蕴含多重意味的人与自我的对话,倘若放在短短的课文中,很容易让学生浅尝辄止、意犹未尽。为了让学生获得审美体验,构建完整的文学世界,教师在进行阅读教学时应将单篇课文还原到更为完整的文本创造过程中去。由此,整本书阅读为学生更好地体验文学之美,更好地感受英雄人物之魂,更好地开展自我心灵的净化与提升提供了平台。特别是当学生阅读到中华优秀传统文化、革命文化等内容的文本时,也能够更好地激发民族自豪感、认同感,促进文化自信的生成,彰显阅读的德育价值。整体而言,进行整本书阅读有利于学生串联个性化阅读经验,能为学生阅读知识的积累、阅读思维的提升和阅读情感的陶冶奠定坚实基础。这不仅是促进学生全面发展的重要途径,也与2022年版课程标准强调的文化自信、语言运用、思维能力、审美创造等维度的核心素养相匹配,因而具有多维度的重要价值。

二、整本书阅读在语文教学中存在诸多的现实问题

重视阅读已经成为不同阶段语文教学的一个普遍共识。在重视阅读教学的基础上，不断破解阅读教学中滋生的新问题，探索阅读教学的新方式，是推动语文教学变革的重要思路。随着 2022 年版课程标准的颁布以及教育部统编版语文教材的陆续普及使用，整本书阅读已然成为义务教育语文课程内容的有机组成部分。但是从整体上看，整本书阅读在语文教学中的实践依然存在很多亟需破解的问题。一方面，从认知的角度看，虽然整本书阅读的重要价值已获得广泛认可，但整本书阅读与以单篇课文精读细讲为主的传统语文教学组织模式存在很大差别，语文教师对整本书阅读的内涵、原则、特征、规律等整体上看缺少纵深有效的认识，难以从整体上把握整本书阅读在实践中的独特要求，对于指导学生开展整本书阅读实践活动存在一定的盲目倾向。另一方面，从实践的角度看，教师普遍缺乏有效指导学生开展整本书阅读的方法论体系建构，在指导学生整本书阅读过程中存在整体与部分、理性与感性、课内与课外等多个维度的偏颇之处，缺乏将整本书阅读有效纳入日常课程教学体系，特别是单元整体教学的能力与水平，导致对学生整本书阅读的指导效能不高。再加上一些教师自身缺少良好的阅读习惯和阅读素养，对经典文学作品的理解把握不高，对国内外重要文学作品的分布情况梳理不清，这样会影响教师指导学生开展整本书阅读的成效。上述问题的破解，在 2022 年版课程标准和新课程理念落实的时代背景下显得尤为迫切。

 问题分析

一、整本书阅读的概念

"整本书阅读"的提出历史悠久，但是对于"整本书"的概念依然存在争议，甚至缺少针对性的思辨与讨论，以至于什么是"整本书"、什么是"整本书阅读"至今没有十分明确的定义。2022 年版课程标准虽然将"整本书阅读"作为一个独立的学习任务群进行设计，但也只是注重说明这一学习任务群的价值、内容、实践要求等，实际上也没有对"整本书阅读"本身的概念进行清晰界定。这也容易导致教师在指导学生开展整本书阅读的实践过程中存在盲目行为。

"整本书阅读"概念的逻辑基础是"整本书"，合理理解"整本书"有助于建构"整本书阅读"的概念体系。有学者认为，整本书就是在形式上完整的一本书，也有学者认为整本书是指结构、内容、意义完整的一本书。实际上，从深层次的角度而言，"整本书"不是大众化的自由阅读，而是特定人群有目的性的学习活动，具有鲜明的价值导向。"整本书"属于专有名词，即整本书阅读是具有目的的活动，其目的需要通过形式、内容、思想、意义完整的书籍来实现。由此，整本书的"书"是指与作者的生命联系在一起的，有独特的灵魂与气质的著作，而不仅仅是结构意义上完整的书。尽

管课程标准没有给出明确的"整本书"概念，但是从课程标准对"整本书阅读"学习任务群的描述看，它强调"整本书"不仅需要在形式上完整，在内容、思想、意义上也需要一致贯通。这就将整本书阅读与主题阅读、鉴赏性阅读、经典阅读区分开来，突出了整本书阅读的本质特征，也在一定程度上帮助教师避免在实际教学过程中将整本书阅读教学变成单篇阅读教学的现象。

基于对"整本书"概念的阐释，本文认为，"整本书阅读"是针对碎片化阅读与实用功利化阅读的弊端，以整本的文学名著、科幻科普作品、学术论著等为阅读对象，以学生核心素养的全方位提升为终极目的，在充分把握书籍内容、思想、价值、意义的贯通性基础上，建构起来的一种完整综合、更切合日常生活和各种学习情境的阅读方式。

二、课程标准对整本书阅读的要求

从我国语文教育历史进程来看，作为课程内容的整本书阅读，其课程地位呈现出明显的"U"型曲线：在古代与近代语文教育中，整本书阅读是极为重要的课程内容，始终居于课程的核心地位；中华人民共和国成立后，在现代与当代语文教育中，整本书阅读的课程地位式微，成为学生的"课外阅读活动"；进入 21 世纪以后，整本书阅读的课程地位回升，特别是 2022 年版课程标准在"课程目标"部分增加了整本书阅读"学段要求"，同时设置了"整本书阅读"学习任务群，明确了各学段的学习内容和教学提示，使得课程化的整本书阅读更加完善，标志着整本书阅读的课程地位达到了一个新的历史高度。[①]

整本书阅读作为一个独立的拓展型学习任务群，其价值在于引导学生在语文实践活动中，根据阅读目的和兴趣选择合适的图书，制订阅读计划，综合运用多种方法阅读整本书；借助多种方式分享阅读心得，交流研讨阅读中的问题，积累整本书阅读经验，养成良好阅读习惯，提高整体认知能力，丰富精神世界。

从课程标准对整本书阅读的介绍和任务布置看，教师应重点把握两个方面的特点。

第一，对阅读和整本书阅读的重视贯穿语文教学实施的始终，体现了"贯通性"。纵观 2022 年版课程标准的具体内容，不论是在语文课程性质、课程理念的介绍中，在核心素养的表达中，在学习任务群的设计中，还是在语文教学与评价的实施建议中，对于整本书阅读的重视是一以贯之的。阅读是语文教学的基本实践活动，是培养学生核心素养的重要支撑。在语文教学过程中，要注重学生阅读素养的培养，指导学生开展不同类型的阅读。这实际上意味着在语文教学实践中，教师要真正贯彻落实课程标准，就要对阅读和整本书阅读给予足够重视。

第二，基于不同学段对整本书阅读进行了不同层次的目标、内容和任务设计，体现了"递进性"。例如，第一学段的学习内容为：阅读富有童趣的图画书等浅易的读

---

① 张金龙.整本书阅读课程化：历史考察、课标新质与未来面向［J］.教育理论与实践，2023（26）：53–57.

物，体会读书的快乐。阅读、朗诵优秀的儿歌集，感受儿歌的韵味和童趣。阅读自己喜欢的童话书，想象故事中的画面，学习讲述书中的故事。第二学段的学习内容为：阅读表现英雄模范事迹的图书，如《小英雄雨来》《雷锋的故事》等，讲述英雄模范的动人故事。阅读儿童文学名著，如《稻草人》《爱的教育》等，感受作品传达的真善美，用自己喜欢的方式讲述故事大意。阅读中国古今寓言、中国神话传说等，学习其中蕴含的中华智慧，口头或书面分享自己获得的启示。第三学段的学习内容为：阅读反映革命传统的作品，如《可爱的中国》《小兵张嘎》《闪闪的红星》等，讲述自己感受到的家国情怀和爱国精神。阅读文学、科普、科幻等方面的优秀作品，如《寄小读者》《十万个为什么》《海底两万里》等，学习梳理作品的基本内容，针对作品中感兴趣的话题展开交流。梳理、反思小学阶段的阅读生活，运用口头或书面方式，与同学分享自己整本书阅读的经历、体会和阅读方法。第四学段的学习内容为：阅读革命文学作品，如《革命烈士诗抄》《红岩》《红星照耀中国》等，体会、评析革命领袖、革命英雄的爱国精神和人格魅力。独立阅读古今中外诗歌集、中长篇小说、散文集等文学名著，如《朝花夕拾》《骆驼祥子》《艾青诗选》《西游记》《格列佛游记》《钢铁是怎样炼成的》等。根据阅读进度完成读书笔记，针对作品的语言、形象、主题等方面的话题展开研讨。开展多样的读书活动，丰富、拓展名著阅读。借助多种媒介讲述、推荐自己喜欢的名著，说明推荐理由；尝试改编名著中的精彩片段；结合自己的阅读体会，尝试撰写文学鉴赏文章。这种递进性的设计说明对学生整本书阅读的指导需要结合学生的身心发展特征，循序渐进地开展。

三、素养导向下整本书阅读的教学特征

新课程标准理念下的语文教学，很重要的表现是将核心素养作为价值导向。在核心素养的体系下理解整本书阅读教学的特征，是教师有效开展整本书阅读教学的重要前提和基础。

其一，整本书阅读在学习内容上同时增加了语文课程内部与外部的融合度和贯通性，在教学内容上具有综合开放的特征。2022年版课程标准下的语文教学和教材编写突破了传统语文课程"文选式"内容编排方式和教学模式，由"文选式"扩展至"整本书"，不光是语文课程内容的调整，还是语文课程定位、课堂组织模式、学习方式的全方位改变。从语文课程的内部结构来说，整本书阅读并非纯粹的阅读教学，而是要整合阅读与鉴赏、表达与交流、梳理与探究等方面，创设一种综合学习方式，从而实现语言、审美、思维、价值等课程目标的贯通协同。从语文课程的外部生态来说，整本书阅读具有跨学科的特性，能够搭建语文与其他学科沟通的桥梁，有助于构建高效联动的课程集群，有利于全科综合育人。

其二，整本书阅读在学习方式上注重知识建构与运用的过程，在教学方法上具有实践性和情境性特征。从知识建构和现代语文教学改革的视角来看，语文教育的关键问题不是死板地传授具体的语文知识，而是这些语文知识如何生成及如何举一反三。

整本书阅读的文本体量大、信息内容发散性强、阅读时间跨度较长，教师无法事无巨细地进行讲授，所以在教学中有必要将课程组织的重点由"如何教"转向"如何学"，形成以学生为中心的课程内容呈现方式，引导学生在经典著作的特定情境中去阅读、感受、思考与表达，特别是要在一种开放、真实、实践的场景中引导学生通过自主阅读、思考、建构，完善知识体系，提升语文素养。

其三，整本书阅读在课程目标上突出综合育人的宗旨，在课程设计上坚持工具性与人文性的统一。整本书阅读教学需要跳出单一语篇教学的思维，着眼学生全面发展的需要和身心发展规律，按照不同学段的具体特点与核心素养的内部层次，先罗列本学期整本书阅读的具体目标，然后制定一个循序渐进、前后衔接的流程图，最后以形式多样的学习活动来推进整本书阅读，展示和考查学生的整本书阅读学习成效，让整本书阅读的过程与学生身心发展和素养提升的过程真正得到融合，更好地体现整本书阅读的综合育人价值。

 问题解决

一、结合学生的学段特征遴选合适的阅读材料

对于学生而言，开展整本书阅读，阅读材料的合理选择是首要任务。统编版语文教材在设计课程内容的过程中，结合学生的学段特征，对学生整本书阅读的素材进行了相应的推荐，但是要真正提升学生的阅读素养，扩大学生的阅读量和阅读积累，教师还需要引导学生学会遴选更丰富的阅读材料。课程标准也明确提出，教师要根据开展读书活动的实际需要，合理推荐和利用适宜的学习资源，如拓展阅读的书目、参考资料，以及相关音频、视频作品等，激发学生的阅读兴趣，丰富阅读体验，拓宽阅读视野。要给学生推荐合适的阅读材料，教师首先要指导学生认识不同类型图书的特点和价值，根据自身实际确定阅读目的，选择那些富有意义、充满童趣、能滋养心灵的图书和适宜的版本进行阅读。同时，要根据不同学段学生的阅读兴趣和心理特征，选择合适的图书，体现连贯性和适应性。2022年版课程标准对义务教育四个学段整本书阅读的学习内容和要求进行了界定，教师可以根据这些学习内容和要求，指导学生认识图画书、童话书、故事书、文学书等不同类型图书的特点和价值，选择适宜的整本书推荐给学生；也可以让学生根据自己的爱好或兴趣进行阅读，让作品滋润学生心灵，引导学生感受作品传达的价值观。①

二、激发阅读兴趣，培养方法习惯

相较于单一篇幅的阅读，整本书阅读需要耗费的时间和精力更多，需要学生的多

---

① 孟亦萍. 小学整本书阅读学习任务群的实施路径微探［J］. 语文建设，2023（8）：34–38.

种器官共同参与，也需要学生更好的阅读习惯和更多元的阅读技巧、方法等作为保障。从这个意义出发，对于义务教育阶段的学生，特别是小学阶段的学生而言，如何在整本书阅读的过程中激发学生的学习兴趣，培养学生良好的阅读习惯和方法就显得尤为重要。一般而言，精彩的内容总是能够在第一时间抓住学生的注意力，促使学生在好奇心的影响下更加自主地对其予以关注。在开展整本书阅读教学的过程中，教师需要清晰激发学生阅读兴趣的重要性，以精彩的内容调动学生对整本书的阅读兴趣，让学生自主阅读整本书，并且更加积极自主地跟随教师的教学节奏沉浸在整本书阅读教学的过程中，使教学计划能够有序推进并取得良好的育人成效。例如，在开展《小英雄雨来》的整本书阅读指导时，教师可以利用信息化手段为学生播放小英雄雨来与敌人抗争时紧张刺激的视频，以视频的方式直观展现《小英雄雨来》的精彩内容，激发学生对小英雄雨来抗战故事的兴趣。学生对故事产生兴趣后，会更加积极地进行整本书阅读。教师可以抓住契机提出任务：梳理小英雄雨来的成长历程，找出故事中比较重要的时间节点和事件；总结小英雄雨来的优秀精神，并对其做出评价。这样的呈现方式不仅能够激发学生的阅读兴趣，而且能够通过问题的串联帮助学生实现有效阅读，更好地体会整本书的内容、价值、思想。除此之外，小学生的阅读能力较弱，碎片化的时间在一定程度上提高了学生整本书阅读的难度，为学生带来了极大挑战。在开展整本书阅读教学的过程中，教师需要关注到这一点，注重以自身的分享渗透和展现科学的整本书阅读方法，以学生阅读方法储备的丰富培养其良好的阅读习惯，让学生灵活利用多种阅读方法进行整本书阅读，提高学生的阅读效率和阅读质量。[①] 特别是对于小学低年段的学生而言，在发挥学生整本书阅读自主性的前提下，要注重对学生阅读方法的指导，教会学生如何做读书笔记，如何理解文本的意思，如何体会作者的思想感情，如何摘录摘抄好词好句等。在指导学生掌握阅读基本方法的同时，也要注重在日常教学中引导学生形成良好的阅读习惯，如边读边想、读写结合、圈圈划划等。这些都有助于学生涵养更好的阅读习惯和方法，更有效地开展整本书阅读。

三、以问题驱动学生阅读经验的自主建构

学生阅读能力的提升是一个循序渐进的自主建构过程，课程标准强调，在开展整本书阅读的过程中，要注重激发学生的阅读自主性，多引导学生通过课内、课余时间的自主阅读来提升阅读素养，发展核心素养。在这一过程中，教师要在两个方面保持平衡：一方面，对于小学阶段，特别是小学低年段的学生而言，要强化其阅读兴趣的激发和阅读习惯、方法的指导；另一方面，随着学生年龄的增长和阅读经历的丰富，真正将整本书阅读的自主权下放给学生，注重通过驱动性问题的设计引领学生在阅读过程中自主建构经验，掌握方法，解决问题，为其阅读素养的提升奠定基础。回到教学实践中，在完成通读整本书的基础上，教师可以聚焦整本书阅读内容层面和阅读经

---

① 陈慧华. 核心素养下小学语文整本书阅读教学策略［J］. 亚太教育，2023（12）：42-44.

验层面的问题，以问题驱动课堂教学。首先，教师要全面收集学生在整本书阅读过程中遭遇的阅读问题。通过学生自我报告、小组报告以及教师观察，了解学生对整本书哪些内容存有疑惑、哪些内容出现了误读、哪些精妙之处没有体味到，以及阅读过程中存在哪些错误经验和不良习惯等问题。其次，教师要对收集到的阅读问题进行分类整理，明确共性问题、典型问题和个性问题。其中，共性问题应该成为课堂教学的重点，个性化问题可以通过个别辅导、对话等方式予以解决。最后，教师要留有一定的课堂教学时间检验典型问题的解决效果，即评价整本书阅读学习经验建构水平。教师可以通过让学生撰写研究性论文、交流读书经验等多种形式，引导学生在新的情境下运用习得的整本书阅读经验，真正帮助学生实现阅读素养的提升，打造"授之以渔"的阅读教学效果。

四、设计递进式的任务引导学生有效阅读

对于整本书的阅读教学而言，如何保障学生阅读的效率和效益，让学生真正科学、全面地理解整本书的内容、逻辑、思想、价值，是教学的关键问题。义务教育阶段学生的逻辑思维能力、概括梳理能力、抓关键信息的能力等都处于建构和发展阶段，有的时候很难依靠个人的力量实现对整本书内容和思想的科学把握。这个时候，教师就可以通过递进式的任务设计引导学生更好地串联文本的内容，把握文本的核心要义，最终提升阅读的效能，促进阅读能力和核心素养的发展。以《小兵张嘎》的整本书阅读教学为例，教师可以在学生初步了解《小兵张嘎》后设置以下任务：分析整本书的社会背景，查找资料了解那个年代的真实情况；找出书中描写的主要人物角色，并分析这些主要人物角色分别有什么特点；总结这本书的写作风格和特点以及作者在语言表达方面的特点。在学生对这本书有了一定了解后，教师可以再布置以下任务：根据书中内容，将小兵张嘎的故事按照时间顺序串联为一条完整的故事线；分析书中不同人物角色是如何彰显红色精神的；分析作者在编写这本书时想要表达哪些思想内涵；以整本书为依据解读红色精神的深层内涵。通过这些任务驱动学生对整本书进行由浅入深的学习、分析，促使学生更加深刻地领悟其中的思想内涵，获得文化自信、语言运用、思维能力、审美创造等核心素养的发展。

【案例】

《小老虎粗尾巴》整本书阅读的单元教学设计 [①]

一、明确单元学习内容

小学低年级阶段的整本书阅读主要可以从三个方面去设计学习内容：童话的主题，童话中的人物和童话的情节。

《小老虎粗尾巴》这本书由 5 个故事汇编而成，这些故事讲述了一个名叫粗尾巴的小老虎和他的好朋友的各种经历。人物相对来说比较简单，情节也并不复杂，适合给

---

① 案例由上海市民办尚外外国语小学冯洁老师提供。

低年级学生作整本书阅读材料。

二、确定单元学习目标

根据学业质量标准,《小老虎粗尾巴》"整本书阅读"的学习目标主要由两个方面构成:一是分别梳理《小老虎粗尾巴》5个章节的故事情节,并能够讲述故事;二是联系故事内容和自身经验,交流对"友爱"这一主题的认识。

根据上述学习目标,可以将《小老虎粗尾巴》整本书安排成三个单元。第一个单元选择这本书里的两个故事,准备用3课时完成。梳理第一个故事《名字惹的祸》和第二个故事《气球与雪糕》的关键内容,并讲述其中的一个故事;概括小老虎友好、宽容、大方、谦让等性格特点。这个内容大概需要用4天时间。

第二个单元是在第一个单元的基础上,让学生能够借助提示来梳理第三个故事和第四个故事的关键内容,并且能够讲述其中的一个故事。同时需要引导学生概括小老虎机智、勇敢、乐于助人等特点。这个单元大概需要用3天时间。

第三个单元考虑用2课时,继续学完最后一个故事《活汽艇》,同时需要安排一节梳理讨论课,学生能够梳理第五个故事《活汽艇》的关键内容并在前面所完成的学习内容的基础上,能够梳理5个故事之间的内在联系,交流对"友爱"这一主题的认识。

整本书要求学生用10天的时间阅读完,其中7课时是需要在老师的指导下完成的,体现老师的指导和学生的自主阅读之间的有机结合。

三、规划单元学习活动

在完成了单元的学习目标以后,还需要去思考学生用什么方式去学,这就是规划单元学习活动。在设计单元学习活动的时候,首先考虑课时目标。在指导学生展开阅读的时候,需要明确阅读任务的核心问题是故事的情节和人物特点。将核心问题分解成3个下位问题:《名字惹的麻烦》故事中的主要人物、次要人物是什么关系,他们之间发生了什么事?故事是怎样开始和发展的,故事的高潮和结局是怎样的?故事中的小老虎有什么特点,对伙伴友爱的具体表现是什么?

针对这3个下位问题,设计了3个学习活动,帮助学生完成上述问题的思考,进而实现学习目标。第一个活动给学生提供了一个关键的信息卡。第二个活动要求学生能够填写关键故事和关键内容图,即通常所说的山形图。第三个活动要求学生能够概括出小老虎的性格特点,以及对伙伴友爱的表现。

四、设计单元学习评价

单元学习评价是基于阅读反思单来完成的。学习评价标准依据课程标准第一、二学段的学业质量标准进行设计。将学业质量描述中涉及的关键内容转换成单元学习评价的一级指标。第一条是学生能否正确判断关键信息,借助学生对关键信息卡的设计做出判断;第二条是学生能否梳理故事的关键内容,通过山形图进行评价;第三条是考查学生能否有条理地讲述故事、不遗漏关键的内容、表达通顺连贯,且为了表现人物的特点能适当地添加一些细节。这样可以从课程的角度实现教师的教学内容、学生的学习活动与最终的单元学习评价之间的高度一致性。

【案例分析】

　　上述案例结合《小老虎粗尾巴》这本童话书，整体呈现了将"整本书"作为课程资源进行单元化教学整体设计的过程、方法，教师在教学的过程中对"整本书阅读"做了课程化的处理，分别涉及学习内容、学习目标和学习活动、学习评价等，即教师在开展"整本书阅读"教学的过程中，必须回答四个问题：学什么？学到什么程度？用什么方式学？如何对学习结果进行评价（即学得怎么样）？该案例提供了"整本书阅读"课程转化中关键性的教学目标厘定、教学活动设计、教学过程实施、教学评价开展等领域的可借鉴行动策略，对于更好地开展"整本书阅读"教学具有实践性和借鉴价值。

 教学建议

　　2022年版课程标准提出了拓展型学习任务群，标志着在基础教育阶段整本书阅读完成了由泛在的课程资源向正式课程内容的转化，也为语文教师的教学提出了新的研究和实践方向。整本书阅读虽然不是一个语文教学的"新名词"，但是，与传统的单一语篇教学相比，整本书阅读的教学有其自身的特征、规律、要求，因而也需要在教学过程中进行独特的设计。教师开展整本书阅读教学时，应该统筹安排课内与课外、集体与个人的阅读活动，保障学生有足够的时间和精力开展整本书阅读；要注重发挥学生的学习主动性，倡导学生开展自主阅读，同时给予学生必要的阅读方法指导；要根据学生阅读的需要，给学生推荐合适的读物，丰富学生的阅读资源；要建构完整的考评体系，注重对学生整本书阅读全过程的考查等。这实际上为教师在教学过程中有针对性地指导学生开展整本书阅读提供了方向性指导，也是教师在教学过程中应该把握的整体原则。除此之外，教师还应着重把握两个方面的问题：其一，要养成良好的阅读习惯，带动和引领学生参与日常阅读，通过阅读厚实积累，发展素养；其二，要在阅读指导中融合思政教育、德育，特别是要引导学生在阅读中厚实民族文化认同，涵养文化自信，实现整本书阅读和语文教学的立德树人价值。

第四章

组织语文实践活动：表达与交流·梳理与探究

        语文学习有很强的实践性，尤其是口语交际和写作学习，更需要与社会生活保持紧密联系。但在教学实际中，很多口语交际和写作教学脱离真实、丰富、生动的社会生活，成为单纯的学科认知活动。为了有效矫正这一偏差，2022年版课程标准将以前的口语交际和习作整合为"表达与交流"板块，并要求以语文实践活动为主线来组织学习，为提高口语交际和写作教学的实践性提供了理论依据。本章聚焦这一话题，借助理论阐释和案例分析解决如何指导学生有目的、有对象地表达交流，如何提高学生写作的积极性，如何培养学生的倾听能力，如何组织跨学科学习等四个关键问题，帮助教师理解语文实践活动在课程实施中的意义，把课程标准精神落到实处。

4-1 如何指导学生有目的、有对象地表达交流?

 问题提出

日常生活中的听、说、读、写等语文生活总是有目的的，邀请函、工作小结这类书面表达的目的性很明确，即使是写日记，发一条朋友圈，也会根据写作目的选择哪些内容需要写、可以写，以及用何种形式呈现，如鲁迅等人的日记就有列一日活动清单的形式。

让学生学会有目标、有对象地交流，是 2022 年版课程标准反复强调的内容。例如，课程总目标第 5 条要求"能根据需要……表达自己的见闻、体验和想法"；第一学段要求"与他人交谈，态度自然大方，有礼貌"；第二学段要求"根据不同的场合，尝试运用合适的音量和语气与他人交谈"；第三学段要求"与人交流能尊重和理解对方""懂得写作是为了自我表达和与人交流"；第四学段要求"注意对象和场合，学习文明得体地交流"。为了凸显这方面的意图，2022 年版课程标准的"学段要求"还将 2011 年版课程标准的"写话"和"口语交际"两项合并为"表达与交流"，这样的修订既突出了书面表达与口头表达的联系，以体现课程的整合理念，也进一步强调学习语言表达与交流的目的性。学习写作和口语不应是单纯地掌握表达技巧，也不是没有目的地去自言自语，而是适应社会生活的需要，提高在真实情境中的语言表达能力。

关于写作与口语交际教学，为什么 2022 年版课程标准要强调有目的地表达与交流呢？主要有两个依据，首先是语文课程性质所决定的。语言文字是人类社会最重要的交际工具，语文课程应引导学生在真实的语言运用情境中，通过积极的语言实践，积累语言经验，体会语言文字的特点和运用规律，培养语言文字运用能力。与识字与写字、阅读与鉴赏，甚至梳理与探究等活动相比，"表达与交流"的综合运用特点更突出，满足社会生活需要的成分更多，在学习过程中，对社会生活情境的要求自然也更迫切，甚至可以说，有具体的目的是开展表达与交流活动必不可少的条件。其次是针对写作与口语交际教学中的实际问题。按语文课程性质来说，表达与交流能力的学习应以真实生活为情境，以有效沟通为目的。但按现代学科课程的基本模式，人类的教育活动几乎完全从真实的社会生活场景中分化出来，形成了以教室为主要空间、以师生为基本角色关系、以群体性的集中统一学习为主要方式的组织形式，这种教学组织形式在提高教育效率的同时，也使得语文学习渐渐脱离真实生活。这对表达与交流这种高度依赖生活实践、需要各种社会角色配合的学习的限制尤其大。一方面，受学制特点和课程规划的制约，无论是写作教学还是口语表达教学，在现阶段都不能离开课堂这一语文学习的主阵地，否则整个课程秩序和教学质量便难以保证；另一方面，从课程性质及课程理念的角度说，又必须适当突破课堂教学的局限，使表达与交流的学习在一定程度向真实表达情境和需要靠拢。

那么现阶段，在完成规定的课程规划、保障教学秩序的前提下，通过写作取向调整、写作任务设计、写作方法创新、写作评价改进，培养学生的交流意识，提高学生的表达交流能力，便是一种合理的选择。而在写作教学中，引导学生预设具体的交流对象并考虑他们的需要，据此选择相应的表达策略，就可以在现有课程框架的条件下顾及表达与交流的真实性因素，提高教学实效。

🔑 问题分析

一、课程标准倡导表达与交流教学要基于真实情境

无论是写作学习还是口语交际学习，都应该基于真实情境，以提高表达与交流效果为目的，这是多年来语文课程建设的共识，也是 2022 年版课程标准强调的理念之一。课程标准很多板块都有这方面的阐述。例如，总目标部分要求初步学会用口头语言文明地进行人际沟通和社会交往；第二学段要求"根据不同的场合，尝试运用合适的音量和语气与他人交流，有礼貌地请教、回应"；第三学段要求"乐于表达，与人交流能尊重和理解对方""懂得写作是为了自我表达和与人交流"；第四学段要求"注意对象和场合，学习文明得体地交流。耐心专注地倾听，能根据对方的话语、表情、手势等，理解对方的观点和意图""注意表情和语气，根据需要调整自己的表达内容和方式，不断提高应对能力，增强感染力和说服力""写作时考虑不同的目的和对象。根据表达的需要，围绕表达中心，选择恰当的表达方式"。

"实用性阅读与交流"学习任务群要求"根据具体交际情境和交流对象，清楚得体表达，有效传递信息，满足家庭生活、学校生活、社会生活交流沟通的需要"，在该学习任务群的教学提示中有"引导学生注意实用性阅读与表达的目的、对象、情境，以及交流效果"等要求。

二、表达与交流教学的理论依据

（一）交际语境理论

在语言交流中，除了交流者使用的声音、文字外，交流环境也会产生很大影响。交际语境主要包括三大类：一是交流者因素，包括各自的知识、理解能力、身份、关系、交流期待、心理状态、文化背景及价值观；二是交流场所因素，包括在场其他参与者、旁观者，场所的性质、气氛、背景声音；三是社会背景因素，包括时代特点、社会思潮、大事件或热点话题，以及大众媒体状况。

交际语境理论可以帮助理解言外意义。语境中的社会规范、共享知识、情感因素等会影响人们对言外意义的解读。

交际语境理论可以提醒人们，在交际中不仅要注意语言本身的意义，包括词汇、

句法、语调等，还要考虑其他影响因素，并学会运用这些因素，以适应不同的交流需求，达成预期效果。

（二）读者意识理论

所谓读者意识，就是写作时心中有特定的阅读对象和明确的表达目的，以及有利于对象接受和目的达成的表达方式，也就是服务于交际需要。语言是重要的交际工具，人类的语言表达天生具有对象性和目的性，正如俗话说的"到什么山上唱什么歌，见什么人说什么话"。如果仔细观察那些没有经过学校教育的婴幼儿就会发现，他们说话的目的性普遍是很明确的，他们知道谁手里有吃好的、有好玩的，因此，他们本能地知道在说话（甚至哭闹）时，眼睛应该对着谁或背着谁，态度应该亲近谁或疏远谁。因为如果别人听不明白，他们的诉求很可能就会落空。这就是最原始的"读者意识"。读者意识提醒教师在设计写作任务时，要充分运用读者信息来激发学生的写作兴趣，培养学生的交流意识，提高学生表达针对性和学生的沟通能力。

（三）接受美学理论

接受美学理论认为，文学艺术的价值实现有三个过程，包括文学的生产、文学的流通、文学的接受。以往人们较多关注创作过程，忽视读者及其接受情况对作品意义所起的作用。

接受美学理论指出，人们对文学艺术作品的理解不是一种被动的接受过程，作品的意义不完全是由作品本身决定的，也不是一成不变的，而是在读者的阅读和接受中被不断挖掘、塑造。读者参与阅读的过程，既有理解与认可，也有选择与强化，还有遮蔽甚至误解，读者的生活经验、专业知识、文化背景、阅读期待都会影响作品意义的再创作。接受美学理论拓宽了人们审视作品的视野，提醒人们在艺术创作时要考虑读者因素，选择恰当的表现方式，提高和丰富作品的意蕴。这一理论对小学写作教学也有一定启发。

三、表达与交流教学的主要问题及原因

让学生理解表达交流的本质，学习有目的、有对象地交流，能提高写作和口语交际的针对性，增强学习兴趣。但受各种因素的影响，在现实教学中，教师在引导学生有目的、有对象地表达与交流方面还存在一些不足，主要表现有：学习内容按知识和技能点设置，知识化倾向还普遍存在，脱离现实生活；多数教师采用的教学模式仍然比较单一——讲解写作知识，布置写作题目，学生完成写作，教师讲评作文；写作过程缺少交流对象和交流活动；学习评价只考虑抽象的写作水平，学生在针对交流对象有目的地表现方面得不到真实评价。

问题解决

如何培养读者意识，指导学生有目的地交流，是 20 世纪 90 年代以来讨论的热点话题之一，已有许多经验可以借鉴。从表达与交流的任务设计、教学方式运用，到课程理念调整，都可以做些尝试。

一、注重培养交流对象意识和读者意识

没有具体表达目的的现象在写作教学中尤其突出，学生写作交流的对象只是语文教师，写作情境变成了课堂或考场，写作目的变成了获得高分。久而久之，作文是写给教师看的、写给评委看的就成了一种写作惯性，或者说，写作的价值观偏离了交际的本质。因此，现在的学生写作文时并不是心中没有读者，而是只有一个异化了的读者——教师。那么，要使学生养成真正的"读者意识"，在日常教学中，教师就要采取一些措施，降低或消解学校教育教学对社会生活的间离感，消除学生在考场写作时被考察的紧张感和被挑剔的挫败感，使学生在社会生活表达与沟通中获得愉快感和成就感。一句话，就是将抽象的写作技能训练过程部分地复原为提高学生语言交际能力的过程。具体来说，教师应设法在课堂内使写作活动诸要素完成下列转换：

（1）将抽象的、远离社会生活的、指向性不明的写作任务（作文题目）转化为针对生活事物、服务交际需要的话题，如反映校园门口设摊问题、学生上网问题、校车问题等。

（2）将写作地点（教室或考场）的氛围转化为生活表达氛围，如家庭讨论、听证会、辩论会、咨询现场、网络聊天室等。

（3）将写作主体（学生）由学校角色转化为社会角色，如公民、记者、小学生辅导员、志愿者、讲解员、专家、家长、导游等。

（4）将阅读对象由强势的评判教师转化或扩大为一般听众或弱势的交谈对象，如同学、报刊读者、向你求教的小学生、需接受教育的子女、等待指点的外地游客等。

（5）将写作目的由完成教师布置的作业或一份答卷、合乎规范地获得高分，转变为与他人沟通，说清事实，讲明道理，便于理解和接受，对读者有帮助等。

为了实现这些转换，教师在作文题目编制、作文教学组织、作文评价和展示手段选用等方面，都应有意识地围绕这些原则来设计和实施。

好的作文题不仅是对作文文体和内容的提示与概括，也应针对社会事物，隐含读者的信息。20 世纪 30 年代，我国著名语文教育家阮真就曾经提出：有实际生活需要的机会，我们要利用；没有实际生活需要的机会，我们也要假设环境，造成机会，去做问题设计。他还提出了获得生活话题的五种渠道：利用学生实际需要事项；利用读物；利用定期刊物；利用校内服务事项；利用社会服务事项。可惜，前辈们的真知灼见并没有得到更进一步的研究与继承。

口语交际教学更应该注重交流对象和场合，设计真实性的表达与交流任务，上述

写作教学培养学生读者意识的很多方法也适用于口语交际教学。

二、加强课程与生活的关联，在真实语言生活中学习表达

社会生活中的交流都有具体情境、交流对象和交流目的。教师应设法将其纳入学校课程中，布置任务，引导学生带着问题观察、记录，感受其特点，总结规律，指导合理。例如，引导学生观察自己的父母同他们的长辈是怎么交流的，观察教师在回答问题、布置任务、表扬同学、批评同学时的语气、语调和手势，观察商店服务人员在面对顾客时是如何表达的，使学生面对真实的读者或听众时，考虑他们的实际需要和接受能力，并根据交流环境、交流手段调整自己的表达内容和方式。

三、注意与社会认知和人格养成同步

表达与交流不仅仅是交流问题，还涉及社会认知、角色培养、人格养成等内容。表达与交流的学习资源、学习形式无处不在，教师可以借助生活中生动的实例来丰富教育内容，包括学生自己经历的情境、听到看到的故事、在媒体阅读中看到的情节，引导学生从中学习交流技巧、反思自己的表达。还可以与《道德与法治》《历史》等课程学习结合，运用这些课程中的某些知识、原理、案例来学习语言表达与交流，使之成为学科融合的抓手和亮点。

【案例】

情境促发真实交流，评价赋能习作全程①

——四年级上册《写信》课堂实录与评析

一、教学目标

1. 在真实的校庆情境中，激发学生沟通交流的兴趣。

2. 结合生活经验和例文，增进学生对书信意义的了解。

3. 使学生能借助教材例文和旁批，用正确的格式写一封信，做到内容清楚，语言表达符合交互沟通的基本要求。

二、教学活动（节选）

（一）根据需求，选定写信对象和内容

师：学校要过30岁生日的消息传开了，和我们结对的浙江省四明山红军小学四（3）班的同学们发来了一段视频。

（红军小学学生代表在自己的校门口讲述：省教研室附小的同学们好！听说你们学校最近要举办校庆活动了，校园里很热闹、很有趣，我们想知道校园里有哪些有意思的事情，能跟我们说说吗？）

---

① 张丽敏，余琴.情境促发真实交流，评价赋能习作全程：四年级上册《写信》课堂实录与评析［J］.语文建设，2023（8）：42-47.

师：红军小学的同学们很想知道为了迎接校庆，我们校园里有哪些有意思的事情。如果让你来介绍，你最想介绍的是什么？

生1：我想介绍校园里大树上新建的小木屋，平时我们可以在树屋里看书聊天，我觉得很有趣。

师：你说的就是校园十景之一的"优优书屋"。

生2：学校图书馆新增了电子借书机器，刷脸就可以借书，非常方便。我想介绍这个高科技设备。

师：智慧校园的新设备值得介绍。

……

师：那么多有趣的活动，那么多令人欣喜的变化，除向红军小学的同学介绍外，你还想和谁分享？

生1：我想和爸爸妈妈分享。

师：和爸爸妈妈聊聊校园里快乐的事，真好！

生2：我想把我们校园的变化说给三年级时转走的张兰宜同学听。

师：想和曾经的小伙伴分享（板书：伙伴）。

生3：我想分享给我的奶奶，她现在住在老家兰溪。

师：你一定很想念你的奶奶。

生4：我也想把这些有意思的事告诉老家的表哥，我已经很久没见他了。

师：同学们，像这些平时不常见面的人（板书：亲人），你会用什么方式向他们介绍呢？

生1：我想打电话告诉他们。

生2：我会用微信视频聊天和他们分享。

生3：我会写信告诉他们这些事。

师：网络时代我们进行交流的方式很多，但是小学生不能经常使用手机，我们可以写信。书信曾经是人们互通消息、交流情感的主要方式，现在仍然是人们相互联系的重要手段。

（二）探究范例，学习写信

1. 一读范例，知道写信"内容要清楚"（略）。

2. 二读范例，知道书信"格式要正确、语言要有互动感"。

师：请你再读读这封信，结合旁批想一想，写信除了内容要清楚，还要注意什么？（学生结合旁批再读书信。）

生1：我觉得称呼、问候语、祝福语、署名和日期也是很重要的。

师：这位同学说的都是书信的格式。我们在二年级学过留言条（出示二年级上册中的留言条），大家比较一下，书信和留言条的格式有什么相同和不同之处呢？

生1：我先说相同的地方。书信和留言条都先要说写给谁。

师：开头要写称呼。

生1：它应该在信纸第一行顶格写，后面还要加个冒号。然后另起一行，空两格写正文，右下角署名，写上日期。

师（出示写有"称呼""正文""署名""日期"的词卡）：请你把它们摆放到大稿纸的正确位置上。

（学生把词卡摆放到大稿纸的正确位置上。）

师：这是相同之处，不同在哪里呢？

生2：不同的是，信比留言条多了"祝福语"和"问候语"。

师：请你把它们也摆到正确的位置上。（学生继续摆贴词卡。）

师（指着学生已经摆好的"祝福语"）：请注意，"祝"要空两格，另起一行顶格写"身体健康"等祝福的话。这位同学摆得非常正确！

师：大家看大稿纸，这就是正确的书信格式（板书：格式正确）。继续研究，写信还要注意什么？

生3：我觉得正文部分，小杰就像在跟叔叔对话一样。

师：哪些句子让你有这样的感觉？

生3："告诉您一个好消息。""告诉您"这几个字，好像在面对着叔叔讲话。

生4："您寄来的书我已经收到了，我很喜欢，谢谢您！"也给我这样的感觉。

师：仿佛正在当面向叔叔表示感谢。

生5：最后一段"您好久没回来了，家里人都很想念您。今年过年，您会回来吗？"好像在和叔叔互动。

师："互动"这个词用得好，有互动感就是书信最大的语言特点（板书：有互动感）。

【案例分析】

写信一直是语文教材中的一项学习内容，课程标准要求第二学段（3~4年级）学习用简短的书信进行交流。写信一般都有明确的读者，有比较具体的交流目的。教学生写信，不能把教学重点落在书信格式上，而是要教会学生选择那些对方想知道的、值得告诉对方的内容，要有互动交流感。

该课例设计了一个真实情境——给结对的浙江省四明山红军小学的同学写信，介绍校庆30年的情况。在此基础上，教师引导学生思考"还想和谁分享"，也就是换写信对象，巩固学习成果，又通过与留言条的比较，使学生熟悉书信的基本格式等学习要求，而发现互动感则把书信写作的关键点挖掘出来，这也是一些教师常常忽视的教学内容。

为了交流的写作应关注读者需求，根据读者的特点和需求选择写作内容、确定语体等。

 教学建议

一、设计真实学习情境下的交际任务，落实素养取向的教学

素养的培养离不开积极的语文实践活动，素养是在真实的语言运用情境中表现出

来的，兼具个人价值和社会价值。语文课堂教学的时空非常有限，不可能把真实的表达与交流活动搬到教室里，但是可以设计类似真实需要的"真实性"学习活动。教师只有洞悉真实交流的三种目的，即传递信息、劝说和分享人生经验，并围绕这三种目的设计学习情境与任务，开展表达与交流教学，才可能促进学生"对象意识"的培养。其实，这三种目的分别对应实用类文本、论述类文本和文学类文本，这是老师们熟悉的文本类型。只不过，写作、口语交际的教学要从关注活动成果（文本类型）或活动类型（讲述、演讲等），转向关注"为谁写""为谁讲"这一类有对象、有目的的表达与交流，赋予抽象的语文学习以生活的力量。

二、设计整合课程内外的专题交流任务，全方位提高表达与交流的对象意识

教师要建设适应口语交际、写作教学的真实性任务（情境、话题）框架。这个框架由三个维度的信息网交织而成。从生活范围上，覆盖学生表达与交流等语文生活的主要领域和场合，如家庭、学校、社区生活、社会交往、媒体生活等。从表达功能上，包含表达与交流等语文生活的主要类型，如复述转述、介绍说明、叙述描述、咨询采访、讨论说服、拒绝论辩以及闲聊会谈等。从能力类型上，包含所有表达与交流都需要的基本能力。它包括三个方面：一是书面表达中的审题立意、列纲起草、谋篇布局、修改发表等；二是口语交流中的语言要素和非语言要素，前者如语音、词汇、语义、语体等，后者如副语言、会话管理、态度等共通能力，以及专项交际活动的特需能力（如复述、演讲、访谈、辩论等不同交际类型所需要的能力）。三是以丰富、有趣的活动样式，将上述话题、表达功能和表达交流能力融入学生课堂学习与课外日常生活的交际情境中，便于让学生通过表达与交流活动将这些知识析出、内化，变成内在的素养。

三、借助表现性评价工具，促进学生对表达与交流活动进行梳理、反思和改进

"教—学—评"一致性是近些年多地都在探索的课题。借助表现性评价量表、清单等工具让学生成为评价的主体之一，使得表达主体与评价主体合二为一，能够提高教与学的一致性，改进学习效果。不过，在教学实施中，要注意量表、清单的可操作性。只有参照一个相对统一的评价标准，课堂评价过程才能组织起来，学生的评价结果也才可能是有效的。下面这个量表引自仲彬老师的一个课例，她把这节课的核心内容设定为归纳评价要点、熟悉评价框架、完善评价细目，应该说抓住了学习评价的一个关键问题。

序号	评价标准	5	4	3	2	1
1	使用多个动词，准确、生动		√			
2	用修饰语修饰动作				√	
3	描写了一段过程，顺序合理	√				
4	动作的力度、幅度、速度有变化			√		
5	能展现人物个性、心理等					√

不过，评价标准的取向不同，评价指标会有较大的差异，评价标准的适用性也不一样。实施评价需要考虑两个问题：第一，有的评价标准偏向于衡量细密内容和局部表征，而有的评价标准偏向于整体框架或粗放轮廓的内容判断。第二，是教师预先设计好评价标准的轮廓，还是主要由学生在自己的写作和评价实践中发现和提炼评价标准。前者学习效率更高，而后者的生成性更好。仲彬老师在课堂教学中采用的是前一种。这种取向与她确定的人物动作描写这类知识相对固定、技能相对流程化的学习内容基本相符。

四、结合梳理与探究等学习活动，促进学习方式整合

以课程标准规定的学习任务群的学习内容要求为依托。以教材中描写到的人物对话为例，从表达与交流目的的角度分析人物在语言交流方面的得失，将阅读与鉴赏、表达与交流学习融为一体，提高语文学习的综合效益。

① 仲彬.借助评估量表提高动作描写水平［J］.中学语文教学，2020（1）：32-35.

问题提出

古语说:"知之者不如好之者,好之者不如乐之者。"这句话充分说明,培养学习兴趣、激发学习积极性,远比学到具体知识、掌握某些本领重要,因为靠他人传授获得的知识总是有限的,而有了浓厚的学习兴趣和积极性,便可以主动去探寻、持续生成,获取知识的空间是无限的。对写作学习来说,学习积极性的作用尤其明显。

首先,写作不是单纯的技能训练,而是用书面语言与他人交流思想感情的活动,因而写作态度、写作内容、写作过程中的精神状态,都会对表达效果产生影响,如果缺乏主动交流的愿望,写作学习就有可能成为单纯的技能操作,而缺乏感情色彩,就不可能写出感情真挚、内容丰满、富有感染力的作文。

其次,写作是一种多要素构成的程序性能力。这种能力的获得需要反复练习、大量运用,并伴随着不断反思才能逐渐建构。在这个过程中,学生需要对周围世界进行持续关注,长期观察,深入体验。而观察和体验生活的过程都需要学习者积极投入、主动感受与发现,并及时加以记录和整理,否则他对周围事物的感受就不深刻,收获也不会很丰富。

最后,写作要经过大量练习,一次写作活动往往还要持续一段过程,而课堂提供的时间常常是有限的,这就使得学生的写作过程要放在课外去完成,教师最后看到的往往是学生的写作结果。另外,在一篇文章的写作过程中,学生的思想、情绪、技能运用基本处于封闭状态,他人很难检测,一般也不能中断其写作活动,对其施加干预和督促。这样的写作方式对学生的自我检测、自我管理及其元认知提出了更高要求,而写作积极性对每一次写作的质量会产生很大影响。

在小学阶段,培养学生写作积极性的意义更大,因为小学是写作学习的入门阶段,学生在此阶段对一项事物的感受,将在很大程度上影响其未来对这项事物的亲和力和学习投入。一般来说,积极的态度会激发学生更多的主动投入,使学生获得更多的正向激励,满足学生的成就感,有利于学生养成良好的写作学习习惯。

另外,2022年版课程标准以核心素养培养为目标,更强调激发学生的好奇心、想象力、求知欲,促进学生自主、合作、探究学习;鼓励自主阅读、自由表达;建设开放的语文学习空间……引导学生在多样的日常生活场景和社会实践活动中学习语言文字运用。应该说,自主学习、探究学习会给学生提供更多自由支配的空间,同时,也对学生学习的主动性、积极性和自我管理能力提出了更高要求。这也要求教师更多关注学生写作积极性的培养,甚至可以说,小学阶段应该把培养学生的写作积极性放在写作学习目标的首要地位。

一般来说,语文教师对写作积极性的意义都有充分的认识,但在具体教学实施中,还存在一定的不足。例如，有的教师过早过多地引入写作知识教学，无意之中会抑制学生对写作的兴趣；有的教师采用的评价及激励措施不当，对部分学生尤其是写作基础薄弱者的写作积极性会起到负面作用。因此，无论是从观念层面还是从教学策略和技巧层面，都有必要加以改进。

 问题分析

一、古代对写作积极性意义的认识

我国有数千年的语文教育史，古人早就发现，儿童对自己喜欢的东西，不吃不睡也要把玩，并不觉得苦，也不怕烦，而自己不喜欢的，即使在别人看来是美味也无动于衷。欲让学生学习一样东西，最好先培养他的兴趣，设法让他喜欢。孔子教学生就善于循循善诱，即等待学生开悟，让学生自己体会学习的乐趣，从而产生"欲罢不能"的效果。

明清时期不少语文教育家具体论述了学习兴趣的重要性。王守仁认为，大抵童子之情，乐嬉游而惮拘检，如草木之始萌芽，舒畅之则条达，摧挠之则衰萎。今教童子，必使其趋向鼓舞，中心喜悦，则其进自不能已。譬之时雨春风，沾被卉木，莫不萌动发越，自然日长月化；若冰霜剥落，则生意萧索。日就枯槁矣。王筠在《童子法》中形象地描述了激发学生兴趣的重要性。他说："既得其机之所在，即从此鼓舞之，蔑不欢欣，而惟命是从矣。若日以夏楚（体罚）为事，则其弟子固苦，其师庸乐乎？"他认为根据学生在课堂上的学习表现即能判断老师的水平："故观其弟子欢欣鼓舞，侈谈学问者，即知是良师也。若疾首蹙额，奄奄如死人者，则笨牛也。"

二、学习动机理论与写作积极性的关系

学习动机是学习理论的重点内容之一。动机指学生的主观体验，特别是他们参与听讲和学习活动的意愿，以及他们这样做的理由。[①] 布罗菲在《激发学习动机》一书中列举了四种解释学习动机的理论，有助于从不同角度理解写作积极性问题，改善写作教学。

行为强化理论。行为强化是行为主义心理学的核心观点。该理论认为，人的某种行为如果得到有利的、愉快的刺激，便会在他的神经系统中产生强化，并促使他更乐于去重复这一类行为。相反，如果得到的是不利的、不愉快的刺激，他就会避免去重复这样的行为。这一理论可以用来支持写作教学中奖励机制和惩罚机制的运用。但是，行为强化是从外部对学习者施加影响，其作用受很多条件制约，不能机械刻板地运用。

需要理论。该理论是从人的主体角度来解释行为的动机。它认为人对外部世界的

---

① 布罗菲.激发学习动机［M］.陆怡如，译.上海：华东师范大学出版社，2005.

需要有不同层次，从低级到高级分别是生理需要、安全需要、爱的需要、自尊的需要、自我实现的需要。一般来说，人总是首先追求低级需要，在低级需要得到满足以后，就会向高级发展。需要理论可以支持教师在写作教学中运用激励措施，如物质奖励能满足学生的生理需要，设优胜奖能满足学生的自尊需要，制订和落实写作计划能满足学生的自我发展需要。

目标理论。该理论认为，人对具有前瞻性的未来目标的认知和追求会影响其动机和持续行为，不同类型的目标对学习动机的影响方式也不同，如情感目标能增加愉悦的期望，认知目标能激发好奇心，社会关系目标能激发对获得资源、取得成就、自我肯定的想象。如何让课程目标变成学生自己的目标而不是教师的目标就十分关键。另外，不适当的目标也会给学生带来巨大压力，使其产生回避目标的反应。

内部动机理论。该理论认为，很多时候一个人想做某些事，怎么做事，并不需要理由，而是由先在的原因决定的，如儿童对奇异事件有好奇心，喜欢幻想，喜欢模仿成年人的言行，喜欢挑战权威和搞恶作剧，这些都是出于人的本能。借助人的天性和学生的心理特点来设计小学写作教学方案，如利用他们喜欢模仿成人、老师教育别人的心理，用反过来请教学生的口吻布置写作题目，有利于激发和保持学生主动表达的动机。

三、影响写作积极性的主要原因

写作教学既涉及教师、教材、教学、环境等多种因素，也包括布置任务、学生写作、教师评阅、发布分享等环节。教学设计欠缺某个因素或对某个环节处理不当，就有可能抑制学生写作的积极性。以下几点可能对学生的写作积极性产生不利影响。

（一）教师的写作教学观念有偏差

小学生对老师的言行往往比较敏感，老师对写作无意中表露出来的态度，很容易潜移默化地影响学生的写作积极性。例如，有的老师认为写作主要靠天赋，不是老师教出来的，因而不太重视写作教学，这样的老师布置写作活动少，要求不具体，评阅也往往不太用心；有的老师对写作教学目标的认识有偏差，对写作格式、规范的要求多，对掌握写作知识的要求多，对立意高、故事新颖要求多，而对培养写作兴趣的重要性认识不够；有的老师自己对写作就不擅长，也不感兴趣，对写作的难度渲染较多，不能把表达的快乐有效地传递给学生。

（二）写作内容、教学方式对学生缺乏吸引力

写作素养是人才的核心素养，在国际权威组织的文件中，写作素养与阅读素养、媒介素养、合作素养一起被列为 21 世纪人才的必备素养，但低年段的学生还难以把对写作的理性认识转变成自觉学习行为，这就需要教师提高写作教学的吸引力，主要是提高写作内容和写作教学方式的吸引力。从写作内容说，一是与学生生活关系不大的

内容，学生缺乏感受，没有发言权；比较抽象的题目及内容，学生难以下笔。从写作教学方式说，主要有四类，一是放羊式；二是只讲解写作知识；三是要学生读范文、模仿写；四是出题目、收作业、讲评，老一套数年不变。这些教学方式对学生缺乏吸引力，久而久之，会降低学生学习写作积极性。

（三）写作评价不得当，尤其是正向激励不够

学习评价对学习积极性有很大影响，在写作学习的入门阶段，有效的学习评价甚至会对学生的写作兴趣产生决定性作用。在写作评价中，比较常见的问题有四种：一是评价反馈不及时，对学生的写作放任自流；二是不能从学生的心理特点、认知水平以及立场考查他们的社会认知和语言表达，而是要求他们用成人的眼光认识社会，用成人的语言进行表达；三是批评意见多，正面评价不够，尤其是对一些写作基础薄弱的学生，而过多的批评可能会对学生的写作兴趣带来毁灭性打击；四是评价方式不当，如教师利用比较方式表扬写作基础好的学生，但场合、分寸把握不好，可能会对写作基础薄弱的学生的写作积极性产生副作用。

 问题解决

写作是一种复杂的智力活动，许多因素都会对学生写作的积极性产生影响，如学生自身的语文基础、家庭学习环境、媒体接触方式、教师的写作教学观念和教学方式等，其中教师的写作教学观念和教学方式的影响最为直接。以下建议可以帮助教师改善写作教学，培养学生写作的积极性。

一、从学生熟悉的生活入手，引导他们为真实的交流需要而写作

学生的生活内容比较单一，经历、视野和表达能力有限，对陌生交流对象、交流场合、交流话题的适用能力和调整能力相对较低。在日常生活中，很多学生在亲人面前、对熟悉的内容、对自己感兴趣的话题，往往有表达兴致，有时还说得头头是道，但是一到陌生人面前，对与自己无关的话题或不熟悉的内容，则往往变得沉默寡言，因为他没有发言权，交流积极性自然不高，甚至还逃避交流。同样的道理，他们在写作上的表现也有类似情况。因此，要提高学生写作的积极性，必须从学生身边真实的生活、熟悉的内容入手设置写作题目或话题，而不宜按成年人的话语以及社会需要来设置话题，如"记录与父母的一段谈话"就是基于学生生活，而要求学生以教材里的某个人物为对象，写"我想对你说"就是成人话语；要以学生自己关心的事情为题，借助学生的好奇心和解决自身需要的愿望，激发他们主动参与、积极表达的兴趣，如让学生描述"玩手机的冲突"，讨论"校园内如何管理手机"，其写作积极性一定比讨论"新学生守则的态度"要高很多。

二、起调不宜高，要从最基本的书面表达要求开始

小学是写作学习的入门阶段，尤其是低年段的学生，教师应该充分考虑这一阶段学生的基础条件和心理特点，根据学情确定写作学习目标、内容和要求，而不能用成人的标准来要求他们。在教学过程中，教师要注意四点：一是放低起点，从最基础的写作内容和写作要求开始，如让学生把口头表达的话大体记下来，把简单的过程大体讲清楚，把主要意思大体写明白即可；二是以激发兴趣为第一目的，减少写作知识教学，尤其是不要一开始就讲格式、结构、修辞等；三是一次写作不要提很多要求，学生能有一点进步就及时肯定；四是不要用成人的写作规范要求他们，很多对成人的写作要求，其实不一定适合小学生，如要有新意，结构要完整，"的"得"地"要分清等。其实，从模仿开始，对小学生写作来说就是不错的途径。

三、充分考虑学生之间的差异，多选用个性化的写作内容和教学方法

写作能力受学习基础、个性、喜好、环境等多种因素影响，个体之间差异比较大，现在一些学生在幼儿园期间就开始参加写作兴趣班甚至学习创意写作，在一定程度上加剧了个体之间的不平衡。另外，写作也是一种高度个性化的智力活动，写作的不同表现并没有多大的可比性。但班级授课制下的写作教学往往是高度统一的，在统一的课堂空间里、用统一的教材、经历统一的教学过程、要完成统一的写作题目，还使用同一个评价标准，这便与写作的性质有冲突，如何既充分利用课堂教学的优势，又顾及学生的个性，教师需要多动脑筋。例如，提供一些可选择的写作题目让学生自己挑选，帮助学生制订适合自己的阅读和写作计划，鼓励学生发展自己的阅读偏好和写作偏好，而不要整齐划一；多采用面批等形式，给学生提供具体的有针对性的指导，少用泛泛的作文讲评。鼓励写作基础好的学生发挥特长，并为他们提供发表平台，激励他们追求更高的目标。对少数写作基础薄弱的学生，可以用专门的学习计划和指导方案帮助他们完成学习。

四、妥善运用评价手段，多给学生积极正面的鼓励

妥善运用评价与反馈是提高学生写作积极性行之有效的手段。小学生尤其在乎老师对他们习作的评价，评价手段运用得好，对学生写作积极性的提高会产生很大作用，如果评价不当，则可能产生很大的副作用。在写作评价上，教师应注意以下九点：

（1）尊重学生的学习成果，收到习作后及时评阅、及时反馈。

（2）以正面鼓励为主，要设法找出每一篇习作的优点，并明确传达对习作的欣赏态度，这对基础薄弱的学生尤其重要。

（3）变化激励方式，帮助学生设定可行的写作目标，并为他们达到目标设定奖励，激发他们的积极性。奖励可以是一些小奖品、课堂表扬、将习作推荐到学校平台等，

也可以模仿一些社会上的评奖活动设一些奖项，如最快进步奖，让更多学生的努力获得认可。

（4）注意评语的重点。其实感情交流比技能指导更重要，应让学生明确感觉到你对他这篇习作很重视，你理解他写的内容和意图，能与学生进行心灵沟通，如"我也遇到过这样的事，被你感动了！"这就是所谓的"走心"。

（5）评语中少用"主题突出""结构完整""有新意"等空泛的语言，尽量用具体的个性化评语，如"这个地方我一直想去，你介绍得很详细，谢谢分享！"

（6）不要求全责备，一次批改只给学生指出一点不足即可，最忌讳全盘否定。在初学阶段不要急于纠正学生习作中的错别字和病句。

（7）不要轻易为学生修改语句，尤其是不要把儿童的表达方式换成成人的表达方式。

（8）表扬优等习作要注意分寸和方法，不要总是集中在几个学生身上，尤其要慎用课堂上优劣对比的手段，这种方式可能会打击基础薄弱学生的写作积极性。可以多尝试用个性化的、小范围交流的鼓励方式。

（9）用商量、建议的口吻给学生提修改意见，如故事写得不完整，用"后来怎么样了？老师很想知道"就比较好，而用"补上结尾！"就不太好。在评语中不要使用命令、反问、讽刺挖苦的句式及口吻表达修改意见，如"重抄！""注意错别字！""老师是这样教你的吗？"

提高学生写作积极性的途径还有很多，如创新教学方式，创设有利于提高学生写作积极性的家校环境，建设班级写作交流阵地。其实，在写作积极性培养以及写作教学方面，前人积累了许多经验，语文教师要留心这方面的信息，注意借鉴他人的教学经验，不断提高自己的教学水平。

【案例】

教学艺术的灵感之源 [①]

这是我刚接手的一个"双差班"。今天这堂课，要对新学期的第一篇作文作一些评讲。其实，对那些"文章"，我除了打个分以外，大部分没有仔细看，倒不是偷懒，而是实在看不懂。句子不通还不是主要障碍，单是那些缺胳膊少腿的"蟹爬式"文字以及文字间莫名其妙的组合关系，就让人头晕眼花，不知所云。

上课以后，等到教室里稍稍安静一些，我请各组组长帮我把作文本发下去。我等待着一种戏剧性的"轰动效应"。果然，当学生们打开作文本，一看之后，出现了意料之中的强烈反响。有高声嚷的，有拍手笑的，有把本子往上抛的……"哈哈！85分，我得了85分！""老师，你寻什么开心，凭我这个水平，90分像话吗？""我这篇作文天晓得写了什么，也得了90分。老师，寻开心可不作兴！"

这些往常作文"吃"惯了30分、40分的学生，一下子得到了"优秀成绩"，当然无法接受眼前的事实，结论只能是"老师在跟他们闹着玩"。

---

① 钱梦龙．我和语文导读法［M］．北京：人民教育出版社，2005．

可是，我的表情是严肃的，脸上没有一丝笑意。等课堂气氛稍稍平静以后，我郑重其事地说："在学习问题上，老师从来不开玩笑。打这些分数，我都是经过慎重考虑的，我相信我打得正确。你们的作文完全符合我提出的两项要求，得90分以上的作文还超出了老师要求的标准。"

原来，在前两天的课上，我对这次题为《我的一家》的作文出过两项要求：第一，标题必须写在第一行的正中；第二，文章要分段，家里有几个人就分几段，每段起始必须空两格。

我对学生说："我是十分严格的，提出了要求就必须不折不扣地做到。现在我担心的是，你们没有能力做到这两点。"当时他们都笑着表示："别太小看我们了！"

作文本交上来后，我就根据这两项要求打分：凡完全符合要求的，至少80分；字迹还算清楚，大体能看懂的，给90分以上的高分。我只用一个小时，就"高效率"地把一个班的作文批改完毕。我料到作文本发下去会掀起一点儿小小的波澜，事情果真如我预料的那样发生了。我在郑重地宣布了自己的评分标准后，又跟学生作了下面的恳谈："我知道你们不喜欢学习，这不能全怪你们，造成这种后果，老师也有责任。你们被人叫作'差生'，是很不公平的，事实上你们的智力一点儿也不比别人差。我在小学读书的时候就留过三次级（并非虚构），是个名副其实的'差生'；可是进入中学以后，经过努力，我各科成绩都上去了，语文更是名列全班第一。我有过和你们一样的经历，因此完全理解你们的苦恼。我知道你们也希望报告单上有个体面的成绩，但由于缺少真诚的帮助，暂时还无法改变自己。现在我愿意给你们提供这种诚心诚意的帮助。相信你们也会理解老师的心情，愿意跟我好好合作。"学生专注的表情以及课堂里从未有过的安静，都说明学生正在被我这一番推心置腹的恳谈所打动。

"这次作文就是我们的第一次合作。作文之前我提的那两点要求，你们别以为做到了就有什么了不起。不要把你们应得的成绩看成老师的慷慨，更不要把这种真诚的合作当成开玩笑。"教室里更静了，但我透过同学们心灵的窗户——眼睛，看到了他们内心的激动。

"今后，让我们订一个'协议'，每次作文或每教一篇课文，我都提出一两点最基本的要求，只要你们肯努力去达到这些要求，我可以保证你们的成绩不会比别的班差。别看每次要求不多，人的知识就是这么点点滴滴积累起来的。"转机终于出现了。学生几乎百分之百地表示愿意接受我的建议。

以后，我就按照"协议"，每次作文都提出一些适当的要求，从书写、标点、款式等较易操作的作文形式入手，逐步提高到对作文内容的要求。虽然难度在渐渐加大，但始终掌握着"度"，学生只要"跳一跳"就能"摘果子"，因此每写一次作文，学生都能感觉到自己的进步，他们终于逐渐摆脱了"差生心理"，不仅作文写得越来越"像样"了，而且语文学习的面貌也发生了明显的变化，学生的自信心明显增强了。

【案例分析】

钱梦龙老师是一代名师，他开创的"语文导读法"被1989年的《心理学大辞典》

作为词条采录。优秀的语文教师都有多种激励学生的方法和策略，如用语言、分数、奖状等赞扬肯定学生，钱梦龙老师在激励学生方面做得尤为突出。

该案例虽然是初中教学案例，但是教学内容、学习要求远没有达到初中的水平，约等于小学中高年段的水平要求。因为在那个特殊的年代，很多初中生的学习基础薄弱，学习习惯不好，小学几乎没有学到什么。钱老师也借助分数来激发学生的写作兴趣，但是他赋分的依据符合学生最近发展区的学习目标达成度。成就感是激发兴趣最好的动力。当学生看重任务的价值，对自己达到任务要求有适当的自信，他们最可能投入。下表描述了这个模型。[①]

涉及期望与价值知觉时学生对课堂活动的反应策略

反应	低的成功期望	高的成功期望
认为活动无价值	拒绝：拒绝参与	逃避：尽量少做
认为活动有价值	掩饰：假装会做	投入：尽力学习

用该模型分析上述案例，能很好地解释这个所谓"双差班"从成绩到学习自信心都发生彻底转变的原因。

 教学建议

一、语文教师要形成正确的写作观，并进行持续性写作，感受写作的苦与乐

写作是一项复杂的语文实践活动，不同情境中的写作活动又各具特点，所需要的生活积累与阅读积累等都有所不同。教师自己要坚持写作，不断体认不同的写作目的、写作内容、写作过程以及相应的写作评价标准等，对写作活动中的诸多困难、挑战以及乐趣等形成系统的认识，借此理解学生写作过程中的困难与发展空间。

二、建立写作共同体，持续开展安全、平等、公开的交流分享活动

班级或班级中的学习小组在一定时间的努力下形成写作共同体，学生在其中可以轻松、自由地分享写作成果，不用担心被嘲笑。写作成果的形式可以多种多样，不同成员可以选择自己喜欢的、擅长的，或者有意挑战自己的短板，独立设计一张写了祝福语的贺卡，或者连续创作一组虚构故事。在分享中，彼此激励，并促进彼此不断完善，写作兴趣的培养就比较容易实现。对于小学生来说，写作并不是一件容易的事。

---

① 布罗菲.激发学习动机［M］.陆怡如，译.上海：华东师范大学出版社，2005.

如果写作只是一次次要上交的作业，得到一个等第或分数，除了少数优秀者能得到教师的表扬以外，大多数学生的习作没有其他的读者，小学生很难在这样的写作中获得快乐。

三、理解小学生在意—言—文转换中遭遇的挑战，及时给出写作支持

小学生依旧处在大脑快速发展的阶段，心里想的未必说得出，说得出的未必写得下来。针对学生写作过程中"意—言—文"的转换困难，刘淼教授曾阐述过相应的对策。教师及时给出写作支持，如借助一些思维工具将思维转换为内部语言，再转换为口头语言，最后进一步借助录音等将口头语言转化为书面语言，帮助学生克服写作中的困难。

四、少一点命题作文，多鼓励学生自由写作

小学生先要写放胆文，教师要善于鼓励学生写自己想说的话和想象中的事物。少一点命题作文，结合学生实际生活设计专题写作任务，如写一组图文并茂的养花、种菜或养小宠物日记。评估学生的写作水平时，也少一点规矩，尤其不能拔高要求，落实课程标准的学段要求即可。

4-3 如何培养学生的倾听能力？

 问题提出

核心素养培养涉及多个方面，表达交流中的倾听、互动等是核心素养的关键内容。在 2022 年版课程标准中，有不少关于培养倾听能力的要求，如第 5 条总目标规定，要学会倾听与表达，初步学会用口头语言文明地进行人际沟通和社会交往。按这条要求的内在逻辑，倾听与表达是并列的两种语言活动，也是支撑口语交际的两项主要技能和素养。掌握这两种技能和素养，提高口头表达能力，最终目的是与他人进行有效沟通，增强社会交往能力。可以说，课程标准以简明扼要的语言阐明了倾听能力在表达交流能力以及整个语文素养中的地位。

2022 年版课程标准把倾听列为语文学习的重要内容，有充分的理论和实践依据。在语文学习的听、说、读、写四大功课中，"听"被排在第一位，这并非随意而为，而是有充足的理由。听是语言认知活动的第一步。在婴儿早期的交流与认知中，声音信息占据主导地位。婴儿在会说话之前，已经能听懂词汇，理解简单的句子。婴幼儿对许多词语的意义、抽象概念内涵的理解，以及一些事物之间的逻辑关系建构，如妈妈与爸爸、我与他、我的与他的，都要通过对听觉信号的反复辨识，通过对声音信号与所指对象的反复抽象，以及对"听—说—听"的不断矫正，渐渐建立自然声音与符号声音的联系。而文字概念的建立要远远晚于声音概念，至于有意识、有规模的阅读和写作活动，则是更晚才开始的。因此，如果说语言是思维的外壳，那么声音符号的形成则是语言外壳建构的第一块基石。

听是关联信号系统与抽象符号系统的桥梁。著名心理学家巴甫洛夫将大脑与外界信号刺激的反应方式分为两大类：一类是对具体的刺激信号做出反应，如对声、光、电、味刺激做出本能反应，称为第一信号系统，这是动物和人共有的。另一类是对抽象刺激信号做出反应，如对语言文字等抽象符号做出非本能反应，称为第二信号系统，这是人类所特有的。借助第二信号系统，人的主体进一步完成对现实的抽象概括，并拓展认识范围，由以直接经验为主转向以间接经验为主，同时也提升思维层次和智力水平。从这一理论出发进行推论，在母语环境中，人的第二信号系统是在婴儿个体发育过程中逐渐形成的，它以听觉经验为基础，并借助读与写来打通听觉语言与视觉语言的关联，实现文字的音、形、义的统一。可以说，在这一过程中，听是联通第一信号系统与第二信号系统的桥梁。

倾听是建构口语表达图式的关键路径。人们通常把听和说并举，二者有相辅相成的一面，还有一定的因果逻辑。听是说的基础和前提，要提高口头表达能力，首先必须要有听的能力，积累足够的倾听经验，通过大量倾听建立起用声音符号进行输出的基本图式，再将这些基本图式用于口头表达实践。

倾听还可作为帮助知识记忆、丰富学习渠道的有效手段。实验证明，面对同一个需要记忆的内容，同时运用听觉和视觉这两种手段学习，比单纯用一种手段学习达成的记忆效果明显要好。另外，与依靠视觉进行学习不同，以听觉为主接受语言信息、完成某些学习活动，能降低对学习环境的依赖，如可以边走路边听课，这无疑能大大拓展学习的时空。

正因为如此，语文课程学习尤其是低学段的学习，不仅不应该忽视倾听能力培养，还应该把它作为重点学习内容。其实，我国古代的蒙学教育就非常强调学生的有声阅读，事实也证明，有声阅读在语感养成、经典记诵、审美熏陶以及文化传承等方面都有不可替代的作用。但受多种因素的影响，长期以来，在我国的语文教学实际中，针对倾听的教学并没有得到应有的重视，这其中既有整个口语交际课程内容开发不足、教学和评价操作性低等客观原因，也有教师方面的主观原因。教师需要在课程标准的指导下做出改变。

 问题分析

一、倾听的内涵

听是人体感知外部世界的主要通道，与人的日常生活、学习和工作息息相关，更是学习语文的重要渠道。语文学科使用过"听""倾听""聆听"这三种表述，三个词语的意义基本一致。

在我国，第一次将培养听的能力列入课程目标的是 1923 年颁布的新学制课程标准，该课程标准要求学生能听国语的故事演讲，用的是单音词"听"，这种表述一直延续到 20 世纪末。从 2000 年版全日制小学语文教学大纲起，课程标准中的"听"和"倾听"开始混用。在这版教学大纲中，低年级口语交际用听，要求认真听别人讲话。听一段话或一件简单的事，能复述基本内容。而中年级则用倾听，要求认真倾听别人讲话，边听边想，了解主要内容。这种表述在后来的几版课程标准中得到沿用。在 2022 年版课程标准中，第一、二、三学段的"表达与交流"用的是听，第四学段用的是倾听。这一区别含有一定意图，大体而言，"听"主要反映了听这一活动的自然形态，与低年段学生的认知心理比较一致；而"倾听"强调这一活动是主动的、有目的以及符合规范的行为，反映了听的课程形态，与初中阶段学生的认知心理比较吻合。课程标准在表述上的差异启发我们，初中阶段听的学习目标应该适当向有主动态度、有目的、符合社会交往礼仪的方面转移。当然，从语体风格来说，"听"与"倾听"还有一点俗与雅的差异，不过这一点并不重要。

在一些学术文章中，也有人用"聆听"来表述与听有关的学习内容或活动。"聆听"一词也含有态度、目标以及礼仪的意思，可以视作"倾听"的同义词，不过，在现代汉语中，聆听有一定的谦辞意味，如"聆听教诲"，用来指称师生、生生之间的学习活动并不完全合适。基于以上分析，建议大家在使用时考虑三个方面：一是注意学段差异。在低学段，一般都用"听"，不必用"倾听"。二是注意口语与书面差异。在描述课程内容或学习目标时，可用"倾听"，如"注意倾听对象的反映"；在表示听的具体动作及活动时，可用"听"，如"注意听"，而不用"注意倾听"。三是注意词语搭配方式。听作为动词带宾语，表述时用"听加宾语"的搭配即可，如"听录音"，而不表述为"倾听录音"；而如果作为宾语性名词，可用倾听，如"学会倾听"。

二、倾听的类型

一些学者指出，我国中小学倾听教学开展相对薄弱，重要原因之一是与倾听相关的学科知识开发不够。不过，所谓倾听教学知识缺乏只是相对于阅读教学知识和写作教学知识而言的，并不是完全的空白，如关于倾听类型、倾听能力的研究都有不少成果。

关于倾听目标。美国传播学教授沃尔文和科克利合著的《倾听的艺术》一书被誉为关于倾听的经典书籍，沟通领域的标杆之作。此书根据倾听的不同目的，把倾听分为五类：辨别性倾听、理解性倾听、治疗性倾听、批判性倾听、欣赏性倾听。

不过，这种区分对小学口语教学的意义并不大。因为任何倾听活动都必须建立在辨别和理解基础之上，无论是日常生活、工作，还是语文学习中的倾听行为，其目的也大都不是单一的，而是综合的。例如，对电台里播报的天气预报信息，听众一边要辨别一组数据，综合温度、湿度、风力等数据，形成对天气状况的整体理解，同时还会结合自己的体感，判断这则预报是不是准确。而初学听力的人，还要辨识一般词语、专业术语等声音符号的意义。作为播音员的粉丝，还会边关心天气边欣赏其播报艺术。如果收听文学艺术作品，则要将辨别、理解、治疗、批判、欣赏等多种目的互相融合。

我国学者在此基础上进行了合并，认为倾听有两个基本价值：一是获取信息（对倾听者来说有用的信息），二是建立良好的人际关系。前者有工具价值，后者有本体价值；从某种意义上说，前者是索取，后者是付出。前者需要倾听者具有快速捕捉、理解、记忆、加工信息的能力；后者需要倾听者具有同理心和积极的情感态度，甚至需要接纳令自己不悦的情感。[①]

有人将倾听能力分为四大类：有敏锐的听音辨调的能力，善于通过声韵调以及重音、停顿、语气的变化辨认区分有关信息和无关信息，理解话语的内容并体会说话人流露的感情；大脑中储存有足够的经验成分，包括词语、语法规则、文化知识等；有丰富的联想猜测的能力，能够变消极被动地解码为积极主动地参与编码，跟言者的思维保持同步；有较强的分析归纳和概括总结能力，在听话时能够抓住中心，区分主次，

① 王漫."倾听"教学的课程知识建构［J］.中学语文教学，2019（5）：29–36.

理解谈话人的言外之意和深层含义。①

有学者从学习路径设计的角度将有关听的学习内容分为"听细节"和"听整体"两种。听细节是指在一个话语片段中着重听某些必需的信息。作为一种口语交际能力，它要求倾听者在大量的声音信号中快速地搜索所需信息，并将注意力聚焦在这些信息上，准确地记住它们并加以分析。

听细节的第一步是定向检索。倾听与阅读不同，因为声音是转瞬即逝的，倾听者不可能像精读那样通过反复的阅读来寻找焦点信息，所以听细节的第一个要点就是要在听之前，明确自己的检索目标是什么，在听的过程中时时提醒自己不要错过这些信息，并通过一些手段（如记笔记）把他们记录下来。听细节的第二步是分析辨认，分清哪些是相关信息，哪些不是。要注意忽略掉那些无关信息，并保持对相关信息和信息敏感区域的警觉。需要注意的是，听细节不仅要关注时间、地点、人物等零散的信息，还要关注各项信息之间的逻辑关系。

听整体是通过听了解一段话语的主要倾向、大致态度、隐含意义和主要观点。与听细节不同，听整体关注的不是话语中的细节，而是宏观意向和言外之意。听整体最常见的任务是概括总结，要求在听后整理思路、归类材料、提取要点或概括主题句。听整体的主要形式是比较推断。在听整体时，要敏感地将主要信息和次要信息分开，根据语气、语调判断说话人的身份和潜台词。寻找说话人话语中存在的问题并做出判断。说话者要充分调动倾听者的联想、猜测能力，使其通过追忆和想象唤起类似的经验，猜测与所叙述的事件相关的人物、结果或意图等。全面真实地把握话语的意图和意义是听整体的最终目的。

需要注意的是，听整体和听细节并不是两种分离的能力，它们各司其职，又相互关联。抓住问题的关键、缩小聆听范围、激活相关记忆，是这两种倾听都需要的技巧。②

这种分法比较便于教学设计和实施，但要注意，倾听内容或价值范围，从词语、句子、句群、段落，一直到篇章，往往是一种无级差关系，因此，很多时候听整体和听细节并不能截然分开。

三、课程标准关于倾听的学习要求

2022 年版课程标准的每一个学段目标都有关于倾听学习的针对性要求，这些大体可以分成倾听态度、倾听活动、倾听能力要求及综合运用。下面是对 2022 年版课程标准各学段倾听能力培养要求的简要归纳，供教师教学实施参考。

---

① 杨惠元. 论听和说 [J]. 语言教学与研究，1991（1）：89–98+110.
② 王铁仙. 高级中学课本语文一年级第一学期：试用本 [M]. 上海：华东师范大学出版社，2007.

2022 年版课程标准中的各学段倾听能力培养要求

学段	倾听态度	倾听活动	倾听能力要求	综合运用
第一学段	认真倾听,努力了解讲话的主要内容,态度自然大方,有礼貌	认真听他人讲话,听故事,看影视作品	能复述大意和自己感兴趣的情节	与他人交谈
第二学段	学会认真倾听	尝试与他人交流	能把握对话主要内容,并能简要转述	有礼貌地请教、回应
第三学段	听人说话认真耐心,尊重和理解对方	参与讨论,与人交流	能抓住要点,并能简要转述	参与讨论
第四学段	耐心专注地倾听	面对不同场合和对象的交流	复述、转述完整准确,要点突出,能根据对方的话语、表情、手势等理解对方的观点和意图	文明得体地交流

 问题解决

倾听能力是人才素养的重要组成部分,家庭和社会也越来越重视学生倾听能力的培养,但在长期以来的语文教学中它并没有得到足够的重视。在听说读写这四类语文学习活动中,教师对读和写的重视程度远远高于听和说,而针对"听"的学习又远不如"说"。这种状况的产生既有与倾听相关的知识开发不够、教材建设不到位、评价导向弱等客观原因,也有教师认知和执行不到位的主观原因,从整个课程建设的角度改进倾听教学的条件固然重要,但从教师的主观原因入手加以改进也是当务之急。

一、调整教学观念和习惯,提高倾听教学的意识

有研究认为,语文课程的理论研究没有为倾听教学提供足够且有效的课程知识;课程标准与教材对倾听只有笼统"要求"(学会耐心专注地倾听),缺少丰富恰当的教学资源和具体的方法策略,这是倾听教学开展不充分的主要原因。的确,与阅读教学和写作教学相比,有关口语交际教学方面的知识开发还不够充分;在针对口语交际的教学内容中,又主要是关于说的,专门针对倾听的内容既少,也比较零碎。没有一定的知识作支撑,教材要求也不够明确具体,教学实施往往无从下手。这种局面在一定程度上是由于受到传统教学观念和教学习惯的束缚所致。

多年来,语文教学在很多方面已经形成了一些固定习惯,其中以学科知识作支架,从学科知识入手设计教学就是一种习惯。例如,离开了社会背景、人物形象、故事情节、主题思想这些概念,似乎就没法进行小说阅读教学;离开了立意、结构、层次、修辞等,似乎就没法教写作。众人的习惯积累久了就变成一种教学观念。而口语交际尤其是倾听教学,似乎就缺乏这样一套概念系统。倾听教学固然也需要一些专门知识作支撑,但知识未必那么重要,也未必那么需要系统化。首先,小学阶段的倾听要求

相对简单，倾听教学并不需要很多学科知识。其次，倾听活动与日常生活关系密切，小学倾听教学所需要的知识并没有多少是超出日常生活经验范围的。例如，课程标准学业质量关于倾听目标的描述如下：

第一学段：与人讨论交流，注意倾听，主动用礼貌用语回应。

第二学段：认真倾听，把握对话的主要内容并简要转述。

第三学段：能认真、耐心倾听，抓住要点，并作简要转述。

第四学段：能耐心专注地倾听，复述、转述完整准确，要点突出。

这当中涉及的学科知识和教学知识并不多，许多情境其实在日常生活交流中就会遇到，学生也有一定的生活经验。例如，第一学段要求在倾听过程中"主动用礼貌用语回应"，其实是父母经常提醒孩子应该做到的；第二学段要求能"简要转述"他人说话，这在平时与亲人、同学、师生的交流中会经常运用。因此，教师要做的，首先是准确理解小学倾听教学的目的和要求，既要把它当回事，又不能把它神秘化，一定要用学科知识去组织教学。其次，注意引导学生从日常交流中发现倾听的注意事项，并将其总结为倾听知识。最后，适当收集口语交际教学的教材或读物，丰富教学资源。当然更重要的是态度，如果教师像对待阅读教学和写作教学那样重视口语交际教学，学科知识和教材方面的问题便都能得到有效解决。

二、改善教学设计，提高口语教学的吸引力

按照目前的课程实施样式，在大部分地区，口语表达暂时还不会被列入升学考核的内容，与口语表达交流有关的学习活动（包括倾听能力训练）自然也会失去不少动力。这就更加需要增加倾听教学活动本身的吸引力。以下这些原则和方法可供教师参考。

（一）模拟生活交流情境

课堂教学的空间限制和统一规范与生活有很大距离，在一定程度上会压抑儿童的活力，对口语交际这类高度依赖生活的教学内容来说尤其如此。通过情境设计，让学生在模拟的生活场景中扮演真实的社会角色进行交流，便能让教学活动部分地回归日常生活，如问路、采访、购物、电话慰问等。

（二）借助游戏样式

儿童都喜欢玩游戏，因为游戏中往往含有冲突、悬念、激励、运气等吸引人的元素。给倾听学习内容包装上一定的游戏样式，会增加学习的吸引力，如注意力训练游戏、给说话者挑错游戏、猜谜游戏、传话游戏、模仿游戏。

（三）用好激励手段

儿童对激励普遍更敏感，激励有口头激励、分数激励、表彰牌以及物质激励等。当然，激励手段的运用要注意适当和均衡，以免产生副作用。

（四）充分利用新媒介资源

基于网络的各种新媒体中有丰富的资源，其中很多都可以用来设计倾听学习活动，如借影视对话片段让学生倾听说话要点，学习倾听礼仪，转述角色的话语，模仿角色的表达应对，复述影视故事。

（五）变化活动组织样式

在语文学习中，倾听活动涉及的要素比较简单，形式也相对单一，这在一定程度上会影响学习活动设计，似乎不如阅读活动那么丰富多彩。其实这一看法也需要改变。倾听源于生活，生活样式是丰富多彩的，倾听活动也应该如此。例如，用对话方式训练，可以有一对一、一对多、多对一、多对多，每一种方式还可以轮换位置；角色扮演对话可以用固定角色模式，也可以用抽取角色的模式，还可以临时添加角色，学习活动变化往往能激发新的兴奋点。

（六）发挥示范作用

教师的言行往往是最直观的教材，言传身教也是最有效的教学方法之一。在倾听教学中，教师的行为，尤其是情感态度、行为习惯，对学生的影响是很大的，不少小学生就喜欢模仿教师的言语方式，因此，教师应注意自己的倾听习惯，如在与学生交流时保持专注、耐心和欣赏态度，用积极回应以及健康的肢体语言来展示倾听态度，为学生提供良好的模仿和学习榜样。

三、全方位建设倾听课程，贯通课堂、家庭、社会教育空间

倾听能力有很强的习得性，需要大量、持续的学习，因此，有限的几次训练、几堂课是难以满足的，必须提升其学习当量，并进一步拓展学习空间。

首先，要在语文课程规划中给倾听能力培养应有的地位，制订学习计划，增加更多专门训练课时，设计专门的倾听内容，如每周听广播，利用课前三分钟说话时间讲述"听来的故事"。

其次，要在日常教学中融入倾听能力培养内容。其实，在日常语文教学活动中，学生有很多听的机会，只不过教师没有将这些倾听活动纳入课程内容，有的听纯粹是接受教师指令，有的听附属于说和阅读活动，没有从倾听教学的角度来对待，自然也缺乏有意识的指导和练习。如果在这些"听"的过程中适当加入一些倾听教学成分，就会为学生争取到大量学习机会。具体做法有：在设计学习目标时便考虑倾听目标，并根据学习活动设想相应内容和要求；在学习过程中给学生相应的提示，如"注意听""他有没有读错""他这句话中有一个关键词""谁来复述一下""他漏了哪一条""你同意他说的吗"；借助阅读等学习内容的知识指导倾听，如断句、重音、句式、语气的知识，教师在教学时可以打通不同学习内容的关系；从倾听教学角度对学生的

表现进行评价，如"他提到的这一点很重要""说明他听得很认真"。

最后，要借助家庭和社会资源促进倾听学习。社会是语文学习的广阔课堂，课程标准强调，要引导学生关注家庭生活、校园生活、社会生活等相关经验，增强在各种场合学语文、用语文的意识；引导学生在多样的日常生活场景和社会实践活动中学习语言文字运用。在真实的社会生活中，学习倾听的机会更多，价值也更高。当然关键是教师要有这方面的意识，并把这方面的内容纳入整个课程计划中。

总之，提高教师的主观能动性、教学策略和技巧应该是改进重点。

【案例】

动 物 趣 话①

一、准备活动

1. 你喜欢动画片里的哪个小动物？说说喜欢它的原因。

2. 和同桌轮流念一念老师提供的谜语，猜一猜是哪些动物。

二、重点活动

1. 请听大熊猫的自我介绍，并尝试重复一遍。

大家好，我叫大熊猫。我的大圆脸上有两个醒目的黑眼圈，就像戴着一副很酷的墨镜。我最爱吃的食物是鲜美的竹叶。

倾听小秘诀（1）：要听清别人说的话，首先要静下心来，认真听，用心记别人先说了什么，再说了什么，最后说了什么。如果没有听清，可以请对方再说一遍。

2. 请认真听老师对小动物的介绍，如果有不正确的地方，请你告诉老师。

这是可爱的小白兔，两个耳朵长又长，两个眼睛像黑葡萄。小白兔最爱吃萝卜，红萝卜、白萝卜、青萝卜，都是它的最爱。

它是企鹅，像一位身穿黑白燕尾服的绅士，走起路来一摆一摆的。它生活在寒冷的南极，会走路，会游泳，还会飞。

倾听小秘诀（2）：听别人说话，还要想一想别人说得对不对，如果发现对方有错，小朋友，你要勇于指出来。

三、延伸活动

1. 请你和同桌各制作一个动物头饰，做好后戴上它，向同桌介绍一下"自己"。

2. 多找一些不同的"动物"好朋友们，听一听他们的介绍，要用心听哟！

3. 填写学习自查表，检查自己的学习效果。

学习自查表

自查内容	表现程度				
	1	2	3	4	5
1. 我会先在心里想清楚我要说的话，有条理地介绍我喜欢的小动物					

---

① 王雅琴. 口语交际：一年级［M］.上海：上海教育出版社，2019.

自查内容	表现程度				
	1	2	3	4	5
2. 我能够静下心来专心听别人讲话，边听边记					
3. 如果没听清楚，我会请对方再说一遍					
4. 我能够用心听，如果对方说得不对，我会指出来，并把正确的告诉他					
5. 我通过倾听，了解到了好几种动物					

【案例分析】

有倾听才有对话，高品质交流的前提是倾听。倾听不只是一种能力，也是交流的基本态度。教材对学生倾听能力的培养还没有足够重视。该案例是针对一年级学生设计的，学习内容不多，学习要求也有限，但是很重视训练倾听的态度与相应的方法。

另外，该案例设计了一个完整的学习进程：准备活动旨在唤醒生活经验，激趣导入；重点活动聚焦倾听的态度与方法，逐步推进学习；延伸活动既呼应前面所学，又增加开放性，学生可以进一步调动自己的积累，发挥个人特长，进行交流。

"学习自查表"针对前文的学习内容，简明扼要地列出五个要点，并各分5级水平，供学生自己涂写，引导学生自己判断学习表现，培养学生的元认知能力。

总之，该案例学习进程清晰，环环相扣，学习目标明确，交际情境符合儿童的生活经验，自查评估可操作。

 教学建议

一、梳理课程标准中有关倾听的学习要求，确定不同年级的学习目标

学习目标决定着教与学的任务、活动的设计及资源的选用，梳理课程标准中的学段要求、学习任务群、学业质量等部分关于倾听的学习要求，有助于倾听教学的顺利开展。例如，"实用性阅读与交流"学习任务群规定通过倾听、阅读、观察，获取、整合有价值的信息；学业质量中第二学段规定认真倾听，把握对话的主要内容并简要转述。在梳理的基础上，借助相关研究成果，将这些目标要求具体化、结构化，并落实到单元教学中。

二、开展丰富多样的梳理探究活动，形成倾听—对话—反思—改进的教学相长机制

倾听意识与能力的培养是一项长期的、极具挑战性的活动，几节课，甚至是几个单元很难培养倾听意识，形成倾听习惯。语文教师要在各种各样的教学活动中有意识地关联其他学科的倾听表现、日常生活中的口语交际活动等，及时点拨指导，及时评价激励，使师生之间、生生之间形成认真听、仔细记、及时反馈、平等互动、不断反思经验与教训的良性循环，并把学习成果体现在新的表达交流中。

三、构建开放性学习环境，持之以恒地培养倾听的意识和能力

倾听、表达、交流是语文课堂、学校生活，乃至所有日常生活中最常见的活动，教师要有计划地构建开放性学习环境，引导学生在不同交际场合中培养倾听能力，如家庭日常晚餐、有亲朋好友参加的家庭宴请。在节假日之前，教师可以有针对性地设计专题任务，培养学生倾听的意识和能力。

4-4 如何组织跨学科学习?

问题提出

针对现代学制中课程分化的弊端，顺应世界课程整合趋势，回应社会生活不确定性等特点，以及人才培养的需要，义务教育语文课程标准修订的一项重要工作就是探索如何落实跨学科学习。2022 年版课程标准明确规定："设立跨学科主题学习活动，加强学科间相互关联，带动课程综合化实施，强化实践性要求。"跨学科学习是指将不同学科的知识、方法、技能、策略等关联起来，以便更全面地理解问题或现象，应对复杂多变的现实世界。

语言文字运用涉及社会生活的方方面面，存在于人类社会的各个领域，所以，以学习语言文字运用为根本目标的语文课程内容一定包含跨学科学习这一部分。自从有语文教育以来，类似"文史哲不分家""语文学习的外延与生活的外延相等"等说法广为流传，都强调语文课程内容的跨学科性。作为义务教育阶段基础课程之一，语文课程自然要落实课程改革的基本理念，在课程内容中专设"跨学科学习"学习任务群，将前言中规定的"跨学科主题学习活动"落到实处。该学习任务群旨在引导学生在语文实践活动中，联结课堂内外、学校内外，拓宽语文学习和运用领域；围绕学科学习、社会生活中有意义的话题，开展阅读、梳理、探究、交流等活动，在综合运用多学科知识发现问题、分析问题、解决问题的过程中，提高语言文字运用能力。这段话阐明了"跨学科学习"学习任务群的价值定位、实施途径等，明确强调"提高语言文字运用能力"的根本目的。

不少语文教师担心语文课程实施"跨学科学习"学习任务群会走偏，失去语文课的底色与特色，成为"四不像"的课。2001 年版课程标准发布之后，"语文素养"成为语文教育教学探索的关键词，一些老师对素养的理解有偏差，语文教学曾经出现不少问题，一些语文课甚至没有语言文字运用能力的发展，热热闹闹一番，学生听说读写能力没有得到发展，甚至出现"语文素养是个筐，什么都能往里装"的"泛语文""非语文"现象。这一轮语文课程改革要落实跨学科学习相关要求，如何保有语文学科独特的育人价值是很重要的课题。

问题分析

一、语文课程实施中跨学科学习具有独特优势

（一）国家通用语言文字的特点

《中华人民共和国国家通用语言文字法》把普通话、规范汉字作为我国国家通用语

言文字。汉字历史悠久，综合性强，富含语文、历史、哲学、艺术等多种信息。这些信息与汉字一起成为语文学习的独特资源。人、仁、众，三者的关系非常有意思，有个体与个体的连接，仁者爱人，三人成众，个体与群体的关系，一组字就包含着中国智慧。这些智慧不只是学生在语文课程中需要学习的，也是学生在历史、道德与法治、地理，乃至数学、科学等课程中需要学习的。人的身份、称呼非常丰富，蕴含着中国人的伦理观念、家国情怀，表示人从出生、成长到死亡整个过程的词语很多，敬辞、谦辞也很多，我们可以从中看到中华民族是礼仪之邦，中华文化博大精深。这些都是语文课程要教的内容，也是历史等课程要教的内容。

（二）语文学习的特点

听说读写活动存在于人们生活的方方面面，语文实践活动是人们日常生活中最基本的活动类型，但是，不是每一次语文实践活动都会有学习发生，只有对语感的养成、语言知识的积累和运用有帮助的语文实践活动才是语文学习。语文学习与社会生活有着广泛的联系，这涉及多个学科的知识、方法。例如，清楚地介绍社区的某一朵花，不只是语言文字运用问题，最好还能知道花柄、花冠、花蕊等生物学知识，介绍起来就可以表达明确，条理清楚。每一天在家庭、学校、社区等不同场所发生的这些真实复杂的、有意义的语言实践活动是语文学习生活的一部分，每个人都会或多或少受到影响并发生变化。语文学习又是学习其他学科的基础，同时也以其他学科的学习内容、学习方式等作为资源。如果家庭、学校、社区有意识地营造健康的语言环境，成长中的儿童少年就会不断地在语言运用活动中更好地建构、提升语文素养。

二、语文跨学科学习的内容和层级

（一）跨学科学习的学习内容

与日常各种各样的语文活动中的语文学习相比，语文课程中的跨学科学习则是有计划、有支持的。义务教育阶段的语文课程专设"跨学科学习"学习任务群，对不同学段的学习内容进行了规划，并针对各学段的特点提出了教学建议。课程标准在课程目标的"学段要求"中规定了跨学科学习的目标，在学业质量中也专设"跨学科学习"语言文字运用情境描述学生语文学业成就的关键表现。除此之外，在其他学习任务群的学习内容、教学建议中也有关于跨学科学习的内容要求。例如，"实用性阅读与交流"学习任务群中就有多处跨学科学习的要求，第二学段有"学习阅读说明、叙写大自然的短文，感受、欣赏大自然的奇妙与美好"，第三学段有"走进大自然，走进科学世界，走进社会，阅读参观访问记、考察报告、科技说明文、科学家小传等文本"和"分享观察自然、探索学科世界的所见所闻、所思所感"等，这是与科学学习内容整合的语文跨学科学习；也有"学习革命英雄和劳动模范的事迹，尝试用多种媒介方式记录、展示他们的故事"这一类与历史、信息技术等学科的学习内容整合。"思辨性阅读与表达"学习任务群第二学段有"阅读有关科学的短文，尝试发现日月星辰、风雨雷电、山川草木等大自然的奥秘"，以及"阅读解决生活问题的故事，尤其是中华智慧故事，结合自己在生活中遇到的问题学习思考的方法"等规定。这些规定或直接提出跨学科学习的目标，如写出科技说明文，或在学习要求、学习资源、学科知识、学习任务和活动、学习评价方式等不同方面提出跨学科学习的要求。

（二）跨学科学习的要求层级

跨学科学习的要求层级首先体现在"跨学科学习"学习任务群和学业质量水平中，这两部分都有明确的内容要求、学业成就的关键表现要求。课程标准对"跨学科学习"学习任务群不同层级的学习内容要求如下表所示。

"跨学科学习"学习任务群的学习内容进阶要求

学段	学习内容	分析
第一学段	围绕爱图书、爱文具、爱学习等主题，走进图书馆、阅览室、书店、文具店，在借用、购买、整理图书和文具的过程中，学习识字、说话、计算、设计、美化，学习与他人沟通、交流，养成爱书、爱文具的好习惯。 在班级、学校或家里养护一种绿植或者小动物。综合运用语文、科学、数学等多学科知识，学习日常观察和记录。 参与学校、社区举办的节日和风俗活动，留意身边的传统节日、风俗习惯等文化现象，感受和学习生活中的中华优秀传统文化	1. 规定了"爱图书"等学习主题，或"养护一种绿植"等学习任务。 2. 明确了与其他学科关联、与生活关联等学习活动及学习过程。 3. 明确了"识字、说话、计算"等跨学科学习的内容。 4. 阐述了"养成爱书、爱文具的好习惯"等学习成果
第二学段	尝试运用科学、艺术、信息科技等相关知识和技能，富有创意地设计并主动参与朗诵会、故事会、戏剧节等校园活动。 参观物质文化遗产，了解非物质文化遗产；关注传统节日节气、民俗风情、民间工艺、历史和传说等；探寻日常生活中龙凤、松竹梅兰等中华文化意象。积极参加学校、社区举办的文化主题活动，在活动中学习语文，获得多样的文化体验。 选择自己发现和关心的日常语言、行为、校园卫生、交通安全、家庭教育等方面的问题进行调查研讨，尝试写出简单的研究报告，与同学交流	相关要求分析角度同上。 学习内容的进阶如下： 1. 学习话题的进阶，如选择自己发现和关心的问题，选取衣食住行、学校、地球、太空等某个方面，学习主题的抽象性提高，涉及范围广泛。 2. 学习内容进阶，如尝试运用科学、艺术、信息科技等相关知识和技能，综合运用语文、道德与法治、科学、劳动等多方面的知识和技能，不只是学习计算、设计等内容。

学段	学习内容	分析
第三学段	积极参加校园文化社团，参与学校和社区举办的戏曲、书法、篆刻、绘画、刺绣、泥塑、民乐等相关文化活动，体验、感知、传承中华优秀传统文化，运用多种形式分享自己的经验与感受。 综合运用语文、道德与法治、科学、劳动等多方面的知识和技能，通过小组研讨，集体策划、设计参观考察活动方案，运用跨媒介形式分享研学成果。 选取衣食住行、学校、地球、太空等某个方面，设计人工智能时代的未来生活，运用多样形式丰富自己的语言表达，呈现与分享奇思妙想	3.学习活动类型的丰富性、活动的综合性进阶，如"积极参加学校、社区举办的文化主题活动""参与学校和社区举办的戏曲、书法、篆刻、绘画、刺绣、泥塑、民乐等相关文化活动"。 4.学习成果的水平进阶，既有"富有创意地""运用多种形式"等程度上的进阶，又有"获得多样的文化体验""尝试写出简单的研究报告""运用跨媒介形式分享研学成果"等学习成果的新要求

从上表可知，2022年版课程标准对小学跨学科学习的要求进阶清晰。分析课程标准的学业质量水平要求就会发现进阶也非常明显。第一学段的要求非常简单，主要是跨学科学习的兴趣和态度，具体为"在跨学科学习和探究活动中有好奇心和求知欲，喜欢观察、提问，能用自己喜欢的方式呈现学习所得"。到了第三学段，要求增加很多，涉及跨学科学习的兴趣态度、方法路径、成果类型等，具体为"积极参加跨学科学习活动，能利用多种信息渠道获取资料，在简单的调查、访谈等活动中记录真实生活；能根据活动需要，结合自己的知识积累和生活经验提出要探究、解决的主要问题；能借助跨学科知识和相关材料，与同学合作探索解决问题的具体方法，运用相关知识解释自己的想法，记录探究的过程及结论，写简单的研究报告；能组织讨论和专题演讲，发表自己的观点，在交流反思中辨别是非、善恶和美丑。能根据校园、社会活动的需要，自己或与同学合作撰写活动计划、实施方案或活动总结"。

"学段要求"的"梳理与探究"板块也描述了跨学科学习在不同学段中应该达到的目标要求。小学语文教师理解课程标准的相关要求，明晰其中的学习进阶，是有效开展跨学科学习教学的前提。

 问题解决

一、观念养成：以广阔的语言生活为背景实施跨学科学习教学

开展跨学科学习教学，首先还是需要有正确的观念，认识跨学科学习的价值，懂得跨学科学习教学并不难。无论是借助其他学科知识进行阅读，还是借助其他学科知识进行表达交流，或者是用其他学科知识解释语言文字及其运用中的现象，解决语文

学习中遇到的问题，都是每个学生熟悉的。例如，小学低年段很重视的识字学习可以借助百科知识开展跨学科学习。通过设计跨学科学习主题，引导学生对汉字、词语进行梳理归类、专题探究，发现汉字和汉语在历史文化进程中的有趣现象。胡桃、胡椒、胡萝卜、胡琴等带胡字的物品，多来自汉唐等时期民族大融合；番薯、番瓜（南瓜）、番茄等带番字的物品，多与明朝郑和下西洋等与国际的交流活动有关。近代出现的洋房、洋车等词语，就带有一定的崇洋心理，这与那时的中国积贫积弱有关。改革开放以后引进的水果的命名，如牛油果等，既概括了其外形和特性，也带有一定的感情色彩，体现了我国接纳外来文化的气度。一个个词语充分展示了民族文化心理与审美追求。

二、策略运用：以语言文字运用为基础，以发现问题、解决问题为中心实施跨学科学习教学

跨学科学习教学的关键是聚焦语言文字运用，语言文字运用是学习过程的主要活动，提高语言文字运用能力也是最终目标。唯有如此，才不会走偏，不失去语文学科特色。与其他五个学习任务群不同的是，跨学科学习任务群强调围绕语文学科学习、社会生活中有意义的话题，发现问题，综合多学科的知识进行识字与写字、阅读与鉴赏、表达与交流、梳理与探究等语文实践活动，用语言文字或其他媒介呈现问题提出、问题分析和问题解决的过程。跨学科主题学习是对"真实生活"的提炼、模拟、典型化、理念化，跨学科主题学习的开放与真实，与社会生活和科学研究高度相似，充满不确定性，也拥有多种可能性，因而极富魅力。[①]

在教学设计与实施过程中，教师要灵活组织学习方式，做到整体学习过程的规定性与学生个体发挥的自主性相结合。学习主题、学习任务、学习进程、学习资源、学习评价等，不必强求统一，而是要根据学生特点，确定他们感兴趣的主题或问题，并找出与之相关的学科领域。例如，如果学生对环境保护感兴趣，可能涉及生态学、化学、社会学等学科。

三、形态确定：小学语文教学开展跨学科学习的基本形态

小学语文教学落实跨学科学习有四种不同形态：一是不分学科，实行全科学习。在各国基础教育发展的不同历史时期，全科教育都在不同地域存在过。二是在众多独立学科之上专门设立综合实践活动课程。上海"二期课改"就专设了研究型课程，与基础型课程、拓展型课程并列，从小学到高中都一以贯之。研究型课程强调发现问题、解决问题的跨学科学习，落实学习与生活实际需求关联。三是在语文学科中设置综合性学习单元。2001 年版和 2011 年版课程标准都在"课程目标与内容"中专门设置了

---

① 郭华，袁媛.跨学科主题学习的基本类型及实施要点［J］.中小学管理，2023（5）：10–13.

"综合性学习"板块，其中的要求多为跨学科学习。四是在语文学习活动中注意与其他学科的联系。2022年版课程标准设置的跨学科学习主要包括三类：第一类是观摩社会活动；第二类是运用多学科知识开展小课题研究；第三类是设计活动方案，组织社会活动。以第三学段规定的内容为例：积极参加校园文化社团，参与学校和社区举办的戏曲、书法、篆刻、绘画、刺绣、泥塑、民乐等相关文化活动；综合运用语文、道德与法治、科学、劳动等多方面的知识和技能，通过小组研讨，集体策划，设计参观考察活动方案，运用跨媒介形式分享研学成果；选取衣食住行、学校、地球、天空等某个方面，设计人工智能时代的未来生活，运用多样形式丰富自己的语言表达，呈现与分享奇思妙想。

四、完善知识结构：不断学习，拓宽视野，保障跨学科学习的教学实施

跨学科学习是一个不断发展和演化的过程。语文教师只有保持持续学习的态度，随时更新并深化知识结构，才能在这个瞬息万变的时代做好应对的可能。

教师可以及时反思自己的阅读、写作等经验，梳理自己的积累，据此有意识地制订学习计划，包括学科领域、书目、学习形式（浏览或精读、专题阅读等）、学习成果（可视化、数量、质量）等。可以先克服自己畏难的某个学科领域，也可以同时涉猎多个学科领域，总之积少成多，由浅入深，逐步拓宽视野，完善知识结构，这不仅能保障跨学科学习的教学实施，也会为所有的语文教学保驾护航。

【案例】

如何展示我对事物的理解①

任务一：我眼中的事物是怎样的？

单元准备：

1. 给出写作情境与任务：学校将参加区"最美校园图书馆"评选活动，在本单元的学习中，教师会请学生帮助学校一起准备评选材料。教师可提示学生，利用1~2天的课余时间，有意识地观察图书馆的方方面面，把自己观察、了解到的内容用记笔记、拍照片等方式进行记录。

2. 学生寻找生活中的"说明文"，教师可提出具体要求，例如：

（1）找出1~2篇在日常生活中读到的说明性文章，用于课堂展示和讨论。（教师可提示一些常见的说明材料类型，如科普文、说明书、操作指南、通知、宣传单、用于展示信息的海报和PPT等。）

（2）与家人交流，了解家人最近是否有过向他人介绍或展示事物的场景/活动，了解说明事物的技巧等，并进行简单记录。

活动1：评选材料中有哪些重要信息？

1. 导入：同学们，梁溪区"2023最美校园图书馆"评选活动就要开始了，我们学

---

① 案例由狄邦教育集团赵洁怡老师提供。

校也会参加这次评选，作为五年级的学生，图书馆对我们来说并不陌生，所以，学校把这个任务交给了我们，在本单元的学习中，我们将帮助图书馆准备参加评选的材料。首先，我们先来了解一下这次评选活动的具体要求。

2. 组织学生自读学本上的《"最美校园图书馆"评选活动通告》，并将自己从通告中获取的信息圈画出来。

提示：学生自主阅读通告，若阅读中遇到不认识或不理解的字词，可通过查阅字典、同伴交流等方式加以解决，解决不了的问题可先记录下来，后面再集中讨论。

3. 班级交流，互相答疑解惑，并在此基础上整理、归纳从通告中获取的关键信息，分条记录下来。

要点：（1）全区将评选8个五星图书馆；（2）要在2023年10月31日前提交材料；（3）打分由公众投票和教育局人员现场评估两部分组成，后者为主；（4）要围绕评比的4个维度来准备图书馆特色展示材料；（5）要提交图书馆考察的行程规划。

4. 结合通告内容，分小组围绕"什么样的图书馆能够吸引他们？"这一问题进行头脑风暴，并用关键词的形式记录思考结果。

教师可引导学生从两个方面进行思考：（1）评审组主要评审图书馆的哪些方面？（2）不同评审组（包括投票群众和教育局考察组）心目中的"最美校园图书馆"具有哪些不同特点？

要点：根据"评比维度"部分的内容推断考察组的关注点，如图书馆的空间布局、环境卫生、藏书种类、服务质量、举办阅读活动等。根据自己和父母去图书馆的经验，推测公众投票可能更关注的点，如图书馆的外部环境、阅读氛围、借还书是否方便等。

5. 各小组派代表汇报本组头脑风暴的结果，教师引导学生对各小组的意见进行整理，引导学生吸收他人发言中值得借鉴的内容，及时补充到自己的表格中。

6. 布置作业：根据"通告"的要求，在课余时间继续前往图书馆观察，将观察或收集的材料做进一步的分类、整理，为下节课的小组讨论做好准备。

活动2：我们的图书馆符合标准中的哪些要求？

1. 引导学生先给自己收集的文字、图片材料编上序号，并给每则材料取一个简单但恰当的标题，以提示材料的主要内容。

提示：学生收集的内容可能五花八门，文字和图片内容可能会有重复，教师可先给学生5分钟时间，在上节课课后整理的基础上做进一步整理，重点是熟悉自己的材料，知道这些材料跟评比维度的对应关系。

2. 教师组织全班选取一个关键词，以这个关键词为例，引导学生围绕这个词说出自己收集的合适的材料。

提示：以口头问答的方式进行即可，学生之间也可以互相鉴别材料是否合适。

3. 阅读学本上"我的思维导图"样例，说一说样例是如何围绕关键词将材料归类的。

提示：有些材料可能同时适用于不同的关键词，如"每学年会根据师生的推荐书目采购新书"，既可作为"图书"的材料，也可作为"服务"的材料。

4. 以小组为单位，参考样例，把组内同学收集到的文字、图片等资料用思维导图或表格的方式加以整理。

提示：（1）讨论形成小组的关键词（哪些方面）；（2）将组内收集的重复材料进行合并；（3）将合并后的材料重新编号、命名；（4）用思维导图或表格的形式整理小组的材料；（5）自查小组的材料有哪些方面足够丰富，还有哪些方面需要进一步补充。

5. 结合小组材料整理的情况，针对需要进一步补充的方面，分工合作进一步收集资料，修改完善小组的思维导图。

（这部分内容无需在一节课内全部完成，学生可以在任务二的学习过程中一边学习一边补充，充实、丰富自己小组的材料库，并及时修改完善小组的思维导图。）

活动3：如何介绍图书馆的不同特征？

1. 组织学生以小组为单位，参考思维导图中列出的图书馆特色关键词，重新梳理目前收集到的所有资料，并回顾活动一和活动二的学习，讨论并整理把信息说得明白且有吸引力的方法以及注意事项。

2. 每位同学围绕一个关键词创作一份说明材料，展示自己在图书馆的阅读时光，帮助从未到过图书馆的人了解图书馆的特色。可继续选择活动2中已经选择过的关键词，在活动2写作段落的基础上进行再创作，也可重新选择关键词，但组内最好不要有重复。

3. 尝试进行更有个性化、更富创意的说明，在说清楚的前提下也尽可能说得有吸引力。

创作完成后，对照学本上的要求，给自己的创作做出评价。

任务二：如何让他人更好地了解事物的特征？

活动1：如何获得不同评委的关注与理解？

1. 以小组为单位，阅读自己和同学创作的说明材料，重新梳理，结合"通告"中的"评比维度"，讨论这些材料能否体现图书馆的特色，以及材料中运用的说明方法及形式是否能够有效说明该特色。

2. 将这些材料整合在一起，整体进行信息分类或重组，形成本小组的图书馆特色展示材料包。

提示：（1）每份说明材料要各有侧重，分别围绕图书馆的不同方面展开；（2）材料要突出图书馆的特色，并且符合通告中的某项评选标准；（3）对组内的材料进行有机整合，以合适的顺序进行排列，若有需要，也可以重新组合材料中的信息，并加以设计。

3. 在班级中举办模拟评估会：班级同学自愿选择加入"考察组评委"或"网络群众代表"；全班分为"考察组评委"和"网络群众代表"两组，两组分别组织内部会议，讨论确定自己组的评估标准；两组轮流查看各小组的材料包，按照标准给不同小组的材料评星，并给出建议。

4. 以小组为单位，内部交流作为"评委"或"群众代表"进行评估时的收获和启发。

5. 以小组为单位，阅读两组评委的反馈，讨论本组材料包还可进行哪些修改和完善。

6. 小组内部分工合作修改、完善材料包。

活动2：如何让考察组体验图书馆的特别之处？

1. 教师告知学生任务情境（见学本）。

2. 学生根据小组准备的材料，为考察组做一份"图书馆体验"行程规划，帮助考察组更好地体验自己小组所展示的图书馆特色。

要求：（1）说明从校门口到图书馆的路线；（2）设计一条参观图书馆的路线，起点为图书馆入口；（3）除参观外，再安排1～2个活动；（4）说明考察组需要做的准备和参观中要注意的事项；（5）使用规定的材料格式，表达简洁、准确，图示、文字均可。

要点：把握"2小时参观时间"和规划要求中的信息，按照学本中的格式要求，规划考察的具体时间，以文字、图示和表格形式说明从校门口到图书馆的路线、图书馆参观安排和活动安排，信息清楚、明白。优秀的学生能结合图书馆有关规定和所设计的活动特点分条列出注意事项，如保持安静、不大声喧哗、图书大致的摆放位置等。

3. 全部材料准备好之后，教师可先在班级内部进行评比，综合小组提供的材料包、规划与安排、呈现形式等多方面内容，选出班级最佳小组。

4. 每个班的最佳小组参加年级的评比，教师可邀请学科组以及图书馆的老师担任评委，举办一场正式的评估会。

【案例分析】

图书馆是校园中一道美丽的风景线，但并不是每个学生都会好好打量它。该案例结合《太阳》《松鼠》《鲸》《风向袋的制作》等文章的学习，设计跨学科学习方案，限于篇幅，略去该方案中课文学习的两个环节的活动，只呈现该单元学习方案的主线——为参加梁溪区"2023最美校园图书馆"评选活动而开展的系列活动。这些活动涉及地理、科学、美术等多个学科的知识，学习任务和活动综合性强，同时既有规定性，又有开放性，学习空间不只是在教室，学习资源不只是语文教材。

这一系列学习活动实现的单元学习目标主要有两个：一是根据写作任务，确定说明对象，通过观察和阅读资料了解事物的特征；能筛选和组织材料，并用恰当的说明方法分段介绍事物的不同方面，使用文字、图表、照片等展示对事物主要特点的理解。二是通过阅读和写作说明性文章获得和传递信息，初步感受说明性文章的不同风格和目的，意识到说明性文章在生活中的作用和价值。这两个目标都是语文课程独特育人价值的体现。语文课程开展跨学科学习一定要有边界，该案例充分体现了语文学科跨学科学习的特色。

 教学建议

一、根据课程标准制订跨学科学习的教学计划

2022年版课程标准对跨学科学习有一系列要求，小学语文教师在开展跨学科学习

教学时,`不妨依据课程标准制订一个贯通三个学段六个年级的较为详细的教学计划,主要内容包括要涉及的学科、相关内容、学习时间安排、学业表现评价等。既要给到不同学科一定的时间,更要确保跨学科学习的内容具有相关性。语文课程中的跨学科学习要分清主次,以语文实践活动为主,其他学科学习活动为辅,也就是以语言文字运用的学习为基础。另外,要以课内学习为主,以课外活动为辅助,尤其忌讳形式主义;不刻意追求其他学科的新知识和高深的知识,最好能依照其他学科的常识常理。

有条件的学校,小学低年段或小学全学段可以不区分学科,适当探索全科学习的办学模式。

二、寻找交叉点,加强梳理与探究,有机整合多学科知识

学科融合是当下学术研究的一个趋势,语文教育中的跨学科学习也是对这一趋势的呼应。跨学科学习的教学要注意寻找学科之间的交叉点和重叠点。这些交叉点和重叠点可能是解决问题的关键或理解现象的重要因素,借此进行多样的跨学科学习,更能激发学生的学习动力。

学生运用不同学科的知识,尝试将它们整合起来,加强梳理与探究语言实践活动,完成学习任务,可以感受和发现不同学科之间的联系和相互影响,对学习的整体性、综合性等有更全面的理解。

三、与他人合作,共同设计实施跨学科学习项目

跨学科学习项目可以帮助语文教师将不同学科的知识应用于实际情境中。这些项目可以是一个研究项目、社区服务项目或者其他实践性活动。与其他有不同学科背景的人合作,可以带来新的思维和观点。通过合作,可以更好地理解不同学科之间的联系和相互作用。例如,跨学科学习任务群第二学段的学习内容有:综合运用语文、道德与法治、科学、劳动等多方面的知识和技能,通过小组研讨,集体策划、设计参观考察活动方案,运用跨媒介形式分享研学成果。语文教师可以和道德与法治、科学、劳动等课程的教师合作设计"校园科技墙"建设方案这一类跨学科学习项目,并引导学生模拟实施,师生都可以从中体验到教与学成果真实(或模拟)运用到实际场景中的乐趣。

第五章

落实语文学习评价

2022 年版语文课程标准中的语文学习评价有很多新的理念与要求，如"教—学—评"一致性，基于学业质量落实过程性评价，以及设计素养导向下的语文作业。本章阐述了语文课程评价的过程性和整体性的意义和内涵，以及实现"教—学—评"一致性的基本实施路径。学业质量标准的设计理念强调学业评价从学科本位、知识本位转向素养本位、育人本位，使"教—学—评"形成育人合力。本章梳理了基于学业质量标准实施过程性评价的基本原则，学业质量标准的基本要素及其特征，并提出了教学建议。理解素养导向下作业设计的要求，探索提高语文作业质量的有效路径，是落实课程标准理念的关键。

5-1 如何实现"教—学—评"一致性？

 问题提出

倡导课程评价的过程性和整体性，重视评价的导向作用。这是 2022 年版课程标准对语文课程理念的明确规定。理解语文课程评价的过程性和整体性的意义和内涵，了解语文课程评价的基本实施路径，是落实课程标准理念，实现"教—学—评"一致性的前提之一。

一、过程性和整体性是语文课程评价的基本理念

语文课程评价的过程性和整体性有可靠的理论与实践依据。首先，它源于语文课程与人的全面发展的关系。人的素养是一个整体的呈现，倡导课程评价的过程性和整体性，有助于改变"考试导向""碎片化教学""只见树木不见森林"的语文课堂教学现状，有利于打破语文教学活动中"所教非所学""所学非所评"的不合理现象，使学生的正确价值观、必备品格和关键能力得到整体发展。其次，"人"的发展是评价的核心价值取向，也是教育的终极目标。评价目的、评价内容、评价方式和评价标准四位一体，共同构建了完整的语文课程评价体系。语文学习全程评价指标体系需以语文实践过程取向的核心素养表现为维度，体现"以人为本""以素养为本"的特征，着眼于学生的整体发展。

二、强调过程、整体是培养核心素养的必由之路

在当下和未来一段时间里，如何通过语文课程培养学生的核心素养，是语文教育领域的重大课题。2022 年版课程标准指出："义务教育语文课程培养的核心素养，是学生在积极的语文实践活动中积累、建构并在真实的语言运用情境中表现出来的，是文化自信和语言运用、思维能力、审美创造的综合体现。"课程标准在"课程目标"部分指出："核心素养的四个方面是一个整体。"课程标准在"评价建议"部分指出："语文课程评价包括过程性评价和终结性评价。过程性评价贯串语文学习全过程，终结性评价包括学业水平考试和过程性评价的综合结果。"核心素养自身具有多维性、综合性与实践性特征。[①] 因此，语文课程评价要真实、完整地记录学生参加识字与写字、阅读与鉴赏、表达与交流、梳理与探究等语文实践活动的全过程，关注学生在语文学习过程中表现出来的学习态度、参与程度和核心素养的发展水平，将对学生能力与素养的观

---

① 林崇德 .21 世纪学生发展核心素养研究［M］.北京：北京师范大学出版社，2016.

测放在语文学习的全过程中，呈现学生核心素养的整体发展样态。

三、课程改革呼吁评价范式的改革

纵观我国 20 世纪 90 年代末以来的评价研究与实践可以看到，研究者们站在不同层面呼吁转变观念。例如，黄光扬提出，基础教育尤其是义务教育阶段，要把考试观转变为评价观，将各种可行的方法创造性地运用于学校教学过程，收集、记录、分析和解释来自多方面的信息资料，并对其价值作出必要的判断。[①] 安德森等人指出，在教学中，目标特别重要，就是因为教学本身就是有目的的，并且是理性的一种行为。[②] 崔允漷指出，基于标准的学生学业成就评价的核心在于学生学业成就评价与课程标准的一致性或匹配。[③] 随着时代的变化，语文课程的评价方式又增添了许多新内容和新要求。从实施情况看，在当下的语文教学中，教师虽然有评价的意识，但过于倾向"标准化"，还存在评价主体、评价方式较单一等现象，很大程度上是因为教学目标、教学过程和评价方式三者之间的不一致。因此，落实"教—学—评"一致性的核心在于教学设计和教学实践。如何在教学设计和教学实践中保障"教—学—评"一致性，是促进教、学、评有效衔接的关键环节。

🔑 问题分析

评价伴随教学，语文课程评价的过程性和整体性既统一于语文实践活动中，又有各自的目标指向、适用范围和实施要求。

一、义务教育语文课程评价的过程性

（一）评价贯串语文学习的全过程

与 2011 年版课程标准相比，2022 年版课程标准对学习评价的指导与规定更为具体明确。2022 年版课程标准在"课程理念"中指出，课程评价应准确反映学生的语文学习水平和学习状况，注重考察学生的语言文字运用能力、思维过程、审美情趣和价值立场，关注学生的学习过程和学习进步。这里所说的课程评价既包括过程性评价和终结性评价，也指向评价内容和评价指导思想，强调学生在语文学习过程中的动态表现。

① 黄光扬.基础教育考试改革研究［J］.教育研究，1999（12）：62–66.
② 安德森，等.学习、教学和评估的分类学：布卢姆教育目标分类学修订版［M］.皮连生，译.上海：华东师范大学出版社，2008.
③ 崔允漷，王少非，夏雪梅.基于标准的学生学业成就评价［M］.上海：华东师范大学出版社，2008.

（二）侧重对语文实践活动过程的评价

2022年版课程标准强调通过积极的语文实践活动实现学生核心素养的提升，强调将外显的知识与技能内化为学生个体的语言经验，内化为学生的正确价值观、必备品格和关键能力等综合素养。因此，语文课程评价侧重于学生运用语言文字解决实际问题时所呈现的复杂的、具有个性特征的动态表现。

（三）评价体现各学段的水平进阶

语文学习是一个缓慢而螺旋上升的过程，无论是课堂教学评价，还是作业评价和终结性评价，都要体现学生在不同学段的水平进阶。因此，语文课程评价的过程性体现在依据学业质量要求和学段目标，纵向把握学生在各个学段的认知梯度，体现水平进阶。

二、义务教育语文课程评价的整体性

（一）加强整体性是语文课程评价的基本理念

2022年版课程标准在"课程理念"中指出，根据不同年龄学生的学习特点和不同学段的学习目标，选用恰当的评价方式，抓住关键，突出重点，加强语文课程评价的整体性和综合性。这里所说的"整体性"，既包括注重文化自信、语言运用、思维能力、审美创造等方面的交融与整合，也指向评价目标、评价方式、评价内容和评价标准的四位一体，着眼于学生的整体发展，体现以人为本。

（二）追求整体性是确定语文课程目标的原则

2022年版课程标准明确指出，核心素养的四个方面是一个整体；语文课程学业质量标准是以核心素养为主要维度，结合课程内容，对学生语文学业成就具体表现特征的整体刻画。从这些表述可以看出，课程标准赋予课程整体性以培养学生核心素养关键途径的地位，关于整体性的具体内容和要求贯穿于课程标准的总目标和学业质量描述中。

（三）在课程内容呈现与组织方式的学习任务群中凸显评价的整体性

以发展型学习任务群之"实用性阅读与交流"的教学提示为例，"应紧扣'实用性'特点，结合日常生活的真实情境进行教学""将识字、写字、阅读、写作、口语交际、搜集处理信息等融为一体""评价应注重学生在真实生活情境中语言运用的实际表现，围绕个人生活、学校生活、社会生活中阅读与交流的实际任务，评价学生实用性阅读与交流的能力"，这些提示紧紧围绕日常生活和学生的实际表现来组织教学和评价。2022年版课程标准的这种组织方式和评价要求对教学的引导意义不言而喻。在其他学习任务群的教学提示中，也有大量关于整体性的规定，这些都是理解课程标准精神、落实语文课程评价的整体性的重要依据。

一、树立素养导向的"教—学—评"一致性教学理念

在以往的语文课程实施中，"教—学—评"一致性之所以没有得到充分落实，主要原因是一些教师受"语文教学的人文性和模糊性"的局限认识的影响，忽视了语文学科的科学性，使得语文教学天马行空、凌空蹈虚的现象比比皆是。重视语文学科"教—学—评"一致性，在某种程度上可以矫正语文教学中习焉不察的问题。

教师教学理念的转变不是一蹴而就的，而是一个渐变的过程。要做到"教—学—评"一致性，首先，要做到相应的教学转型，使教学目标、教学过程、教学方法和教学评价都转向支持和促进学生核心素养的培养。教学设计过程一般包括教学目标的确定、教学内容的选择、教学过程的设计以及教学评价的实施。这四个部分相互作用，相互影响。因此，教师应将评价嵌入教学过程中，发挥评价的检查、诊断、反馈和激励功能。其次，考查教、学、评是否基于核心素养，就得从义务教育语文课程培养的学生核心素养视角来分析这三者。2022 年版课程标准明确提出核心素养的四个方面，文化自信和语言运用、思维能力、审美创造，如果"教、学、评"都能围绕这四个方面展开，就能体现"素养为本"的理念。以第二学段整本书阅读评价目标为例，教师在设计《灰尘的旅行》整本书阅读评价方案时，可以将课程总目标作为起点，参照课程内容"整本书阅读"学习任务群的相关学习要求，把评价目标具体化为三个方面：第一，文本内容方面，学生能否大体梳理书的基本内容；第二，阅读策略方面，学生能否根据需要，运用略读、精读等不同阅读方法；第三，阅读兴趣与习惯方面，学生能否针对作品中感兴趣的话题与同学简单交流，讲述自己感受到的科学精神。具体内容如下表所示。

课程总目标	学习内容—学习要求	评价目标
学会运用多种阅读方法，具有独立阅读能力；感受语言文字的美，感悟作品的思想内涵和艺术价值，能结合自己的经验，理解、欣赏和初步评价语言文字作品，丰富自己的情感体验和精神世界	阅读表现英雄模范事迹的图书，讲述英雄模范的动人故事。 阅读儿童文学名著，感受作品传达的真善美，用自己喜欢的方式讲述故事大意。 阅读中国古今寓言、中国神话传说等，学习其中蕴含的中华智慧，口头或书面分享自己获得的启示	能大体梳理书的基本内容。 能根据任务需要，运用略读、精读等不同阅读方法。 能针对作品中感兴趣的话题与同学简单交流，讲述自己感受到的科学精神

二、制定体现核心素养内涵的具体而清晰的教学目标

清晰的目标是实现"教—学—评"一致性的前提和灵魂。教师要先对核心素养内涵进行"边界更加清楚"的细化阐释与水平划分，再根据对核心素养内涵的细化阐释

（核心目标），结合具体的教学内容，确定更为具体清晰的教学目标。例如，三年级综合性学习课文《轻叩诗歌大门》，从培养学生的核心素养角度来说，现代诗彰显的精神世界和理想愿景，可以为时代新人的成长构建理想人格；现代诗所负载的人类优秀的审美经验，可以唤醒儿童的审美意识，提升儿童的审美品位；现代诗高超的语言艺术，可以让儿童感受汉语之美。① 由此，可确定该单元的核心知识是"现代诗"，该单元教学的主要内容是"了解现代诗的特点""体会诗歌情感"。根据 2022 年版课程标准第二学段的"学业质量描述"，学业质量标准可以细化为：能用自己喜欢的形式记录阅读感受与生活体验；能用表现事物特征的词语描摹形象，用积累的语言材料，特别是有新鲜感的词句描述想象的事物或画面；能参与简单的活动策划、组织工作；能根据不同学习活动主题搜集、整理信息和资料，提出自己感兴趣的问题等。

由此，教学目标可以拟为：（1）通过朗读、想象，初步体会现代诗的韵味和情感，多途径搜集、摘抄现代诗，初步感知现代诗的特点，知道如何评价、欣赏现代诗。（2）理解"诗言志"，尝试将自己的见闻感想通过现代诗的方式表达出来。能根据同伴的反馈，修改完善形成最终稿。（3）能与同学合作举办诗歌朗诵会，并用合适的语气朗读，表情、体态自然大方。（4）小组合作汇编诗集，分享童年生活，激发对生活、自然、生命等的进一步思考。（5）能与同学合作举办现代诗推荐会，并将诗集推荐给家长、老师以及不同年级的同学。

三、在评价标准的引领下设计开放的有逻辑的语文实践活动

教学目标确定后，教师可以围绕目标设计板块化的学习活动，力求让教学过程指向教学目标。贯穿学习活动的是开放的有逻辑的语文实践活动。义务教育阶段的语文实践活动主要包括识字与写字、阅读与鉴赏、表达与交流、梳理与探究，不同的语文实践活动呈现出不同的表现。例如，学生参加识字与写字活动时，要立足于认读拼音、识字学词、认读和书写汉字等方面的能力，呈现对汉语拼音、普通话、汉字的认识与书写等方面的把握。学生在梳理与探究活动中，则应表现为整理学过的字词、提问并解决问题、查找资料和策划活动等方面的行为，重在表现运用语文知识解决问题的能力和跨媒介阅读与运用的水平。需要注意的是，在学生参与语文实践活动的整个过程中，教师要关注学生思维过程、认知水平的呈现，即学生在"核心任务"中的外化表现（语言表达、思考路径、价值取向及互动交流过程等），采用与目标相匹配的教学方法，适时给予相应的表达支架或样例，促进学生学习。

四、设计与教学目标相匹配的结构化的评价任务

评价任务的确定为教师的教学设计提供了清晰的、宏观的、易于操作的框架。以

---

① 郑宇. 现代诗的当代价值及教学取向［J］. 教育理论与实践，2021（35）：50-52.

表现性任务来测量学生在"核心素养"上的表现，将前期对核心素养内涵的细化描述（核心目标）及具体教学内容的教学目标细化为评价依据。评价任务的设计要超越对零散的语文知识的考察，强调学生在语文实践活动中运用语言文字解决真实问题的动态表现。课程标准规定的语文课程内容主要以学习任务群的形式组织与呈现，具有整合性、结构化等特征。在此背景下开展的语文课程评价也要考虑评价任务的整合性和结构化。例如，六个学习任务群都需通过丰富的语文实践活动来实施，教师在设计评价任务时要理清语文课程内容与语文实践活动的内在关系。"实用性阅读与交流"这一拓展型学习任务群主要是通过"阅读与鉴赏""表达与交流"这两种语文实践活动推进的，教师须关注学生在这两种语文实践活动中涉及的关键表现要素，了解学生的薄弱环节，进而将教学重点置于"修复问题"方面。例如，在"表达与交流"语文实践活动中，须关注的关键表现要素包括陈述与叙述、描绘与表现、解释与分析、介绍与说明、应对与调整等。在作文评改课《介绍一种事物》中，教师注意到学生普遍存在忽视交流的目的、对象、情境和效果，内容不够明确等现象，共性问题主要指向"介绍与说明"这一表达要素。教师引导学生在讨论、评改的过程中不断理解评价标准，将评价任务设计为师生共改习作《一块木头的自述——纸的制作》，指导学生以第一人称介绍纸的生产过程，将"我被摇进了一个机器里"改为"我落入了一个有许多网眼的筛子，一阵凉意席卷全身，清澈的水流过我的身体，我身上残留的许多杂质，如沙砾、泥土都留在了筛子上"。这样的修改既写清楚了造纸过程中用大量清水洗涤纸浆的过程，也有助于其他学生理解。在将搜集到的资料进行转化时，力求语言清楚、准确，让读者看明白，从而提升评价的科学性与有效性。

五、获取与目标达成相关的学情，进行反馈指导

"素养为本"的"教—学—评"一致性的价值最终要在课堂中体现。教师要依据评价结果反思日常教学的问题和不足，优化教学内容，改进教学设计，调整教学策略，完善教学过程。教师在备课时，要充分预设学生的学习困难。在课程实施中，应组织学生展开充分的分享讨论，并进行反馈指导。例如，在《飞向蓝天的恐龙》一课中，教师设计了开放的学习活动——"用蓝色括号括出两种看法，与同桌讨论，你认为哪种看法更合理，说说原因"，体现了以"充分的结果分享"为关键的互动交流，同时通过任务驱动，引导学生提取关键信息。在教学过程中，教师指导学生圈画语句，鼓励学生整合信息表达自己的观点，力求有理有据，引导学生深入思考，培养学生的思辨性思维。在此过程中，教师应依据"思辨性阅读与表达"第二学段的学习内容和学业质量要求，广泛收集学生在课堂上的关键表现，包括学习态度、参与程度和核心素养的发展水平等，给学生提供语言表达支架，纠正学生表达中的语病，发现学生缜密的思维，鼓励学生独到的视角等，及时调整教学设计及策略，而不是满足于完成教学任务。学生逐步学会负责任地表达自己的观点，既培养了语言表达能力，也加深了对课文的理解，从而理解恐龙到鸟类的演化过程，体会说明文的语言特点。

【案例】

五年级上册习作《介绍一种事物》[①]

一、教学内容

本次单元习作的任务是写一篇说明性文章，要求学生细致观察一种事物，并搜集相关资料，进一步了解事物特点，运用恰当的说明方法把事物的主要特点介绍清楚。结合说明性文章的特点，教材从内容、方法和篇章布局三方面提出了具体要求，其中"试着用上恰当的说明方法"是本次习作的重点。习作完成后，建议学生进行交流分享，把他人对所介绍的事物产生兴趣、获得相关知识作为评价标准之一，让学生进一步体会到说明性文章在生活中的作用和价值。

二、教学目标

1. 学生能合理搜集、整理资料，结合自己介绍的事物，尝试运用恰当的方法将自己感兴趣的事物写清楚，让别人产生兴趣。

2. 学生能依据评价标准，小组交流点评习作，经过认真修改后展示在班级的板报专栏中；能对同学的习作做出评价，并分享交流收获与体会。

三、学情分析

学生在以前的学习及生活中已经接触过说明性文章，初步感知了说明性语言的特点，但他们的文体意识不强，一般不会主动去发现说明文和实际生活的关系，对说明文的交流沟通功能也缺乏明晰的认识。因此，根据要说明的事物的特点选择恰当的说明方法，是本次习作的学习目标之一。此外，学生对搜集资料的准确性，以及在海量信息中筛选、整理、转化等方面还需要一定的指导。

四、教学流程（表格或文本）

（一）根据要求，确定评价量规

根据习作要求，细化评价量规，且尽量兼顾学生习作的全过程，注重评价的整体性和科学性。评价量表如下：

分类	评价要点	自我评价	同学评价	老师评价	修改建议
主题	能选择感兴趣的事物来写	★★★	★★★	★★★	
组织	搜集资料后有整合	★★★	★★★	★★★	
	介绍事物特点时有条理	★★★	★★★	★★★	
语言	能抓住事物的特点写	★★★	★★★	★★★	
	能恰当使用说明方法	★★★	★★★	★★★	
交流	写/读之后有新的收获	★★★	★★★	★★★	
书写	书写工整，图文并茂	★★★	★★★	★★★	

设计意图：量表既关注了写作前的话题选择、资料搜集，也关注了写作中的训练要点，还关注了写作完成后同学之间的交流分享。

---

① 案例由上海市闵行区莘庄镇小学张艳花老师提供。

（二）依据量规，创设写作情境

基于习作要求及评价量表创设情境：举办一次班级博览会，为要介绍的事物配上一篇说明性文字。从中可以梳理出：读者——班级同学；话题——在班级博览会上介绍自己感兴趣的事物；目的——使同学对你介绍的事物产生兴趣，获得知识。根据情境，结合班级实际，细化要求，设计如下习作素材单：

感兴趣的事物	想写给谁看	想达到的目的	思考的角度
	A. 有相同爱好的同学 B. 可能对此事物感兴趣的同学	分享	喜欢同一类事物但所了解的具体信息不同 / 对熟悉事物的新认识 / 把自己喜欢的事物介绍给可能感兴趣的同学
	有某个特殊需要或爱好的同学	提供信息或方法	提供准确信息、制作方法
	对事物有不正确的或带有片面认识的同学	纠正错误认识或做法	对熟悉的事物有不科学的认识
	……	……	……

学生活动：根据此表，完成课前写作素材单，写或勾选出感兴趣的事物、想写给谁看、想达到的目的等。

设计意图：习作素材单细化了习作情境，为学生提供了思考路径，即习作支架。引导学生确定写作对象，增强任务意识，勾连习作与实际生活的联系。

（三）深入情境，搜集整合资料

借助情境引导学生完成以下任务：

1. 对资料进行分类。

2. 根据写作目的分清材料的主与次。

3. 将资料语言转化为习作语言。

进行第二次评价，主要关注"搜集的有关资料是否能够有效整合，把对应的资料放在相应的事物特点之中"。

设计意图：有了一定的情境，学生对资料的搜集有了明确的方向，通过评价也逐步学会了如何删减、挑选、转化资料。

（四）立足核心，内化迁移运用

学生完成写作后，教师讲评时重点关注学生的表达是否与其习作目的相关。

关注点一：说明方法的运用是否凸显事物特点，以达到吸引同学的目的。

关注点二：说明方法的运用是否写清事物特点，以达到为同学提信息的目的。

学生活动：在班级博览会中，作为解说员，为自己要介绍的事物写解说词。

设计意图：讲评课的评价在关注学生能够运用恰当的说明方法把事物特点写清楚的同时，更要引导学生明白写作材料与写作目的之间有着密切关系。

（五）展示作品，互评并交流感受

对照习作评价单对班级博览会中展示的作品进行评价，发表感受。

设计意图：借助习作评价单引导学生在真实情境中再次感受说明性文章表达的目的、对象、情境以及交流效果等。

【案例分析】

在《介绍一种事物》的习作教学过程中，不难发现，评价具有多重作用。它既是本次习作的目标，也是学生改进习作的工具，还是习作训练的一部分。因此，依据评价量规，既能及时纠正学生在习作过程中存在的问题，又能切实改进习作的教与学。

 **教学建议**

一、采用逆向教学设计助力落实学生核心素养培养

实现"教—学—评"一致性，可以采用逆向教学设计。简单说就是三步：先确定学习结果，再确定恰当合理的评价证据，最后设计学习活动。即制定目标、设计评价、设计教与学的过程。语文课的教学目标一般有多个，教师在设计教学过程时，尽量使每个环节都聚焦小目标，围绕小目标设计"教、学、评"，就能保证教、学、评始终共享着目标，分小步落实学生核心素养的培养。

二、保障终结性评价与语文课程目标的一致性

这里的语文课程目标可以理解为语文课程培养的学生核心素养，进而可以指向学业质量标准。学业质量标准是考试与评价的重要依据，但需要指出的是，学业质量描述中的某些内容具有实践性、操作性、内隐性，不宜采用纸笔测试。因此，要保证评价与目标一致，需要丰富评价形式，增加评价主体，如增加口头表达与交流类考查项目、整本书阅读评价等。

三、在真实的课堂情境中锤炼教师的评价素养

"教—学—评"一致性取决于教师的评价素养。教师的评价素养的关键是评价智慧，如评价是关注标准答案，还是关注学生在真实情境或语文实践活动中的具体表现、思维过程、反思监控等能力。教师的评价智慧是情境性的，不是孤零零、生硬的；是参与式的，不是袖手旁观型的；是基于言行等具体表现的，不是指向标准答案的；是指向情境的具体解释的，不是和盘托出语文知识、方法和技巧的。

问题提出

一、学业质量标准是过程性评价的基本依据

学业质量是 2022 年版课程标准新增加的内容，其内涵是学生在完成课程阶段性学习后的学业成就表现，反映核心素养要求。落实过程性评价的重要前提是把握核心素养的本质属性和特点。核心素养的构成要素既包括可量化的知识和技能，又包括内隐性强的情感态度、价值观念、文化认同和思维品质，学生在真实的语言运用情境和丰富的语文实践活动中所表现出来的素养是动态变化的，这又使过程性评价的落实变得复杂多样。四个学段的语文课程学业质量标准之间相互衔接，体现学生核心素养发展的进阶，为核心素养评价提供基本依据。学业质量标准有助于倒逼语文课程改革，有了这个基本依据，新课程理念才能得以落地。

二、学业质量标准使"教、学、评"形成育人合力

2001 年版和 2011 年版课程标准均没有"学业质量标准"，考什么、教什么，考什么、学什么、练什么，不考、不学、不练等现象比较普遍。学业质量标准是连接核心素养与课程标准、考试、评价的桥梁，可以直接指导教师的课堂教学评价、作业评价、阶段性评价和学业水平考试，帮助教师和学生把握教与学的深度和广度，为语文过程性评价、学业水平考试和升学考试命题提供重要依据、标尺和指挥棒。学业质量标准从学科本位、知识本位转向素养本位、育人本位，使"教、学、评"形成育人合力。

三、学业质量标准促进了教师评价素养的发展

教师是设计和实施过程性评价的关键角色，教师对过程性评价理念的理解会影响学生核心素养的培养。虽然 2001 年版和 2011 年版课程标准在评价思想上已发生了较大的变化，但长期以来，语文教师对语文素养内涵的理解参差不齐，对"评什么""怎么评""结果怎么用"等操作不明晰，学科本位、知识导向、讲授为主的教学方式阻碍了教师评价素养的提升。学业质量标准这个准绳和靶子，可以指导教师设计过程性评价和终结性评价，可以解决仅关注零碎的语文知识和技能的顽症，提升语文教学与课程标准的内在一致性，引导语文教师树立素养导向的评价理念。

🔑 问题分析

语文课程的综合性和实践性对过程性评价的设计与实施提出新的要求。教师要在梳理学业质量标准的基础上，探究素养导向的过程性评价，并重点对过程性评价的基本原则和构成要素进行说明。

一、基于学业质量标准实施过程性评价的基本原则

（一）基于课程标准，准确把握核心素养的内涵

核心素养包含大量隐性知识和态度层面的要素，给评价带来极大挑战。在过程性评价中考查核心素养，需要准确把握核心素养的内涵。首先，需要把握过程与结果的关系，即由重视语文知识、技能的掌握转向考查学生在真实复杂的情境中解决实际问题的综合表现。其次，要考虑到核心素养中文化自信的特殊性。核心素养的四个方面关联紧密，文化自信排在四个方面的首位，和其他三个方面的关联性最强。从评价的角度讲，文化自信的内隐性和难以观察的特性，决定了很难在短时间内进行评价。教师需要依托文本和课后练习，明确文本和课后练习对应的素养要素，设计相应的评价方案，融合多种评价方式，拓展多样化的学习空间，如校园活动或社会活动，引导学生在深入探查和深度体验中增进文化认同，深化文化自信。

（二）依据学业质量标准，整体刻画学生的语文学业成就

学业质量标准是指向学生多方面发展的新的质量观。语文课程学业质量标准是以核心素养为主要维度，结合课程内容，对学生语文学业成就具体表现特征的整体刻画。这里的"整体刻画"与"核心素养的四个方面是一个整体"是一致的，意味着无论采用何种方式评价，虽然都有侧重，但都需要四个方面整体推进。有时，显性的评价要求只表现核心素养的某一两个方面也是允许的。文化自信、语言运用、思维能力、审美创造被置于语言理解和语言表达的具体行为过程中加以描述。因此，设计过程性评价时，需要整体考虑设计哪些语言运用情境，组织学生参与哪些语文实践活动，引出学生的哪些综合表现，这些综合表现背后的成因是什么，如何设计持续的评价任务来跟进这些综合表现，新的综合表现背后的成因又是什么，又如何评价，等等。

（三）有效对接学业质量标准，提升过程性评价的科学性和可操作性

常见的过程性评价主要有课堂评价语言、评价工具（评价表、信息技术手段等），但在实际操作中存在整体关注不够、评价目标不够适切、评价内容较片面、评价主体单一、操作不便和评价效率低下等弊端。学业质量是可观察的具体行为表现，教师要据此编制过程性评价工具，设计评价任务，分析学生语文学习的表现特征与规律，诊断学生达成语文课程标准的程度与水平，进而改进教与学。因此，过程性评价应与学

业质量标准有效对接，提升科学性和可操作性。

二、学业质量标准的基本要素及其特征

理解学业质量标准的内涵，需要重点把握以下三个要素及其特征：

（一）语言文字运用情境：凸显语言运用和思维发展

语文课程学业质量标准中的情境主要包括日常生活、文学体验、跨学科学习三类语言文字运用情境。课程标准对四个学段学业质量描述的基本叙述顺序为：第一、二自然段指向日常生活情境中的具体表现，第三、四自然段指向文学体验情境中的具体表现，第五自然段指向跨学科情境中的具体表现。三类情境体现了由熟悉到陌生、由简单到复杂的变化。过程性评价的过程即学生学习的过程，就语文学科而言，就是评价学生在语言文字运用情境中学习语言运用的过程，这是由语文课程的基本性质决定的。同时，语言的发展与思维的发展密不可分，由此，学业质量描述将语言运用与思维发展二者融为一体展开描述。例如，课程标准在第二学段"文学体验情境"中提出"能按照童话、寓言等文体样式，运用联想、想象续讲或续写故事"，就是将学生在形象思维、逻辑思维和创造思维等方面的变化水平置于"续讲或续写故事"这类语言表达的具体行为中加以描述，观察其思维的独创性和灵活性等。

（二）语文实践活动：关注个体语言经验的发展过程

学业质量标准在描述三种语言文字运用情境中的学习结果表现时，一般是从阅读与鉴赏、表达与交流、梳理与探究这些语文实践活动领域的角度来表述的。当学生在真实的语言运用情境中运用语言文字解决实际问题时，总是试图调动已有的语言经验来完成任务。作为母语课程，学生的个体语言经验的差异是千差万别的，因为个体语言经验很大程度上与阅读经验、生活经验及家庭背景等相关，也与思维过程、认知策略和情感发展等相关。义务教育阶段学生核心素养水平的差异主要表现在语言经验的丰富程度和整合水平上。这就需要教师以终为始，关注学生在整个过程中由单一到丰富、由整合水平低到整合水平高的真实变化过程。以"整体感知"这一表现要素为例，学生在阅读与鉴赏这一语文实践活动中，需要完成对文本内容、意蕴、语言等的直观体会，语言经验丰富、整合水平高的学生能快速提取文本关键信息，如事件六要素，并组织成一段要素完整、语句通顺的文字。反之，只能靠机械记忆，如仅记住了记叙六要素却无法有效迁移运用到复杂变化的文本情境中。

（三）学业成就：重视思维品质、情感、态度等的积极变化

以开放的语文实践活动为评价内容，学生不仅拥有展现素养的舞台，还能充分展现个性化学习成果。当学生探究语言文字运用规律的过程和方法时，教师会发现他们的思维品质、情感体验等发生着积极的变化，这是过程性评价中最有价值的内容。关

注这些并不是不重视语文知识与能力，而是基于对语文知识的运用情况，评估学生的学习体验、感悟的多样性及思维品质的发展状况。教师在指导低年段学生学习写话时，应淡化技能训练，让学生放胆"写自己想说的话"，体会写话的乐趣。例如，针对"留心观察周围事物，对写话有兴趣"这类表现，可以让学生提供典型表现证据（如写话作品、观察日记等）证明他们的能力。又如，完成看图写话《猫和老鼠》时，有学生写道，"'双 11'快到了，小老鼠正在往购物车里放东西""把 U 盘拔掉，那只猫就突然不见了""小老鼠的眼泪像瀑布一样往下流"。教师应敏锐捕捉学生对生活经验和语言经验的自觉积累，这是一种可贵的写作经验，如不重视便会稍纵即逝。教师可以通过给创意加分的方式，让学生感受到创意表达的乐趣。正如郑桂华所说，帮助学生建立对书面语言的亲近感，运用书面语言的成就感，就比掌握句式和修辞手法重要。①

 问题解决

一、结合学段学业成就的关键表现，制订评价计划，明确评价目标，体现整体性

评价促进学习，评价即为学习。学校和教师在制订评价计划时，应与教学计划的制订同步进行。在对教学目标、教学内容做整体设计时，同步设计相应的评价目标、内容、方法、工具、时间及主体等，体现教学与评价的一致性。评价目标的制定应结合学生在每个学段的学习行为和学业表现，重在引导学生知晓学习目标，了解自己当前的学习状态及今后的学习方向。只有这样，学生开始学习后，才能在真实的语言运用情境中清楚自己的语言运用、思维发展等状态，保持持续学习的动力，并进行反思监控，包括自我调整、改进学习方法等。例如，"轻叩诗歌大门"单元的过程性评价就经历了制订评价计划、调查学情、评价社会性实践和评价学习成果四个步骤。

"轻叩诗歌大门"项目化学习单元评价计划

评价阶段	评价目标	评价类型	评价方法与工具	评价者
项目实施前	学情评估	过程性评价	调查表（在项目实施前，用学情调查表了解学生阅读现代诗作品的基础水平、存在困难及需求）	教师、学生自己
项目启动	学生知晓项目安排；组建项目小组	过程性评价	学生制订阅读计划；自主结成读书小组制订阅读计划，分享讨论阅读现代诗的心得和体会	教师、学生自己

① 郑桂华.基于语文核心素养的小学写作教学思考［J］.语文教学通讯，2017（Z3）：4-7+31.

评价阶段	评价目标	评价类型	评价方法与工具	评价者
项目实施中	在阅读交流环节中，教师知晓阅读进度，了解学生的认知水平。 在自读、共读的过程中，不断提炼、梳理、完善"好诗"的标准	过程性评价	学习日志，评价量表，师生讨论会	教师、学生自己、同伴
成果展示	展示学生通过诗歌传递自己的情感和思考。展示学生小组团队合作在各方面的完成质量，引导学生在任务理解、沟通合作、问题解决等方面进行反思	过程性评价	成果展示评价量规，小组任务量规	教师、学生自己、同伴、其他年级学生、家长
项目实施后	在项目完成后，反思、回顾项目，总结得失	过程性评价和终结性评价	自我反思评价表	教师、学生自己

二、精心规划评价时机，在学习进程中持续评价学生，彰显发展性和个性

评价与教学密切联系，可以在教学过程中随时进行，因此，评价时机的选择尤为重要。传统的评价方式是在课前和课后通过作业评价获取学情。用学业质量标准指导过程性评价，需要对评价时机进行精心规划。因为有些要求是贯穿各年级的，有些要求可以在各个学期适当关注，有些要求可以根据教学内容置于专门单元（如特殊单元）或学期进行考查。

以第三学段（5～6年级）为例，"能独立识字，能借助工具书准确理解不同语境中汉字的意思"的要求是针对1～6年级的语文学习习惯养成而言的，需要持续考查学生熟练掌握工具书的能力。"有自觉识字的意识，在社会生活中发现自己不认识的字，能根据字形推断字音字义，并借助语境和工具书验证自己的推断"，这个要求需要与第一、二学段的已有识字量建立关联，并根据学习进度，勾勒第三学段需要重点关注的字及学生的具体表现，做出评价。又如，"能品味作品中重要的语句和富有表现力的语言，注意词语的感情色彩，通过圈点、批注等多种方法记录自己的阅读感受和体验，并主动与他人分享"，这个要求可以结合教材内容作为五年级下册重点考查内容之一。统编版语文教材五年级上册第七单元的语文要素是"初步体会课文中的静态描写和动态描写"，五年级下册第八单元的语文要素是"感受课文风趣的语言"，《四季之美》《鸟的天堂》《手指》《童年的发现》等课文后都设置了相应的练习。经过这两个单元相对集中的学习，学生应该在一定程度上掌握了"品味语言"这个阅读能力。此外，还有一些学业质量要求适合在每学年的第二学期重点评价。例如，能主动梳理、记录

可供借鉴的语言运用实例，比较其异同，积极运用于不同类型的写作实践中。因为需要学生在日常学习的基础上积累一定的语言经验后集中监测学习成效。

三、整合评价内容，优化评价方式，体现学生素养发展进阶

过程性评价重点考查学生在语文学习过程中表现出来的学习态度、参与程度和核心素养的发展水平。语文学科的内隐性决定了评价内容应根据文本特点、情境任务及学生的学习状态，细化学生各学年语文学业成就的关键表现，体现素养发展进阶。以写作评价为例，首先，应凸显情境在写作过程中的靶向作用，避免写作知识的标签化和堆砌。切忌一味向学生灌输写作知识，直接评价学生对写作知识和方法的掌握情况，而应评价学生在真实任务情境中对写作知识与方法的运用能力。其次，对写作过程与能力的评价，要做到写作结果评价与写作过程评价并重。但很多教师往往习惯性地在习作前对作文内容和表达方法提出要求，指导习作时只教作文知识和技能，习作完成后才评价作品，忽视了对学生写作过程全方位的关注与评价。统编版教材的写作编排强化了真实任务情境的设计。教师应关注学生在真实任务情境中的写作动机、写作热情及写作习惯等素养的动态发展。在写作过程评价中，还应聚焦学生真实的写作行为。"需要"产生动机，"需要"总是在一定的情境和个性行为中产生的。我们常看到，有的学生当堂朗读自己的作文草稿时，不按照原先的内容读，而是自觉地将没写通顺的语句读顺，将遗漏的内容补齐，这种真实的写作行为应得到教师的关注与肯定，这会促进学生内在学习机制——写作元认知的建构，以及反思习惯、自我评价能力的提升。①

学业质量标准描述的部分表现难以通过纸笔测试评价，教师应收集学生的课堂关键表现，如"乐于参与读书交流活动""喜欢阅读图画书、儿歌、童话、寓言等"之类。当然，不少学校期末开展的表现性评价可以解决一些问题，但仍无法全面了解学生的真实表现，人力成本也比较高。所以，教师应在日常教学中有意识地收集学生的课堂关键表现，建立档案袋或利用信息化平台等方式记录。当然，也可以让学生自主提供各种形式的证据，如整本书阅读记录单、观察记录、演讲照片、朗读音频、视频等，便于教师评价时有据可依。

四、设计有内在逻辑的评价任务，体现开放性和系统性

设计并不断优化评价任务是获取学生真实学业表现的重要途径。语文课程的特性决定了语文学习是学生的个性化行为，简单、封闭的评价任务难以表现出学生的个性化学习体验和感受。核心素养的内涵及特征决定了单一的评价任务无法充分展现学生的素养。评价任务所需要的思维过程越复杂，所需要关联的知识与技能越丰富，越有

---

① 景洪春.小学写作评价方式探索［J］.语文建设，2022（6）：16-20.

可能准确评估学生内在的关键能力与必备品格。[1] 因此，设计开放的评价任务，能帮助学生呈现个性化的思维过程及审美体验。教师应设计系统的情境取向的表现任务，即创设学习情境，将多个有关联的学习任务组合起来，评估学生整合完成阅读与鉴赏、表达与交流等语文实践活动所需要的技能，以及创造性地解决问题的能力。例如，在现代诗单元，教师引导学生在读诗、欣赏诗、仿写诗、创作诗的过程中梳理出"好诗歌"的特点，并从多个角度去理解、欣赏、评价同伴的诗作。

诗歌创作评价量规 [2]

评价指标		三星	二星	一星	生评		师评
					自评	他评	
写什么		能从日常生活、各种情绪、大自然中寻找新鲜、有趣、深刻的写作材料	能从日常生活、各种情绪、大自然中寻找较为新鲜、较为有趣、较为深刻的写作材料	能从日常生活、各种情绪、大自然中寻找写作材料，但材料普通			
怎么写	画面感	能使用不同的感官写出画面感，使用的比喻新鲜、奇特、有趣	能使用感官写出画面感，使用的比喻较为新鲜	比喻较为普通			
	语言	能用准确、简洁、有新鲜感的词语为读者构建有关主题的画面；语言有节奏感	能用准确的词语为读者构建有关主题的画面；语言较为有节奏感	语言不够准确，缺乏节奏感			
	分行	能根据诗的内容正确分行	有分行	分行不正确			
情感		能传递真挚的情感或表达自己的思考、感受，引起读者的共鸣	能传递情感或表达自己的思考	缺乏真情实感			

【案例】

想象岛（教学片段）
——三年级下册《奇妙的想象》互动评改教学设计 [3]

一、教学过程

（一）创设情境，开启想象

（二）打开思路，自主选材

（三）梳理例文，学习构思

（四）大胆想象，创编故事

① 李煜晖，李倩.核心素养取向的语文考试评价变革［J］.教育研究，2023（2）：79-87.
② 参考陈琢老师的上海市闵行区教学小课题研究结题报告《小学汉字文化课程下小学综合性学习活动项目化学习的开发与设计》。
③ 案例由上海市闵行区七宝镇明强小学李珊君老师提供。

（五）集体交流，互动评改

二、教学片段

1. 投屏学生习作，组织集体评改

（1）作者读故事。

（2）出示清单，根据"写清楚"的要求，集体完成第1、2条评价。

评价清单		
1	故事完整清楚	☆☆☆
2	语句通顺连贯	☆☆☆
3	想象大胆有趣	
4	乐于表达，主动修改	☆☆☆

（3）欣赏评价。

教师引导：你觉得故事中哪些内容特别神奇、好玩？

学生交流，教师随机捕捉典型语句，拖动相应"魔法道具"，自然渗透想象的加工方式。

夸张：无敌放大镜。

黏合：神奇七彩泥。

"无中生有"：魔力百宝袋。

根据获得的"魔法道具"打星（上不封顶），完成第3条评价。

（4）师生互动，激活创造。

◇自由想象

教师引导：你有没有更好玩、更神奇的想象？

学生任意选择故事中的情节、人物、道具等作为切入点，大胆想象，主动交流对故事内容的变换、调整、补白、拓展等多种形式的创造。

教师随机奖励"魔法道具"。

◇定点想象

教师画出一处想象较为普通的语句，鼓励学生发散思维，大胆表达，积极互动，然后从想象的新颖性、丰富性等角度进行肯定。

在第3条评价框内加星，肯定集体创造成果，鼓励修改。

2. 同桌互评

（1）互读习作，在精彩处打星，在建议修改处画线。

（2）互动交流，完成第3条评价。

3. 学生自主修改，完成第4条评价。

4. 将作品上传至线上"想象岛"，学生自主阅读，根据想象和修改情况，互动点赞。

【案例分析】

上述案例体现了两方面的特点。

第一，分解学业质量标准，制定特定任务评价清单。

在实际测评活动中，要以学业质量标准所刻画的水平特征为依据，结合具体任务和课程内容，制定等级化、描述性评分标准。只有这样，评价结果才能与学业质量标准所倡导的学校教育目标相一致，才能起到引领和改进学校教育和学生学习的目的。[①]本次习作要求"大胆想象，写一个想象故事，创造属于自己的想象世界"。课程标准的"学业质量标准"（第二学段）部分指出，"用积累的语言材料，特别是有新鲜感的词句描述想象的事物或画面；乐于书面表达，观察周围世界，能把自己觉得有趣或印象深刻、受到感动的内容写清楚"；"能按照童话、寓言等文体样式，运用联想、想象续讲或续写故事"。将"写清楚"分解为"内容完整""过程清楚""语句通顺连贯"；"有新鲜感"指向写得"奇妙"，本次习作中主要指想象的独特性和丰富性；"运用联想、想象"表明需要教给学生一些想象的基本方法，如黏合、夸张、人格化、典型化等，三年级学生以形象思维为主，适合学习黏合、夸张等想象方法。为鼓励学生想得新奇、独特，还可增加"无中生有"这一方法。

只有充分激发学生兴趣，引导学生主动参与，他们才能调动已有经验，唤醒记忆表象，才会自由创造，大胆表达。教师在课堂上不宜过度强调表达规范等要求，以免约束学生，抑制他们表达的愿望。

由此，制定四条评价标准，形成评价清单。其中"故事完整清楚""语句通顺连贯"是三年级习作的基本要求，属于构思、表达的范畴；"想象大胆有趣"指向态度和想象的成果；"乐于表达，主动修改"属于学习态度、习惯的范畴。通过梳理小学阶段想象类作文的编排序列可知，"想象大胆有趣"是此次习作的首要目标，可细化为"主动运用夸张、黏合等方法大胆想象，在创造、交流、修改中感受想象的乐趣"。这里对想象的合理性并没有过高要求。

第二，基于真实情境开展过程性评价。

想象是创造性活动，需要个体保持积极状态。层层递进的"想象岛"情境让写作话题变得真实有趣。"想象岛"里又嵌入了"种故事"和"获取魔法道具"两个情境：师生登上想象岛，播下故事种子，通过想象，让种子生根、发芽、开花、结出故事的果实。在学习过程中，学生通过想象、表达或评价，获得魔法道具，让故事的果实更诱人。

一方面，学生每一次主动的想象、表达、互动都需要教师针对他们的兴趣、态度和参与度进行观察。另一方面，此次习作的评价关注点之一"想象大胆奇妙"比较隐性，对它的评价是以"获取魔法道具"的情境任务存在的。教师把夸张、黏合及"无中生有"等写作知识包装成"魔法道具"——无敌放大镜、神奇七彩泥和魔力百宝袋。在同题想象和互动评改环节，教师根据学生想象的内容及表达，拖动相应的魔法道具，

① 杨向东. 核心素养测评的十大要点［J］. 人民教育，2017（Z1）：41-46.

并加以肯定。学生在拟真的情境中实现了写作知识的内化与运用，获得了魔法道具。

 **教学建议**

一、用好评价结果的差异性，重点关注评价反馈

过程性评价主要包括课堂教学评价、作业评价和阶段性评价，贯串语文学习全过程，与评价任务设计同等重要的是评价反馈。教师要注意用好评价结果的差异性，重点关注课堂教学中、作业完成后及阶段性评价中的评价反馈，提升反馈效能。例如，在课堂教学中，教师不仅要关注答案正确与否，而且要给出有针对性的评价、点拨；学生完成整本书阅读、口语交际等作业后，教师要从不同角度观察学生阅读、写作、口头表达以及创造性思维能力的发展情况。在单元练习中增加"开放性"题目后，需设计分层评分标准，并根据分层标准赋予等第，使评分标准尽可能接近素养取向，提升评价效度。

二、适当开发评价工具，减轻教师工作量，利于因材施教

结合核心素养测评的特征，适当开发评价工具，建构科学的分级量表显得十分重要。教师可以开发一些类型化的评价工具，如写字评价量表、朗读评价量表，以表格的形式分项分等第描述学生在态度形成、习惯养成、情感体验、思维发展及参与程度等方面可能的表现。而针对单元学习、学习任务群等的评价工具的开发，目前尚且不多。这就需要经历研制、试用及调整等过程，虽然较为繁琐，但从长远看，既能减轻教师的工作量，又有助于提升教师的评价素养和学科素养。

三、以信息化创新评价方式，获取数据资源，丰富过程性评价的途径

随着大数据、人工智能等现代信息技术的发展，教师依托学业成就数据的伴随式采集、过程式记录，能全面、清晰地获取学生在不同学习进程中的学业成就，这些丰富的评价数据资源可以助力教师追踪监控学生的学习过程，为学生提供及时的个性化反馈和指导，促使教师进一步因材施教。例如，在写作教学中，信息技术手段能助力教师把握真实学情，找准学习起点。另外，还需为阅读与鉴赏、表达与交流、梳理与探究等语文实践活动找到更具体的操作指标或切入点，确保所测评的是学生核心素养的相关表现。

5-3 如何设计素养导向下的语文作业?

 问题提出

教师要以促进学生核心素养发展为出发点和落脚点，精心设计作业，做到用词准确、表述规范、要求明确、难度适宜。这是 2022 年版语文课程标准对语文作业的基本要求。在达到这些一般要求的基础上，课程标准还提出了"优质作业"的要求，即用少量、优质的作业帮助学生获得典型而深刻的学习体验。理解素养导向下作业设计的要求，探索提高语文作业质量的有效路径，是落实课程标准理念的关键。

一、语文作业设计是过程性评价的重要组成部分

作业评价是过程性评价的重要组成部分，作业设计是作业评价的关键。2022 年版课程标准将作业评价置于过程性评价的要求中，与 2011 年版课程标准相比较，这是新增内容，说明 2022 年版课程标准对作业功能的界定不仅局限在巩固课堂知识与技能方面，更将其作为评价方式，其功能与价值较之前更广泛。过程性评价也叫形成性评价或促进学习的评价。语文作业评价的主要功能是促进学生学习语文，是在目标引领下设计的一系列学习任务，并强调作业目标与作业内容的一致性，而不仅仅是巩固语文知识，训练语文技能。因此，语文作业评价应遵循过程性评价原则，强调作业的目标性、整体性、系统性和动态性。

二、素养时代迫切要求高质量的语文作业

近年来，"减负增效"政策从国家层面已经提了很多年，大家也普遍认识到，作业数量要做减法，质量要做加法，对作业的探索与研究逐步聚焦到如何根据教学内容和学情，科学、合理、有效地设计作业。例如，上海市教师教育学院（上海市教委教研室）于 2022 年编制了《上海小学语文高质量校本作业体系设计与实施指南（试行）》，旨在帮助学校建立以目标为导向的，具有内容精当、结构合理、关注差异、类型多样等特征的高质量校本作业体系，一定程度上规范了基层学校在作业设计、作业实施及作业管理等方面的行为，语文作业设计与以往相比，呈现出内容适切、结构合理等特征，已有明显的素养取向，但离真正的学生核心素养的培养仍有距离。

三、"双减"背景下的作业设计的现实需求

"双减"政策实质上的目标和价值取向是促进学校落实立德树人根本任务，扭转基

础教育的功利化和短视化倾向。[①] 核心素养回答了在新时代如何落实立德树人根本任务的问题。长期以来，我国语文作业设计存在的问题颇多，如作业目标指向单一的知识与技能、作业内容单调随意、作业形式以抄默识记为主等，部分作业缺乏适切性。"双减"背景下的语文作业设计应满足减量、增质、提效的新诉求。

🔑 问题分析

一、素养导向下的语文作业的内涵与价值

（一）素养导向与语文作业的关系

语文作业是培养学生核心素养的有效途径，是教师在循环往复的实践操练过程中培养学生语言、思维、审美、文化素养等的重要抓手。核心素养对语文作业设计有指导作用，教师要以学生核心素养的培养为出发点和落脚点，科学合理地设计与安排。

核心素养具有内隐性和整体性，需要教师创设真实的语言运用情境，并开展语文实践活动来发展。素养导向下的语文作业设计，强调情境性、综合性、开放性、探究性和结构性，注重引导学生综合运用语文知识和思想方法来分析、发现和解决生活中的实际问题。

（二）素养导向下语文作业的价值

作为过程性评价的重要组成部分，语文作业在促进学生学习方面具有重要价值，主要体现在四个方面：其一，巩固课堂学习成果。通过完成课后作业，使学生了解自己是否达标，进一步巩固课程内容。其二，维持学习兴趣、学习信心、学习动机等。作业成效能让学生体验成功的快乐，如作文评语中对学生的激励，促使学生体验努力写作带来的愉悦，提高写作兴趣。其三，培养反思监控能力。优质作业能帮助学生监测自己是如何理解任务、完成任务，并调整学习方法的。其四，养成有效管理时间的习惯。例如，完成长周期作业，需要学生统筹安排，合理计划。

二、素养导向下的语文作业设计的基本理念

（一）尊重学生个体差异

由于家庭背景、生活经历、学习风格、兴趣爱好等的不同，因此学生完成作业的情况差异很大。例如，完成作文，有的学生半小时就写完草稿，有的学生需要一整天再加上家长辅导才能完成。教师需要依据教学经验，根据学生差异有针对性地布置作业。

---

① 刘光萍，马香莲. 基础教育"双减"政策的目标取向及实践路径［J］. 成都师范学院学报，2022（2）：1–6.

（二）注重作业与课堂教学优势互补

作业的功能不仅仅是巩固课堂所学知识，还要为学生创造更为广阔的实践空间，弥补课堂教学的不足，如观察植物并记录、说服父母养宠物、编写个人诗集等。

（三）整体设计作业

这里的整体包括二层意思，一是以单元为基本单位设计作业，既符合核心素养追求，又符合教学实际。需要以单元为整体设计作业目标，体现单元作业目标与作业内容的一致性，基于作业批改结果，反思作业目标达成度，跟进个别辅导，体现"目标—内容—批改—分析—讲评—辅导"的整体思考。二是从作业设计方面整体考虑，如作业目标、作业内容、作业时间、作业难度、作业类型、作业差异性和作业结构等。

（四）动态调节教与学

教师可以通过作业动态调节教与学。语文作业内容、作业形式制约着教师教什么、怎么教，以及学生学什么、怎么学。作业内容、题型等会影响学生的学习方法，作业改革会带来学生学习方法的改变。

🖨 问题解决

作业设计就是依据一定的作业目标，对作业内容、难度、类型、时间等进行统筹思考的过程。[①]从宏观层面看，教师要树立正确的作业评价观，以学生个体语言经验的持续发展为作业评价的终极目标。从微观层面看，教师要在作业目标、作业内容、内在本质及作业差异性等方面进行探索。

一、作业目标：凸显情境中迁移运用知识和技能

作业目标的科学与适切决定了作业设计的起点，素养导向下的作业目标需凸显情境中迁移运用知识和技能。以单元作业为例，单元语文作业目标首先应体现单元语文要素和人文主题的落实，这是单元教学的重点。同时，应关照常规作业目标（如抄写词语、朗读背诵课文等）及学期作业目标（如低年段的词语理解与运用，中高年段的概括主要内容等），体现在情境中迁移运用知识和技能。单元作业目标的叙写应综合反映语文能力、学习习惯、学习方法、学习品质等方面的要求，切忌只写知识和技能类目标。下表中的内容为四年级下册第二单元作业目标，该单元语文要素为"阅读时能提出不懂的问题，并试着解决""展开奇思妙想，写一写自己想发明的东西"。第13、15条指向单元语文要素，对应的学习水平是应用和综合。第4、5、9、14条指向文学

---

① 教育部基础教育司义务教育高质量基础性作业体系建设项目组.学科作业体系设计指引［M］.北京：教育科学出版社，2022.

体验情境中的关键表现，包括赏析与评价、介绍与说明、归纳与分类等。

单元作业目标描述与学习水平

序号	单元作业目标描述	学习水平
1	在语境中读准生字的字音	知道（A）
2	抄默指定的词语；读背指定的古诗	知道（A）
3	解释词语在语境中的意思	知道（A）
4	体会课文生动的表达，说明在文中的表达效果	应用（C）
5	体会课文准确的表达，学习用对比列举的方式介绍事物	应用（C）
6	提取信息，理解、概括课文的主要内容	理解（B）
7	说明文章的内容、顺序与中心之间的关系	理解（B）
8	辨析词语的新含义，与同学交流	理解（B）
9	运用作比较的方法，介绍一种事物	应用（C）
10	清楚连贯地讲述一则新闻，并发表自己的看法	理解（B）
11	简要复述课文	理解（B）
12	梳理、总结遇到不懂的问题时解决问题的方法	理解（B）
13	提出不懂的问题，并运用多种方法解决	应用（C）
14	感受阅读科普作品的乐趣，乐于与大家分享课外阅读成果	应用（C）
15	发挥想象，写清楚自己想要发明的事物	综合（D）
说明：第1、2、3、6条为常规作业目标，第13、15条为重点作业目标，其余为学期作业目标		

要改变基础性作业机械操练、以浅层学习为终点的现象，必须注重基础知识和基本技能的迁移运用。迁移和运用都要基于变化了的情境。当需要解决问题的情境与课堂学习的情境相似时，只需识记知识即可解决问题，如理解词语，学生先理解"众星拱月"的"拱"，再理解"拱手相让"的"拱"，不需要进行知识迁移。如果让学生根据课文内容，展开想象，简单画出圆明三园（圆明园、长春园、绮春园）和周围小园的布局，说清理由，这时情境就发生了较大变化，单凭机械记忆无法解决问题，必须通过理解知识并以迁移运用的方式解决问题。学生在解决问题的过程中获得了形象思维能力、阐释能力和审美体验，比单纯解释词语所获丰富得多。

二、作业内容：检查学生分析解决实际问题的能力

基于文本阅读的开放性作业能够创设更为宽广的语言运用情境，全面考查学生分析解决实际问题的能力。以《飞向蓝天的恐龙》的课时作业为例。

1. 根据课文内容完成示意图，并说说恐龙是怎样演化成鸟类飞向蓝天的。

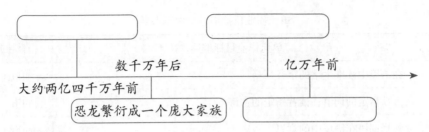

通过制作示意图，我不但读懂了课文，而且还简明扼要地把恐龙演化成鸟类的过程介绍清楚了。

2. 读下面的课文选段，完成练习。

数千万年后，它的后代繁衍成一个形态各异的庞大家族。有些恐龙像它们的祖先一样用两足奔跑，有些恐龙则用四足行走。有些恐龙身长几十米，重达数十吨；有些恐龙则身材小巧，体重只有几千克。有些恐龙凶猛异常，是茹毛饮血的食肉动物；有些恐龙则温顺可爱，以植物为食。

（1）这段话是围绕第____句写的，通过对比列举，从行走方式、_____、_____等角度写出了恐龙的特点。

（2）仿照上文为学校"鸟类探秘"活动海报写一段话，介绍庞大的鸟类家族。

可以从哪些角度来写呢？让我先查阅资料，再用示意图理一理要写的内容和写作顺序。

同一则材料下的三道题目连接在一起，形成一个语言运用情境的连续体，使学生在语文实践活动中的关键能力表现和核心素养发展水平充分表现出来。在语文实践活动方面，三道题目和泡泡图融入了阅读与鉴赏、表达与交流、梳理与探究三类实践活动，泡泡图提示了构思方法和学习路径。在语言运用情境方面，三道题目通过建构文学体验和日常生活情境，引导学生根据阅读感受和生活体验来答题。在语文关键能力方面，三道题目侧重检查整体感知、理解阐释、介绍与说明、筛选信息等多项能力。在核心素养方面，三道题目共同指向语言运用、思维能力，第三题指向学生对科学的探究、对大自然的新认知，涉及文化自信。

从上述分析中可知，作业内容需要基于作业目标、学习水平，在核心素养的四个方面、语文实践活动的四种类型、语言运用情境的三种类型，以及语文关键能力上都应有所倾向、整体考虑，避免一道题目只指向单一素养、单一活动、单一情境和单一能力。

三、内在本质：梳理学习路径，提升学生自主学习的品质

语文作业的价值指向是多元化的，当前小学语文作业已逐步变得趣味化、生活化，如"借助'故事山'梳理故事，练习简要复述""为王葆绘制一张人物卡""做一张有趣的书签，写一句你喜欢的格言"等，反映出教师对学生逻辑思维、抽象思维的培养，但对思维品质的培育与提升不够，作业的系统性尚需优化。例如，在高年段单元作业中，教师请学生阅读说明性文章《神秘的海啸》后，完成阅读探索卡。

阅 读 记 录

看到题目，我产生了疑问：为什么说海啸是神秘的？

这个问题很难回答。我们可以针对它再提一些问题，一个个解答。

问题	解答	文章相关段落
什么是海啸？	一种具有强大破坏力的海浪	2
"神秘"是什么意思？	词典解释：高深莫测，超乎寻常理性认识之外	

看了表格第三列，你有什么新问题？我们交流一下吧。

我们交流的问题：

_____

_____

　　为什么说海啸是神秘的？回家后，我们可以讲给家人、朋友听。在讲之前要先想一想怎么把这些小问题的答案连起来。

　　读了这篇科普文，你还想进一步探索什么问题？明天，我们继续交流收获，分享解决问题的好方法。

我想进一步探索的问题是：_____

我是这么想（或做）的：_____

_____

我的解答：_____

_____

　　该作业摒弃传统的阅读理解题目，强调作业的学习指导功能，一步一步地呈现学生提出问题和解决问题的学习过程。泡泡图为学生提供了方法支架，帮助学生尽可能自主完成学习任务，同时，在课后的实践活动中帮助学生内化，提升学生自主学习的品质。

　　四、作业类型：强化语文实践类、合作类作业

　　语文是一门综合性、实践性很强的课程，教师应该更多地考虑设计与语文课程性质相匹配的作业。例如，学生学习现代诗单元，完成长作业汇编诗集，需要经历以下五个阶段：

　　第一阶段：研究已出版诗集，明确诗集编写的基本要素——封面、名字、序言、

目录、内容、插图、编排形式等。

第二阶段：确定本小组诗集的编排内容。每位诗社成员自行整理，选择想要录入诗集的现代诗。小组长综合全体诗社成员的待录入内容，统筹筛选，分类整理，删去质量不高的诗，如果数量不够，可以增补。

第三阶段：思考讨论怎么编排，如按照诗人、内容、形式分类编排。

第四阶段：思考讨论诗集呈现形式，如日历诗集、电子诗集、口袋诗集、宣传读本等。

第五阶段：形成具体任务并分工，如整理诗集素材并进行分类、搜集要补充的内容、写序言、抄写或打印录入的诗、绘制封面和插图、校改错别字和错误信息、装订等。在此基础上，进一步讨论和优化细节，如封面配色、抄录字体选择、装订方式等。

这类作业具有综合性、探究性和开放性，为学生发挥创造性提供了空间。

五、作业差异性：针对学生差异设计作业，体现个性化学习

作业本质上是学生自主学习的过程。在自主学习的过程中，由于学生的已有学习经验、兴趣爱好、学习能力、学习动机、认知风格和意志力等方面存在差异，因此教师要根据其差异设计相应的作业，更好地实现因材施教。

根据作业的难度和数量布置差异性作业，这是从学习内容本身出发设计作业。这种做法容易操作，但有一定的片面性，容易导致教育不公平。例如，教师在课前通过分析信息技术平台上学生预习作业的数据，了解学生在认读生字、把握文章大意等方面的情况，并调整教学设计，适当添加学生出错率较高的课堂作业，并搭建学习支架，调整和重组教学内容。在课上，当堂纠正学生在表达、书写等方面的错误，观察每一位学生的学习进程，关注特殊学生，诊断问题，相机调整教学策略。在课后，利用信息技术平台的"组卷功能"挑选易错题布置作业，依据实时反馈的作业数据，了解学生答题时长、正确率和典型错误，采用当面辅导与微课视频结合的方式，利用微课讲解典型作业的回答要点，供学生选用，助力学生自主学习。

作业差异性还包括学生根据自己的学习风格和认知水平自主选择作业。抄写、默写词语等作业一直备受诟病。教师可以布置"个性化记词"作业，即学生可根据自己的识记能力，选用适合自己的方式识记词语，在校默写时达到 A 或 A− 等第即可。获 A 等第的同学可获得奖励章，连续三次获 A 等第的同学可获得一月免默资格；获 A− 等第的同学将错词订正 1 遍；获得 B、C、D 等第的同学需要订正错词 1 遍、2 遍、3 遍。

此外，还可以采用给予不同的文本资源、搭建不同类型的语言支架、提出不同的学习要求等方式，为不同的学生提供差异化作业，当然，操作上也会更复杂。

【案例】

谁是"最强之神"

——《中国古代神话》整本书阅读作业设计 [①]

一、作业目标

1. 完成人物信息卡，感受中国古代神话神奇的想象和鲜明的人物形象。

2. 合作绘制凸显神话人物特点的思维导图，和组员一起完成"最强之神"竞选海报，并向游戏开发团队进行竞选推荐。

3. 初步掌握对比阅读等阅读策略，迁移运用阅读外国神话故事。

4. 喜欢阅读中外神话故事，感受中华优秀传统文化，增强文化认同。

二、学习评价单

任务内容	评价内容	自评	小组评	师评
寻找"最强之神"	1. 明确任务，能在 7 天内读完整本书	☆☆☆	☆☆☆	☆☆☆
	2. 能提取并整合信息，完成人物信息卡	☆☆☆	☆☆☆	☆☆☆
	3. 能查阅 1~2 本书，丰富所选人物信息	☆☆☆	☆☆☆	☆☆☆
推荐"最强之神"	4. 能积极贡献想法、承担任务，合作完成思维导图的绘制	☆☆☆	☆☆☆	☆☆☆
	5. 思维导图清晰呈现"最强之神"的竞选优势	☆☆☆	☆☆☆	☆☆☆
	6. 能条理清楚地陈述优势，为竞选助力	☆☆☆	☆☆☆	☆☆☆
	7. 在他人发言时，能认真倾听，并对他的想法表示认同或提出建议	☆☆☆	☆☆☆	☆☆☆
	8. 乐于与他人合作开展阅读、探究、分享活动，并保持热情和兴趣	☆☆☆	☆☆☆	☆☆☆
	9. 能和同伴交流学习收获或思考	☆☆☆	☆☆☆	☆☆☆
解密"最强之神"	10. 能通过比较了解神话故事的起源	☆☆☆	☆☆☆	☆☆☆
	11. 阅读外国神话故事，能发现中外神话故事的异同之处	☆☆☆	☆☆☆	☆☆☆

三、作业设计

学习情境："最强之神"征集令

××同学爸爸（某游戏公司工程师）：同学们，最近我们公司准备结合中国古代神话元素开发一款新游戏，游戏围绕"最强之神"展开。究竟谁是"最强之神"，我们团队讨论了好久仍难以抉择。现发出"最强之神"征集令，邀请同学们为"最强之神"这款游戏的开发出谋划策。

---

① 案例由上海市闵行区七宝镇明强小学曹玉杰老师提供。

任务一：寻找"最强之神"

作业内容：神话故事因为想象而更加熠熠生辉，故事中的主人公有着怎样的神奇力量？请你在7天内读完《中国古代神话》，选出你心目中的"最强之神"，并根据提示完成学习单。可以通过查阅相关书籍，丰富你对这位"最强之神"的了解。

学 习 单

我眼中的"最强之神"（　　）	画一画
	姓名：＿＿＿＿＿＿＿　身份：＿＿＿＿＿＿＿＿＿ 神器或神力：＿＿＿＿＿＿＿＿＿＿＿＿＿＿＿ 特点：＿＿＿＿＿＿＿＿＿＿＿＿＿＿＿＿＿＿ 事例：＿＿＿＿＿＿＿＿＿＿＿＿＿＿＿＿＿＿

任务二：推荐"最强之神"

作业内容1：支持同一位神话人物的同学，强强联手组成战队，合作完成"最强之神"竞选海报，在学校图书馆展示。

小贴士：记得抓住人物特点和典型事例，补充、整合人物信息，突出"最强之神"的强大之处。

作业内容2：游戏开发公司"竞标"时间到了，哪位神话人物能成功入选？各个战队请根据竞选海报，向游戏开发公司推荐你们战队的"最强之神"，进行战队PK。

推荐"最强之神"评价表

	态度大方 声音响亮	内容完整 表达连贯	神力强大 贡献值高
小组评	☆ ☆ ☆	☆ ☆ ☆	☆ ☆ ☆
教师评	☆ ☆ ☆	☆ ☆ ☆	☆ ☆ ☆
游戏工程师评	☆ ☆ ☆	☆ ☆ ☆	☆ ☆ ☆

任务三：解密"最强之神"

世界各地都流传着多姿多彩的神话故事。在这些充满神奇想象的故事中，有许多性格鲜明的英雄，他们的故事至今仍然熠熠生辉，你读得越多，感受就越深。

作业内容1：读读这些神话故事，它们都与什么事物有关？想想为什么与这些事物有关，尝试完成下面的表格，并说说你还有哪些发现。

神话故事	事物
《羿射九日》《夸父逐日》	
《愚公移山》《共工怒触不周山》	
《精卫填海》《哪吒闹海》	
《盘古开天地》《女娲补天》	
《_____》《_____》	

作业内容 2：《普罗米修斯》是外国神话中关于偷盗火种的故事，《中国古代神话》中也有相似的故事《阏伯盗火》，它们之间有什么异同？感兴趣的同学可以继续找其他中外故事进行比较阅读，相信你会有新的收获。

【案例分析】

《中国古代神话》是四年级上册教材"快乐读书吧"推荐的必读书目。此次作业属于长周期作业，该作业的特点主要体现在以下三个方面：

第一，系统设计作业与课堂学习相匹配。对此，设计者要有较强的意识。学习任务包括"寻找'最强之神'""推荐'最强之神'""解密'最强之神'"；作业设计也包括这三部分。作业目标在细化后融入学习评价单的相应板块中，体现"学—练—评"的一致性。在"最强之神"征集令这一学习情境下，以寻找"最强之神"的任务驱动学生自主阅读整本书，筛选、整理人物信息，自主完成学习单，对应作业目标1。

第二，注重诊断，提高教学和评改的针对性。在任务一中，教师通过学习单发现，学生对神话人物的认识存在片面狭隘等现象，这些信息为教师的教学设计和第二阶段的作业设计提供了依据，于是就有了针对学生认识盲区的小贴士：补充、整合人物信息，突出"最强之神"的强大之处。

第三，任务清晰，实践性强，成果有价值。启动单元学习之初，教师呈现了一个驱动任务：为游戏公司的"最强之神"这款游戏的开发出谋划策，推荐"最强之神"。任务符合学生年龄特征，容易激发学生的兴趣。与之匹配的评价单体现了评价主体的多元。此作业设计综合了海报美化、排版、竞选发言、拓展阅读等活动，引导学生将习得的阅读策略运用到整本书阅读中，体现了阅读作业的情境性、实践性和开放性。

综上所述，该阅读作业能帮助学生掌握阅读方法，形成文化认同，有助于学生获得典型而深刻的学习体验。

教学建议

一、从单元的角度系统设计作业，发挥"教—学—评"的协同作用

让核心素养落地，涉及方方面面，教师在教学中可以围绕同一个主题单元，设计课时作业，累加形成单元作业。以单元作业设计为抓手，既符合统编版教材的编写体例，以教材自然章节作为单元，更容易把握，也避免了课时作业系统性、关联性、综合性和递进性缺失等问题。当然，也可以根据需要设计体现单元整体要求的、带有综合运用性质的综合性作业，如习作单元的完成一篇习作。

二、处理好作业类型、文本类型与语言运用情境的关系

在小学中高年级，教师经常会布置阅读理解作业，在设计这类作业时，要注意语言材料与语言运用情境的关系。如果是文学类文本，更适合创设文学体验情境，指向学生对文本的理解、分析及评价能力；如果是信息类文本，更适合创设日常生活情境，指向学生运用信息展开推断和形成解释的能力。有时，文学类文本也可以融入日常生活情境，还可以创设跨学科学习情境，教师应尽可能统整多样的语言运用情境，从单一结构情境转向多元结构情境，全面评价学生的思维和认知发展情况。

三、基于全体学生共性要求，夯实基础知识和基本技能

2019 年，中共中央、国务院印发的《关于深化教育教学改革全面提高义务教育质量的意见》第 10 条指出："统筹调控不同年级、不同学科作业数量和作业时间，促进学生完成好基础性作业，强化实践性作业，探索弹性作业和跨学科作业，不断提高作业设计质量。"基础性作业一般指基于课程标准、根据全体学生的共性要求而设计的作业。主要根据日常需要落实的基础性内容制定，如抄写和默写词语、朗读课文等。小学教育是基础教育的基础，日常需要落实的基础性作业是建构知识的源泉，是培育素养的根基，不能忽视。基础性作业应避免"功利""短视""学评不一致"等弊端。教师要统筹安排课时作业的结构并进行整体设计。学生通过完成基础性作业可以知道自己的知识和技能水平。

四、帮助学生获得典型而深刻的语文学习体验

2022 年版课程标准还提出了"优质作业"的要求，即用少量、优质的作业帮助学生获得典型而深刻的学习体验。体验是指通过实践来认识周围事物。语文学习需要学生全身心参与语文实践活动，是身体和精神的双重参与，即"以身体之，以心验之"。

语文学习体验不能简单理解为认知层面的体验，更涵盖了情感体验、审美体验及语文实践体验等多维度的有机统一。"典型而深刻的语文学习体验"首先意味着作业具有一定的挑战性，学生在完成作业的过程中，需要克服困难，进而在认知、价值层面获得丰富的体验；其次，在理想情况下，有强烈学习动机的学生会积极主动地参与完成作业的全过程，在语言运用情境中与同伴合作、互动，进行系列反思监控活动，明确自己在完成各类作业中的得与失，从而获得认知发展和"自我"成长，以及典型而深刻的语文学习体验。当然，与基础性作业相比，这类作业是少量的，需要精心设计，且有一定新意和足够的针对性。

第六章

研究课堂教学

　　课程改革，改到深处是课堂，改到难处也是课堂。如何有效推动课堂改革？如何让学生核心素养落地真实发生？如何选取精准角度助力教师教学能力提升？……都需要对课堂教学进行深入研究。本章聚焦当前教师课堂教学中的若干重难点问题，如何提高学情分析能力、如何提高教材分析能力、如何合理利用现代信息技术促进教学变革、如何开展教学专题研究等，从课程标准要求、问题梳理、案例解读等方面进行分析，努力为教师的能力提升提供学理依据和路径支持，为教师成长搭建脚手架。

6-1 如何提高学情分析能力?

 问题提出

《义务教育课程方案（2022年版）》在谈及修订原则时，明确提出要坚持创新导向，"凸显学生主体地位，关注学生个性化、多样化的学习和发展需求，增强课程适宜性"。凸显学生主体地位的课堂教学，非常重要的一个标志就是在教学过程中，教师会仔细考虑学生已有的知识、技能和态度等，并据此设计和实施教学，还会根据学生的学习状态及时调整自己的教学方案。这个过程就是学情分析的过程，教师在这个过程中呈现出来的对学生已有的知识、技能和态度的了解，据此设计、实施、调整、再实施教学方案的能力就是学情分析能力。

在以往以教师为中心的课堂中，学情分析有时只是教师"想当然"的一些看法，是教师认为学生可能已经掌握了什么知识、具备了什么能力等，教师想教的与学生实际想学习的、需要学习的，在很多情况下会存在不一致，甚至是相背离的问题。由于缺乏有力的证据支撑、缺少学生的真实参与和反馈，这样的学情分析不仅无法反映学生的实际状况，更无法为教师定位教学目标、确定教学方法和界定教学重难点等提供参考，不能为课堂教学提供实质性帮助。因此，很多教师在教学方案中都有"学情分析"的设置，但仔细考察会发现这个单独的环节与整体教学设计和内容安排往往相割裂，既没有为教师的教提供支持，也没有为学生的学打下基础，课堂就变成了教师的"独角戏"。

新课程改革的核心理念就是要将以教师为中心的课堂交还给学生，要充分体现学生的主体地位。学生主体地位如何体现，体现得是否充分，都与教师的学情分析能力息息相关。

 问题分析

学情分析是教学设计的关键环节，教师的学情分析能力是教学价值得以发挥的重要保障。在强调课堂以学生为主体的新课程改革理念下，教师的学情分析能力更成为影响教学实施的关键能力，提升学情分析能力，就能引导和推动整个教学活动。

一、学情分析能力的内涵

学情分析能力是一种系统能力，关涉对学情分析的内涵、价值、路径、效能等多维度的认知。教师要能对"为什么做学情分析""怎么做学情分析""做了学情分析之后应该怎么用"等系列问题有系统设计。然而在实际教学中，大多数教师都知道要做学情分析，但实际落实的"学情分析"更像是一个固定的模块，内嵌在教学设计或教学案例中，与前面的学习目标、后面的学习过程乃至学习评价都没有发生应有的关联，把"学情分析"处理成一个单独的备课环节，使"学情分析"游离在整体教学设计之外。例如，在分析"学习目标"时，很多教师都能从整体上看出学生与学习内容之间有无距离、学习是否有兴趣、学习是否有难度，但仅此而已，并没有转化成拉近距离、激发兴趣、降低难度而采取的具体措施。又如，在分析"已有基础"时，有些教师明明已经认识到学生对学习内容的学习没有什么难度，但是做教学设计时，还是按照既定环节逐步实施教学，对学生的学习需求视而不见。还有的教师，在学情分析时认识到了学生的实际基础和差异性，这本该成为后续教学设计的基础，但在实际的设计和实施过程中看不出其为了适应基础和差异而安排的教学举措。这在一定程度上导致学情分析停留在抽象笼统的层面，这样的学情分析缺乏实际指导意义。

二、学情分析之"学情"的内涵

"学情分析"要分析的"学情"究竟指什么、具体包含哪些项目，很多教师并没有清晰的认知，通常凭着经验、感觉进行学情分析。究其原因，是对"学情"这个概念所包含的关键特征还没有认清、认全。目前关于"学情"内涵的认识，大致有两个角度：一是用概括的方式表达，如"学生学习的情况""学生在课堂里的学习情况"。在这种认识指导下，通常会将学生的心理、学习动机、学习兴趣、已有学习经验等多种因素都纳入学情分析的范围。有研究深入者，为了进一步聚焦，将"学情"定义为影响教与学的设计与实施的发生、发展及效果，并且与学习者相关的一切变量和因素的状况。这个定义增加了"影响教与学的设计与实施"的限制表达，但即使是这样，因素也十分复杂。二是用列举的方式表达，如从课前、课中、课后的角度，或者从教学设计、教学实施、教学评估的角度进行学情分析，或者从学期、单元、课时（包括课前、课中、课后）进行学情分析。相较于前者，分类列举的方式更能聚焦，也更能产生效用。

三、对学情分析结果的持续性跟进

对学情分析能力和"学情"所指的内涵有了系统、清晰的认知后，教师要能超越经验层面的学情分析，借助作业分析、问卷调查、行为观察、心理访谈、成长记录袋等多种手段，全面系统地识别和诊断学生的学情，进而实现学情分析的专业化。这些专业化结果是学情分析行为的阶段性成果，同时也是下一段学情分析行为的起点和延续，学情分析是一个循环往复的持续过程，要对这些结果的使用进行持续性跟进。主要关注两个方面：一是据其适时调整教学设计；二是关注调整后的教学实施，形成新的学情分析结果。这样，学情分析将会具有深度，而不是只停留在现象和经验表层，才能成为定位教学目标、明确教学重难点以及调节教学策略的科学依据。

 **问题解决**

　　随着课程教学改革的不断深入，教师对学情分析重要性的认知有所提升，学情分析的能力也不断提升，逐步由宏观背景落实到具体层面，从对学生的整体性描述转变细分为对学情分析的方法、内容和对分析结果的使用。但是从总体来看，教师的学情分析能力依然有着极大的提升空间。

一、要以学生核心素养发展为目标

　　过去，教师不仅将学校教育窄化为以知识为目的的教学，而且将知识简化为供学生死记硬背的碎片化知识点，这导致教师在学情分析时仅仅关注学生的知识掌握情况，较少考虑学生的认知差异、学习动机、情感态度等因素。当前，教师只有突破思维定式，立足学生核心素养发展，才能切实提升学情分析能力。课程标准在"课程实施"部分明确提出："教师应理解核心素养的内涵，全面把握语文教学的育人价值，突出文以载道、以文化人。把立德树人作为语文教学的根本任务，清晰、明确地体现教学目标的育人立意。……教师应充分认识语文课程工具性与人文性是统一的，从培养核心素养出发，把握四个方面整体交融的特点，设定教学目标时既有所侧重，又融为一体。"核心素养是引领我国未来课程改革的核心概念，既明确了课程与教学的目标、内容和要求，也为教师学情分析能力提升指明了方向。教师在做学情分析的时候，不仅要关注学生记住或理解了多少知识，更重要的是要关心他们对知识有多大的兴趣，愿意为知识的学习付出多大程度的努力，是否掌握了学习知识的方法，有没有感受到知识的魅力。

二、对学生的认知要从"抽象人"向"具体人"转变

　　一项调查研究发现，部分教师在做学情分析时，会存在一个先验观念，会以中等及偏上学生作为"潜在参照标准"进行分析，这就会将所教授班级学生视为同一"类"。在此基础上进行学习基础的分析只能对学生的共性特征作出较整体、抽象的描述，这样的分析会存在两方面的问题：一是从覆盖广度上看，容易忽略具有特殊需要的学生，如学优生和学困生；二是从学情分析的深度上看，比较表面，只看到了学生学习已有的知识方面的基础，容易忽视学生在学习动机、学习习惯、认知偏好等方面的个性差异。这种学情分析的结果很难为教学设计提供准确的"学情依据"，也难以成为教学实施中的促学手段。

　　如何能在学情分析的时候充分考虑学生差异呢？教师可以从对学生差异的认知和处理两个角度思考。"差异"是不同，学生差异既包括已有的知识基础和学习能力等方面的智力性因素的差异，也包括学习动机、学习习惯、理想目标等方面的非智力性因

素的差异，还包括家庭条件、生活阅历、生活经验等多方面的差异，是一个多维度的复杂体系。很多教师在做教学设计的时候总有一种潜在的观念，想消弭这种差异，让所有学生都整齐划一，视学生差异为一种"障碍"，这就是对"差异"的错误认知。其实，更应该将"差异"定位为一种积极的教学资源，教师教学的目的不是为了缩小或消弭学生之间的差异，而是尽可能在教学中实现差异共享，展开真正的教学交往与对话。教育的责任在于为每一个学生提供平等发展的条件与机遇，将"差异"视为发展的目的，使学生的主体作用得以充分发挥。那么如何处理学生间的这种差异呢？关键是要实现差异化教学。课堂上的每一个学生，在教学活动的起点、过程和终点方面都存在显著差异。教学活动不是消极适应学生差异的发展，而是要积极促进学生的差异化发展。教师要以对学生发展具体差异的精准分析为基础，借助技术手段，从教学目标、教学内容、教学方法、教学评价等方面系统增加课堂教学的灵活性与多样性，有效地顺应学生的差异性，最大限度促进每个学生个性化发展。

三、要注重实证手段的使用

如前文所述，从教学经验出发，往往是教师在做学情分析时最容易出现的倾向。这种倾向最直接的表现是教师了解学情的手段比较单一，表达方式往往是"我认为……""我观察到的……"，缺乏证据的支撑。还有一些教师直接从教师教学用书或教学参考资料中去寻找学生的"学情"。当然，教师基于经验的学情分析并非完全无效，尤其是一些教学经验丰富的教师，其依据经验的学情分析经常被证明是准确的，但却很难被模仿。因此，提升学情分析能力必须要超越"经验化"的分析判断，采取实证方式的测评与判断，才能真正发挥学情分析的精准定位与对教学设计的调节功能。

【案例】

先写后教，以写定教，奏好习作学情诊断"三部曲"[①]

——统编版语文五年级上册第五单元习作《介绍一种事物》设计

一、依托学习任务单，进行学前诊断，确定写作前的指导内容

《介绍一种事物》是统编版语文五年级上册第五单元习作，学生可以选择自己喜欢的一种美味介绍给大家。课前依据课程标准、教材，教师设计了一份课前学习任务单"阅读在线"。

1. 阅读下面的文章和片段，思考：从文体、选材、表达上有什么发现？

片段一：

我仔细打量小笼包，一个个白生生、皮薄薄的，好像有一包汁水在里面，难怪叫小笼包。这时我肚子正饿得咕咕叫，恨不得将嘴巴变大，把四笼小笼包一口吞下去。我急急忙忙地夹起一个小笼包塞进嘴巴里，可是连味道还没尝到，就急忙吐了出来，

①　张建娥."先写后教　以写定教"奏好习作学情诊断"三部曲"：苏教版语文六上第四单元习作《介绍一种美味》例谈［J］.科学大众（科学教育），2017（7）：98+38.

原来小笼包很烫。妈妈说："吃小笼包应该先醮点醋，轻轻咬一个洞，把里面鲜美的汤汁吸干，再吃皮和肉。小笼包的美味精华就在汤汁里。"我按照妈妈的方法吃，汤汁鲜、皮薄肉嫩，真是好吃极了。四笼小笼包一会儿就让我和妈妈吃完了。

片段二：

我对宫保鸡丁的认识更深了。我凑近用鼻子一闻，一股香味扑鼻而来，让我忍不住垂涎三尺。瞧！这金灿灿的鸡丁前放着一朵花，旁边全是火红的辣椒，宛如在鸡丁旁镶嵌了一些红宝石。我夹了一块放入嘴里，只觉舌尖微麻，轻轻一嚼，嫩脆可口，似鸡非鸡，似肉非肉，妙不可言，吃完后还口留余香。看着这空荡荡的盘子，我舔了舔嘴巴，笑着说："这宫保鸡丁的味道可真是名不虚传啊。"

片段三：

吃滤粉时，我喜欢张开嘴巴，"嘘"地一下吸进嘴里，真是顺滑爽口呀！暑假的一天，我和外婆在融水老家的一家滤粉店吃滤粉，当我夹起那烧介时，淘气的烧介跳进汤里，我再次夹起烧介时，它又顽皮地跳进汤里，一连来了好几回，都夹不了，干脆用筷子一戳，哈哈，这下它逃不掉了！

2. 牛刀小试：选择一两种描写方法，写写你最想推荐的美味。选择色、香、味、吃法中的一两项内容进行描写，努力让美味真实可见。

班级 50 位学生完成课前学历单后的学情诊断结果如下：学生从内容上了解到此次习作可以从美味的样子、吃法、味道、趣事方面展开，表达上可以运用比喻、拟人的方式写生动。

基于以上习作前的学情诊断，我重新确定了习作指导目标：

1. 能通过例文引导，了解学习化物为人、旁敲侧击、浮想联翩、细致入微的描写方法，抓住美味的特点具体表达自己的感受。

2. 能通过欣赏学生的优秀习作片段，了解将美味的口感、滋味描写具体的方法。

二、课中观察，进行学中诊断，调整写作中的评讲重点

课堂上，在引导学生关注例文，领悟到片段值得借鉴的表达形式后，教师让学生开始修改。学生修改写作的同时，教师走近每一个学生，查看他们完善的情况，并进行了统计和分析。

根据习作中的学情，教师将评讲环节调整为两个板块：

1. 大家一起来欣赏——佳段有约。

分类表扬并展示课中观察时发现的优秀片段，请学生大声诵读，全班评议。

2. 大家一起来修改——我们有方法。

在展示两段运用慢镜头、夸张等方式将滋味描写具体的文章片段后，出示一篇问题例文，大家一起想办法，运用所学方法，集思广益，共同修改。

设计意图：通过这两个环节，充分利用优质资源和错误资源，以学定教，根据学生的不同差异设计调整教学环节，学生在经历"未知"到"已知"的过程中，收获了写作方法，同时也享受到了成功与成长带来的快乐。

三、回顾课堂，进行学后诊断，实现写作后的拓展延伸

学后诊断是完整的学情分析不可或缺的部分，可以有效了解学生在经历学习活动之后对学习内容的掌握情况，可以了解教师教学设计的有效性和教学实施的适切性，同时也是进行拓展延伸的有效依据。

1. 梳理学习任务单，自我诊断。

课末，可以安排学生梳理学习任务单，在梳理过程中及时对学生进行个别访谈，让他们说说自己之前未写好的原因，为什么这样修改。学生通过自我诊断，了解自己写作中的不足，进一步强化课上习得的方法与技能。

2. 回望质疑，课后拓展。

课上完成的只是一个片段，对于整篇文章的写作学生还有一些疑虑。在课末，安排学生谈自己的收获与困惑，有学生问：按照这样的方法写，我们可以写得很具体，但缺少变化，如何才能有新意？美食除了这样细致入微的描写之外，还有没有别的表达方式？

结合学生的实际情况，教师设计了这样的拓展延伸：

（1）学会"变一变"。

一变开头，试着运用倒叙、设置悬念的方式开头，吸引读者；二变结构，尝试着给每段加个小标题；三变题目，如《魂牵梦绕的好滋味——》《舌尖碰上……》《美味陷阱——》《……的诱惑》等。

（2）如果想了解更多美味的写作，可以去阅读两本书：赵珩《老饕漫笔》、逯耀东《肚大能容》，将课堂延伸至课外，实现真正意义上的拓展。

四、结语

《礼记·学记》指出："道而弗牵，强而弗抑，开而弗达。"意思是说，要引导学生而不是牵着学生的鼻子走，要严格要求而不是使其感到压抑，要指导学生学习的门径而不是代替学生做出结论。在学习过程中，教师不应是费力拉扯的"纤夫"，而更应像一个生命的牧者，一个满怀期待的陪伴者，一个适时出手的引导者，所以我倡导"先写后教，以写定教"，"先写"是为了更好地"以写定教"，而"以写定教"的关键就是学情诊断，因此奏好学情诊断"三部曲"的意义重大。只有这样，我们才能够为学生成长而教，充分尊重学生的学习状态，将学生的学习引向自然、自由、自觉。

【案例分析】

案例以单元写作内容为核心，围绕课前、课中和课后进行了学情分析，并将其运用到教学设计的调整和完善中。基于学生对内容和写作手法的分析，制定合理的教学目标。课中实施时，根据学生反映，不仅有欣赏，而且有修改；不仅欣赏了好的选段好在哪里，而且还带着学生一起分析了问题选段，问题出在哪里，该怎样修改。最后在课程结束的时候，聚焦学生提出的困惑，从"变化形式"和"拓展内容"两个方面给予了拓展延伸。对比起初的教学设计目标，最后的设计能使学生拓展形成比掌握方法、表达感受更高级的语文素养，生动呈现了学情分析在教学设计完善过程中的作用。

教学建议

教师的学情分析能力是教学的基本能力，关乎整个教学设计与实施的专业性和有效性。然而在实际教学实践中，有的教师有意识或无意识地忽视学情分析环节，忽视了学生真正想学、实际能学、按照目标该学的内容。为了更好地做好学情分析，发挥学情分析的实效，切实提升教师的学情分析能力，可以从以下三方面着手：

一、转变学情分析来自经验的观念，树立实证意识

教师一定要见到学生的信息、资料，甚至是见到学生、了解学生后，再做学情分析，而且每一条学情分析内容转化为教学目标的时候都要言之成理、言之有据。必要的时候，可以通过一些表格，设立一些维度，如"学情分析内容""学情分析依据""学情分析应用"等，将学情分析和学生需求可视化。

二、转变学情分析一成不变的观念，树立修正意识

现实中，很多教师在教学设计中完成学情分析，并据此分析形成教学目标后，学情分析的内容便被弃之不顾，更多的评价和反思来自对目标的落实和呈现。诚然，对目标的关注并没有问题，学情分析也要转化为教学目标才能实施。但是，在评价和反思的过程中，应对学情分析的内容进行修正，并将其进一步应用到教学设计中。

三、转变学情分析概括笼统的呈现方式，要能具体到学生表现

教师眼中有没有学生，准确而言，是有没有具体的学生个人，而非学生群体。在做学情分析时，也要精准呈现学生个体对学习内容的已有基础、学习兴趣、学习习惯等，不能只呈现为"我班学生""部分学生"等表述。

问题提出

2016 年，义务教育起始年级开始使用统编版语文教材。2019 年，义务教育阶段实现统编版语文教材全覆盖。这期间，教师处于"新教材""旧课标"的矛盾之中，需要通过对"新教材"的分析与解读，逐渐揣摩语文课程教学改革的新方向。2022 年 3 月，《义务教育语文课程标准（2022 年版）》颁布，教师又处于"新课标""旧教材"的夹缝之中，需要通过对"旧教材"的分析与解读，落实学生核心素养培养要求，实现语文学科独特的育人价值。教材分析能力从来没有影响如此之大，而如何提高语文教师的教材分析能力，也成为当前需要思考和亟待解决的重要问题之一。

一、提高教材分析能力是实施新课程的必然要求

2022 年版课程标准在"课程实施"的"教学建议"部分，明确提出"教师要准确理解义务教育语文课程的基本理念，把握学生核心素养发展的基本规律，根据课程目标、课程内容和学业质量的要求，创造性地开展语文教学，充分发挥语文学科独特的育人价值。"这彰显了新课程实施对教师教学的总体要求，体现为"三个方面一种追求"。"三个方面"是指要能准确理解课程基本理念，把握核心素养发展规律，了解课程目标、课程内容和学业质量要求；"一种追求"是指"创造性地"而非"程式化地"。作为课程内容的实际落地和呈现，语文教材必然努力落实课程标准的理念、目标等方方面面的要求，但终归会有衰减。如果教师不具备较高的、专业的教材分析能力，创造性地"用教材"开展教学，新课程实施的效果就一定会打折扣。

二、提高教材分析能力是设计学习任务群的基础条件

"学习任务群"的概念滥觞于 2017 年版高中语文课程标准，在 2022 年版义务教育语文课程标准中得到了深化，学习任务群作为结构化的学习任务，意在促进学生为主体的建构式学习的实现。教师要明确学习任务群的定位和功能，准确理解每个学习任务群的学习内容和教学提示。在此基础上，综合考虑教材内容和学生情况，设计不同类型的学习任务。所谓"综合考虑"，既是对教材内容和学生情况的整合考虑，也蕴含了对教材内容的系统分析和判断。教师只有提高教材分析能力，才能从教材出发、结合学生实际设计不同类型和结构的学习任务，才能找到培养学生核心素养的根本路径。

提高教材分析能力，既是把握语文课程内容、实施新课程的必然要求，体现了教师应然层面的追求，同时也是教师设计学习任务群、实现结构化教学的基础条件，是

教师实然层面无法逾越的基础。

 问题分析

何谓教材分析能力？又当如何提高教材分析能力？应当从教材分析能力的内涵谈起。教材分析能力是语文教师必备的一种专业能力，是教师在充分理解语文课程标准的基础上，对语文教材内容进行多角度、多层次的分析，理解教材编写意图，找到教材内容与课程标准之间的关系，进而根据理解、结合学生实际对教材进行合理使用，以落实学生核心素养的培养。理解课程标准是提高教材分析能力的基础和前提，教师可以从理解课程标准与教材的关系、理解课程标准结构体系与教材分析的关系等方面着力。

一、理解课程标准与教材的关系

2022 年版课程标准明确对教材编写提出了十条建议，首先就是要"贯彻国家课程改革的精神，全面落实义务教育课程标准要求"。从起点上规定了教材内容和课程标准的关系，即教材编写要全面落实义务教育课程标准要求，这有助于教师了解教材是怎么来的，不能就教材论教材，而应该有这样一种意识：先学习课程标准再研读教材。然而，这一点是当前很多教师不具备的。实际听课中甚至有教师反映："教材能给我们用，说明肯定是遵循课程标准设计的，这不用我们考虑。"教师若想提升教材分析能力，应首先树立正确的教材分析的基础观念，即正确理解课程标准与教材的关系。

二、理解课程标准对教材分析及使用的要求

课程标准是国家课程的基本纲领性文件，是国家对基础教育课程的基本规范和质量要求。2022 年版课程标准更是体现了党和国家对义务教育语文学科的最新定位和最新要求，这些都将直接或间接地体现在教材中。这就要求教师不仅要能读懂课程标准外显的语言文字，还要理解课程标准内隐的相关要求；要灵活运用文学作品选文，根据需要适当融入学习资源，还要注重文学阅读方法指导，培养问题解决能力。[1]虽然语文教材已有比较严密的单元体系和编写体例，但教材只是教学的凭借，教师可以根据实际需要进行调整使用。例如，课程标准在学习内容中并没有明确勾勒文学阅读方法这条线索，但在课程目标和学业质量标准中都有比较系统的呈现。因此，教材在开展读写活动时，既要重视听说读写的整合，又必须重视文学阅读方法的指导，在深入的教材分析中感知作品塑造的艺术形象，以及作者表达的情感主题。

---

① 郑国民，李宇明. 义务教育语文课程标准（2022 年版）解读［M］. 北京：高等教育出版社，2022.

三、理解课程标准为提高教师教材分析能力的设计

课程标准没有就如何提高教师的教材分析能力进行显性设计，但是对"教学建议"的描摹，也可以视为对提高教材分析能力的潜心设计，主要体现在以下两个方面。

一是要能立足核心素养，彰显教学目标以文化人的育人导向。对教材进行系统分析的基础是要依据课程标准，核心基点是要立足"核心素养"。课程标准提出了核心素养的要求，要以此来检视教材的落实情况。检视教材是否落实的有效路径，是对教材进行成果转化，形成教学方案或教学设计，实现对教材的第一次"转译"；通过教学设计，再模拟编写教材，实现第二次"转译"；通过模拟编写的教材，再对比课程标准，分析差异，实现第三次"转译"。能完成上述三次转译过程，既对课程标准的要求有了精进，也实现了教材分析能力提高。

二是要能体现语文学习任务群的特点，整体规划学习内容。课程标准强调学习任务群学习内容和教学提示的理解，并以之指导教师提高教材分析能力。课程标准提出，注重听说读写的内在联系，追求语言、知识、技能和思想情感、文化修养等多方面、多层次发展的综合效应，要能从听说读写的内在联系，语言、知识、技能、情感、文化等多个方面对教材进行分析和理解，这也是提高教材分析能力的重要维度和视角。

从教材回望课程标准，找到教材落实课程标准要求的内容和方式，既要能"进得去"，深入教材文本进行解读和分析；还要能"出得来"，通过文本检视教材是否落实了课程标准，以及探究教材落实课程标准的方式和路径，进而了解教材编写的意图和所依据的原理。虽然很多教师当前还未完全具备这样的能力，但要逐步强化这样的意识。

 问题解决

系统分析教材内容，要能对教材中的两类基本要素的质量和设计都有所把握：一是单元内学习材料本身，其价值主要由选文作者的思想和表达水平决定；二是学习活动设计，即主要由编写者的编写思想和编撰水平决定的引导学习的单元导语、活动等。对选文的分析是教师日常备课做得比较多，也似乎是比较擅长的。但以落实课程标准理念的要求为标准反观教师针对选文的文本分析，还可以从以下角度努力：坚持系统观念，遵循渐进式原则，逐步实现从单篇文本分析到单篇与单元关系分析，再到单篇与整套教材同类型选文的关系分析。

一、单篇文本分析是教材分析的基础

教师只有做好单篇教材文本分析，才能准确理解单篇与单元、整套教材的关系，才能实现文化自信、语言运用、思维能力和审美创造四个方面核心素养的培养和落实。但由于当前小学语文教材中的文本看似浅显易懂，教师在解读的时候很容易停留在阅

读、浏览的表层水平，忽略其文本特点及其独特或丰富的内涵，导致"现在的教材绝大多数一看就懂，所以就很容易在钻研教材的时候'滑'过去，而不是像犁地一样'犁'过去"。^① 那怎样才能算"犁"过教材呢？最重要的是要能理解文本本身的层次性，不仅要能看出文本一望而知的外显价值，而且还要善于挖掘文本的内隐价值。例如，一年级下册《小公鸡和小鸭子》中有以下几处对话：

> 小鸭子说："公鸡弟弟，我到河里捉鱼给你吃。"小公鸡说："我也去。"小鸭子说："不行，不行，你不会游泳，会淹死的！"……小公鸡上了岸，笑着对小鸭子说："鸭子哥哥，谢谢你。"

从文本出发，不仅可以通过小公鸡和小鸭子的对话设计学习任务——学会使用敬语与人说话。小公鸡和小鸭子都很有礼貌，称呼必用"弟弟""哥哥"等称呼语；而且可以通过选文用词让学生初步体会表达的严谨性，"到河里"的"到"，"捉鱼给你吃"的"给"，也可以据此设计拓展任务，让学生模仿练习。

二、单篇与单元的关系是教材分析的重点

语文教材具有比较严密的单元体系和体例，教师应先熟悉教材中的单元设计，在此基础上再根据实际教学需要进行跨单元教学。把握单篇与单元的关系，一是要注意单元导语与单篇的关系，二是要注意单元内篇与篇之间的关系，三是要注意单元内篇与"语文园地"等学习活动的关系。统编版语文教材采用人文主题和语文要素双线组元的方式形成了教材单元，从三年级开始，每个单元前都有单元导语，言简意赅地呈现了每个单元的人文主题和语文要素。以五年级上册第一单元为例，单元人文主题是"一花一鸟总关情"，语文要素分为两条：一是初步了解课文借助具体事物抒发感情的方法；二是写一种事物，表达自己的感情。人文主题与语文要素做了很好的衔接，而且人文主题的设计也符合新版课程标准对本学段"阅读与鉴赏"部分的要求，"阅读叙事性作品，了解事件梗概，能简单描述印象最深的场景、人物、细节，说出自己的喜爱、憎恶、崇敬、向往、同情等感受"。本单元选择了《白鹭》《落花生》《桂花雨》《珍珠鸟》等四篇文章，从主题上也契合"借助具体事物抒发感情"的设计。从课后的活动看，《白鹭》设计了"说说你从哪些地方感受到'白鹭是一首精巧的诗'"等活动，《桂花雨》设计了"读下面的句子，体会其中蕴含的感情"等活动。学习活动较好地照应了单元导语的学习要求。本单元后的习作任务为《我的心爱之物》，旨在引导学生通过书面表达实现"内容具体，感情真实"的学段写作要求。然而，"语文园地"中的"词句段运用"部分却落在了"读下面的句子，体会它们在描写事物的方法上的相似之处"和"比较每组句子中加点词语的意思，根据要求用'温和'写句子"这两个更侧重于语文知识获得的任务上，没有贯彻单元导语，单元设计的整体性就有点欠缺。

---

① 郭晓莹. 文本解读与小学语文教学设计［M］. 福州：福建教育出版社，2019.

三、单篇与整套教材同类型选文的关系是教材分析的难点

在课程标准为教材编写提出的十条建议中，"系统规划和整体安排"是一个非常重要的条目，旨在体现同一个学习任务群在不同学段的纵向发展过程与进阶。目前的统编版教材也许尚不能完全实现这样的要求，但在"系统规划和整体安排"方面也体现了应有的尝试和探索，深入分析这些尝试和探索，就能体会"进阶"的目标要求。以童话神话文本为例，教材主要从三个方面进行了编排：一是单篇课文分布在各册单元中，如一年级下册的童话《小猴子下山》、二年级上册的童话《纸船和风筝》，二年级下册的神话《羿射九日》等；二是课文放在课外阅读中，如三年级上册"快乐读书吧"的《安徒生童话》，四年级上册"语文园地"的《嫦娥》等；三是以单元形式呈现，如三年级上册的童话单元，四年级上册的童话单元等。教师既要能从横向层面把握同一册次教材相同文体在同一单元或不同板块间的联系，也要能从纵向层面把握不同册次间相同文体的区别与进阶，同时还要能结合课程标准中不同学段的学业质量要求，只有对这些"纵横交错"的设计进行理解、分析，才能促进教材分析能力的提高。从课程标准出发对教材做系统分析，从教材分析反观课程标准的落实，从中找到差异进而反思，是提高教材分析能力的不二途径。

【案例】

深度解读教材，扎实推进单元训练①
——以统编版小学语文三年级上册"秋天"为主题的单元为例

一、读通单元，领会意图

统编版三年级上册第二单元以"秋天"为主题组建单元学习，把"运用多种方法理解难懂的词语"作为单元重点训练项目，单元导语、课文、课后练习题、交流平台、词句段运用等内容紧扣单元主题和单元重点训练项目。语文教师应通读整个单元的内容，努力领会教材的编排意图，把握单元各板块、各文本的价值、功能以及它们之间的承接关系。

本单元中，《古诗三首》旨在唤醒学生曾学习过的理解词语的方法，引导学生借助图画、注释、生活经验等，理解诗文中难懂的词语；《铺满金色巴掌的水泥道》侧重引导学生运用结合生活实际、联系上下文等方法，理解文中难懂的词语；《秋天的雨》《听听，秋的声音》语文园地中"词句段运用"的编排，则是逐步训练学生在阅读中自主、灵活运用多种方法理解文中难懂的词语；语文园地中"交流平台"的编排，旨在帮助学生总结、梳理、概括理解难懂词语的方法，使学生在头脑中建构起较为完整的知识体系。

教师只有对本单元学习内容的编排意图心中有数，才能结合语文课程标准和学生的学习实际，设计有针对性的、切实可行的教学目标，进行巧妙的教学设计，呈现精

① 汪惠琛. 深度解读教材 扎实推进单元训练：以统编版小学语文三年级上册"秋天"为主题的单元为例[J]. 福建教育学院学报，2022（5）：18—20.

彩的课堂教学。

二、整合资源，勾连纵横

（一）文本之间的整合

本单元的课文内容是围绕"赞美秋天"这一人文主题展开的，文本的形式有古诗、散文、诗歌。本单元的编排目的是让学生在生动的语言中感受绚丽多彩、瓜果飘香、充满喜悦的秋天，并在文本的学习中，习得运用多种方法理解难懂词语的能力。教学时，教师要明确每篇课文在单元中的功能和价值，突出每篇课文教学的侧重点，明晰篇与篇之间的内在联系。前一篇课文的学习是为了后一篇课文的学习导方法、打基础，后一篇课文的学习承接前一篇课文的学习，是前一篇课文学习知识的巩固和深化，使学生的语文能力在"学习—巩固—运用"过程中得到逐步提升。

《古诗三首》《铺满金色巴掌的水泥道》应侧重引导学生学习运用借助注释、图画、生活经验、联系上下文、结合生活实际等方法理解文中难懂的词语，侧重理解难懂词语方法的指导；而《秋天的雨》《听听，秋的声音》的教学，则侧重在文本阅读情境中让学生运用理解词语的方法，感受秋天的美好，习得语言、训练方法。在单元教学中，教师要让文本与文本之间相互联系、相互补充、相互融合，形成一个环环相扣、层层递进的学习链条，从而落实单元训练目标。

（二）文本与课后题的整合

每篇课文的课后练习题突出本课教学的重点，也呼应本单元应训练的语文要素。教师在制定教学目标、进行教学设计、实施课堂教学时，应特别关注课后练习题，领会教材设计意图，把课后练习题的教学巧妙地融合到文本教学中，在具体的语言情境中加深学生的体验与感悟。

在《铺满金色巴掌的水泥道》的课堂教学设计中融入课后题"下面加点的词语，你是用什么方法理解的？请和同学交流"，在文本学习的具体情境中，引导学生运用找近义词、联系上下文、想象画面、联系生活等多种方法，理解"明朗""凌乱"这两个词，加深学生对运用多种方法理解难懂词语的感悟，突破教学重难点，落实单元训练目标，让课堂教学更扎实、有效。

（三）文本与语文园地的整合

语文园地中的"交流平台""词句段运用""日积月累"等板块，是紧扣单元主题和单元语文要素设计的，也是本单元重点训练项目的浓缩和延伸。"交流平台"交流讨论本单元学习的方法与建议；"词句段运用"针对本单元的重点训练项目进行巩固、延展与补充，以提升学生的语文学习能力；"日积月累"针对本单元人文主题链接相关的内容，有成语、古诗、名言、谚语、警句等，以丰富学生的语言积累，传承中华优秀传统文化。语文园地的内容与本单元的文本内容是相互渗透、融为一体的，教学时应把这两部分内容巧妙地结合起来，落实单元重点训练项目。例如，教学完《古诗三首》《铺满金色巴掌的水泥道》后，学生已经领悟了理解难懂词语的方法，这时可以调用语文园地中的"交流平台"内容，趁热打铁，让学生分组完成"交流平台"的思维导图，通过交流、讨论、总结，盘点理解难懂词语的方法。接着，利用语文园地"词句段运用"的第 2 题"说说你是用什么方法理解下面加点词语意思的",让学生运用所领悟的方法进行语文实践,最后和同学交流、讨论。将文本教学与语文园地教学相结合,让学生经历"学习—总结—实践"的过程,学生对单元知识的感受、领悟、体验会更加深刻。

【案例分析】

该案例从整个单元篇目的编排出发,对每篇文章的编排目的进行了梳理、分析,明确了每篇选文的内容与特点、结构与功能等。同时,教师对整个单元每个板块的功能也进行了详细的梳理和阐释,通过文本之间、文本与习题之间、文本与语文园地之间关系的勾连分析,为教材分析提供了全新的视角和全面的路径展示,逐步呈现了整个单元的内在联系和系统性思维。如此系统的教材分析与教师对课程标准的深入理解有着密切关系,需要教师能对标对表课程标准,还要能建立系统观念。

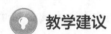 **教学建议**

教师教材分析能力的提高是一个相当复杂的过程,它和一个人原有的知识结构、整体认知能力等都有着密切的关联,但并不意味着无规律可循。

一、聚焦文本语言,增强自身文本细读能力

教师首先要用自己的感官和心灵去走进文本,仔细捕捉文本中的关键字词句和标点符号,并通过从局部到整体的方式来初步理解文本的内涵。然后,在此基础上去重点分析关键处的作用以及关键处背后所蕴藏的意义和背景,从而理顺各关键处之间的内在逻辑关系,达到理清文本思路和挖掘文本内涵的目的。

二、做好角色转化,体会学生阅读过程

教师应做好角色转化和换位思考,只有实际地、真实地聚焦文本,体验阅读过程,在有可能产生感悟或思考的关键节点上进行停留和关注,才有可能真正去体验学生的阅读过程,去思考每一种阅读思考的可能性和合理性,而不是根据别人的教学设计来"想象"出教学内容。

三、注重专业素养提升,能从语篇、文体等多个维度进行文本解读

虽然小学阶段对语文文体意识并没有做过多的强调,但无论是学生所阅读的作品或是对习作的要求上,都或多或少地涉及一定的文体知识,因为不同文体支撑学生语言学习和运用的受力点不同,学习目标和任务设计也必然不同。教师应注重提升语文专业素

养，努力抓住不同文体的学习重点，才能更好地支持学生语言文字的学习和理解。

四、树立系统观念，增强对单元整体理解能力

一个单元，从单元导语的顶层设计，到选文的具体呈现，再到学习活动的支持，是一个完整的体系。教材分析时，要能从整体着眼，实现整体—部分—整体的闭环，才能理解整个单元系统的设计和安排，才能分析出教材设计的优点和不足。推而广之，只有从一个单元到一册教材，从一册教材到整套教材，才能更好地理解教材的编写意图，才能找到教材与课程标准的连接和培养学生核心素养的方法。

五、做到心中有"标准"，分析有据

教材是课程标准的落地和外显，课程标准是教材编写的主要依据。教材分析能力在某种意义上也是课程标准理解能力的另一种显示方式。教师要吃透课程标准，充分理解课程标准对教材分析的或隐或显的原则和要求，才能切实提高教材分析能力。

问题提出

21 世纪被称为"信息爆炸的时代"，面对呈指数级增加的信息，如何提升所培养人才的信息能力，即识别信息符号，获取、分析和加工信息等方面的能力，成为各个国家都在努力探索又必须回答的问题。将现代信息技术纳入基础教育课程，进而促进课程教学改革，已经成为美国、日本等国家的重要举措。随着现代信息技术的快速发展，其与课程整合的范围和深度也都在迅速拓展。如何合理利用信息技术，推动语文课程实施和教学变革，也成为每一位语文教师必须面对的课题。

早在 2011 年版义务教育语文课程标准的"课程基本理念"中就明确提出"应密切关注现代社会发展的需要，拓宽语文学习和运用的领域，注重跨学科的学习和现代科技手段的运用，使学生在不同内容和方法的相互交叉、渗透和整合中开阔视野，提高学习效率，初步养成现代社会所需要的语文素养"，将现代科技手段的运用视为养成学生语文素养的重要手段。2022 年版课程标准更是高度关注信息技术在语文学习中的作用，从助力教与学方式变革、评价方式变革、学习资源开发、学习情境设计等多个方面，在不同学习任务群的学习内容和教学提示中都进行了阐述。从理念到实践，从宏观到具体，课程标准中的这些变化都在说明语文学科作为母语学科，在培养学生信息能力方面具有义不容辞的责任，而且也说明信息技术与语文学科的关系日益密切，语文学科为信息技术的尝试、探索提供平台，合理运用信息技术将推动语文课程不断向深入发展。目前，全国各地、各校都在努力进行这方面的探索，不断形成新的实践案例和支撑。

 问题分析

现代信息技术与语文课程的整合实施主要体现在促进师生教与学方式的变革、评价方式的变革和学习环境的变化等方面。

一、信息技术的使用关键在于促进教与学方式的变革

信息技术与语文课程的整合应该是全方位的整合，包括与语文学科的课程结构、课程内容、课程资源、课程实施等多个方面。这种整合能发挥效能的关键主要在于课程实施方面，即推动语文教与学方式的变革。需要注意的是，信息技术与语文课程整合的立足点一定是语文课程而非信息技术，是以学习语言文字运用为目标的，关注的重点也一定要是语文课程，信息技术是促进教与学方式变革的基本工具。2022 年版课

程标准在"课程理念"部分明确提出"充分发挥现代信息技术的支持作用，拓展语文学习空间，提高语文学习能力"。使用信息技术的最终目的是提高学生的语文学习能力。课程标准在"课程实施"的"教学建议"部分明确提出"关注互联网时代语文生活的变化，探索语文教与学方式的变革"。"教与学"方式的变革主要体现在三个方面：一是在教学观念上，教师要关注互联网时代日常生活中语言文字运用的新现象和新特点，认识信息技术对学生阅读和表达交流等带来的深刻影响，把握信息技术与语文教学深度融合的趋势，充分发挥信息技术在语文教学变革中的价值和功能。二是在教学方式上，要引导学生积极利用网络资源平台拓展学习空间，丰富学习资源，整合多种媒介的学习内容，提供多层面、多角度的阅读、表达和交流的机会，促进师生在语文学习中的多元互动。三是在学习方式上，要引导学生充分利用网络平台和信息技术工具，支持学生开展自主学习、合作学习、探究性学习，为学生的个性化、创造性发展提供条件。

二、信息技术的使用重点在于促进评价方式的变革

评价是课程实施的一个非常重要的环节，对课程实施具有诊断、激励和促进的作用。2022 年版课程标准将改进教育评价作为课程有效落实的关键环节。

从观念上看，2022 年版课程标准明确提出要"注重评价主体的多元与互动，以及多种评价方式的综合运用，充分利用现代信息技术促进评价方式的变革"，将利用现代信息技术作为促进评价方式变革的重要手段。长期以来，我国课程评价的主要方式甚至唯一方式就是考试，教学质量的总体评价是升学考试，教学过程的评价是阶段性考试。考试的方式也以纸笔测验为主，这种方式属于终结性评价，往往忽视了对学习过程中许多关键内容的测试，如学习兴趣的培养、学习能力的建构、学习品质的锻炼等，而这些被忽视的东西塑造了"培养什么人"的真正内涵。因此，在实际中就造成了评价目的片面追求升学率、评价取向单纯强调知识和技能、评价方法注重定量、评价主体以教师为主等弊端。将信息技术与评价方式进行整合，促成评价方式转变，学生的过程性学习行为、学习质量等内容就变得可观察、可评测、可比较，学生的成长过程就真正能看得见，培养的学生画像也就更加清晰可见。

从方式上看，2022 年版课程标准在"课程实施"的"评价建议"部分明确提出"鼓励有条件的地区和学校采取信息技术手段丰富评价资料搜集和分析的途径"。在学生学习语文的过程中，教师可以充分发挥大数据优势，通过信息技术手段记录学生在课堂上听说读写等方面的行为表现，充分收集学生在进行语文学科实践活动时学习和运用语言的原始材料，形成学生成长的群体和个体的语料库、行为库等，然后用以分析和诊断学生"点"上的学业成就变化和"线"上的学业成就变化，进而优化教学，提供及时、准确的反馈和个性化指导。

三、信息技术的使用要关注学习环境的变化

2022 年版课程标准在"课程实施"的"教学建议"部分明确提出要"充分利用网络平台和信息技术工具，支持学生开展自主、合作、探究性学习，为学生的个性化、创造性学习提供条件"。信息技术的使用要能关注到学生学习环境的变化要求，能助力师生共同构建自主、合作、探究的学习环境，进而实现学生的个性化、创造性学习。自主、合作、探究是方式，个性化、创造性学习是目的。充分利用信息化手段，将学习空间拓展，实现学生在课堂上难以实现的深入交流研讨和分享。例如，关于整本书阅读的交流、跨学科学习的分享可以通过网络平台进行多种形式的分享交流，拓宽学生合作探究的物理空间，进而在深度学习的过程中促进学生语文学习效率的提升，为学生的个性化学习奠定基础。

 问题解决

信息技术是一把双刃剑，用得恰到好处就能实现事半功倍的学习效果，用得不好则可能偏离甚至遗忘语文学习的目的，掉进"乱花渐欲迷人眼"的陷阱。现实中，这样的案例并不鲜见。为了更加合理地使用信息技术，实现促进语文课程教学发生实质变化，可以从以下三个方面着力。

一、准确把握信息技术的工具属性

信息技术与语文课程整合的立足点是语文课程而非信息技术，是以学生核心素养的培养为目的，而非为了多样化信息技术手段的呈现。在整合过程中，要以一种自然的方式、理性的态度对待信息技术，将其作为实现教学的基本工具。根据程度和深度的不同，可以将信息技术与课程整合分为三个层次：一是封闭式的、以知识为中心的课程整合；二是开放式的、以资源为中心的课程整合；三是全方位的课程整合。这三个层次是由低到高、渐次发展的，整合的最终目的是改善学生的学习方式，改善学习资源和学习环境，构建面向信息化社会的语文课程。尽管近些年人们对信息技术与语文课程的整合研究已经有了长足进步，但是不可否认的是，在相当长的一段时间中，我们仍处于从第一层次到第二层次的过渡甚至是第一层次的阶段。因此，教师需要准确把握信息技术的工具属性，要立足语文课程教学而非技术。

二、尝试信息技术与语文实践活动的整合

阅读与鉴赏、表达与交流、梳理与探究等语文实践活动都可以实现与信息技术的整合。尤其是在阅读与鉴赏活动中，很多一线教师都进行了积极的尝试和探索，积累了丰富的经验，成效也很显著。综合来看，能将信息技术和阅读与鉴赏活动整合得比

较好的，往往包括三个环节：一是利用信息技术手段创设丰富的学习情境。主要用以营造特定的学习氛围，激发学生的学习兴趣，增强学生对学习内容的感官体验和感受。例如，在学习《红楼梦》的时候，教师先播放《红楼梦》的主题曲，学生听着歌仿佛置身于大观园之中，通过情境创设的方式让学生进入到作者的写作状态中。二是利用信息技术手段让学生自主学习和合作交流。这是整合的关键环节，学生利用现代化的信息技术手段查找信息资源，进行合作交流，从而完成学习活动。三是利用信息技术手段收集学生的学习信息，进行个性化指导。通过信息技术手段及时收集学生自主学习和合作交流活动中的过程信息，并对学生在此过程中表现出的学习动机、学习能力等进行科学分析，进而提供有针对性的指导。除了阅读与鉴赏，表达与交流、梳理与探究等语文实践活动也都可以与信息技术手段进行整合。教师可以对不同类型的活动或者同类活动的不同环节进行思考研究，以促进学生语言文字的学习与运用为出发点，与信息技术进行深入整合，提升学生语文学习实效。

265

三、通过反思总结改进信息技术与语文课程的整合效果

在当前这个课程教学理念向实践转化的关键阶段，尤其是针对信息技术与语文课程整合的关键问题，反思—总结—改进就显得格外重要。每一次整合实践结束之后，都要建立必要的反思—总结机制；反思的起点是使用信息技术手段解决的语文学习问题要具体明确；总结的重点是学生语文学习活动目标的达成。信息技术手段的使用只是语文学习过程中的路径、方式，不应该成为重点，这与上文所述的信息技术的工具属性也是相符的。教师一定要避免走入误区，不能让信息技术手段住在课堂，要避免唯技术主义倾向，不能过分依赖网络资源、多媒体平台而忽略了文本、语言文字本身的内涵与力量。信息技术只能是手段而非目的，尽管现在的人工智能技术（如ChatGPT）等高科技手段能够帮助学生完成一些语言文字的学习，实现表达与交流的功能，但无论怎样，它们至少在未来很长一段时间内无法替代人类的语言学习交流活动，更无法替代语文教师。

【案例】

信息技术融入小学语文课堂教学实效性探索 [①]

一、教学内容

选取统编版小学语文六年级上册第十三课《桥》为实践内容。这篇课文塑造了一位普通的老共产党员的光辉形象：面对狂奔而来的洪水，用自己的血肉之躯为村民筑起了一座生命之桥。本课的教学重点是引导学生欣赏课文中令人感动的描写，感悟老共产党员的崇高精神。本节课的教学设计重在体验，能让学生在情感体验的过程中实现师生互动、生生互动，感受老共产党员的人格魅力，感悟文章的写作方法，这是信

---

① 于晓雅，朱爱云，肖玉柱.信息技术融入小学语文课堂教学实效性探索：一节小学语文课堂教学课例评析［J］.中小学教师培训，2009（11）：44-45.

息技术融入课堂教学实践的一个难点。如何借助信息技术设置教学情境、展示问题、提供拓展资料及信息资源、交流和汇报协作结果等，让信息技术切实提高小学语文课堂教学的实效性，是本次教学实践和研究的重点。

二、教学实践过程

（一）目标设计

起初将教学目标设计为两个维度：一是对文本的解读，即可观察到的学生学习行为及行为的标准等。二是学生自主、合作、探究学习，联系社会生活，增强信息素养，提升能力。根据两个维度，将学习目标确定为：

1. 能通过视频资料，体会课文中关于环境描写所运用的比喻、拟人等修辞手法，抓住老支书语言、动作、神态的描写，体会老支书的心理，从而有感情地朗读课文，领悟课文在表达上的特点。

2. 能通过自学勾画、小组合作、交流汇报等方式品读课文，结合上下文体会老支书面对狂奔而来的洪水，以自己的威信、沉稳、高风亮节和果决的指挥，将村民们送上跨越死亡的生命桥，从而理解题目"桥"所蕴含的深刻含义。

3. 能在背景音乐感染下，进行语言文字的训练，学生潜移默化地领会无私无畏、不徇私情、英勇献身的崇高精神。

（二）目标调整

根据设计好的学习目标进行第一次教学实施，虽然是围绕着教学重点进行的，也考虑了激情导入、合作交流、音乐渲染、抒发情感这几个环节，但学生对课文理解不透彻，特别是对课文环境描写的语句理解不到位，因此对人物形象感悟不深。怎样才能发挥信息技术形象生动、调动学生各种感官参与学习的特点呢？我着重分析了具体教学过程和学生的具体学习过程。在分析和评价的基础上，对目标进行了调整：

1. 创设情境，感受环境的恶劣。播放洪水暴发时的视频资料，视觉的冲击使学生充分感受到当时环境的恶劣、形势的危急；讲述因拥挤导致踩踏事故，使学生认识到毫无秩序的后果，从而认识到当时情况的危险。

2. 角色扮演，体会人物精神。组织学生进行角色扮演，引导学生整体感受课文描写的环境及人物的无私无畏精神。利用信息技术烘托气氛，同时展示各种场景图片，引导学生观察人物的动作、神情，感受人物的心情，理解课文内容。

3. 音乐渲染，抒发读后情感。伴随着如泣如诉的二胡曲，学生的头脑中闪现着课堂上播放的老支书为救村民奋不顾身的画面，学生的感情达到了高潮。

三、教学实践后的反思

首先，借助媒体，进行情感铺垫。节选了电影《惊涛骇浪》中的一个片段使学生亲眼看到了肆虐的洪水。这些极富感染力的画面很快把学生带入到了课文所描绘的危急情境。恰当地利用了媒体音画强烈的冲击效果，多方面调动学生的感官，及时填补了学生的认知空白，让学生充分体会到了情况的危急，为理解下文做了很好的情感铺垫。

其次，"有感情地朗读"是学生亲近文本、感受文本情感、获得语感体验的重要手段。有些句子蕴藏的内涵可能学生只可意会而不可言传，特别是像这种情感型课文，对于小学生来说，有些微妙的情感因素很难找到贴切精当的语言来表述，但他们却能将这种情感融入课文朗读中。课件播放富有震撼力的画面，配上音乐的渲染，引导学生通过角色扮演，有感情地朗读课文，加深了情感体验。在这里，信息技术的运用起到了不可替代的作用。

【案例分析】

本案例很好地体现了信息技术融入小学语文课堂教学的一些基本原则和特点：首先，在注重小学语文教学工具性与人文性的同时，运用信息技术很好地促进了教学目标的实现。其次，信息技术的使用关注了小学生的心理特征。小学生以具体形象思维为主，这节课运用大量的形象图片增加直观体验，符合小学生的具体形象思维特点，用事实和学生对话，调动了学生的生活经验，也让学生与他们不太熟悉的内容之间的距离拉近了。最后，本案例应用信息技术比较精当。信息技术与语文课程整合的关键不在于多，而在于巧妙运用。这节课发挥了信息技术的优势，运用了大量合适的图片和视频资料帮助学生增加直观体验，拓宽视野，调动学习的积极性，促进了学生学习目标的建构与生成。让学生在信息技术创设的环境中自主建构情境认知和情感体验，是这堂课非常关键、难能可贵的地方。

 教学建议

合理利用信息技术手段，促进信息技术与语文课程的整合，推动实现语文课堂教学实效的提升，在今后相当长的时间内，都是需要语文教师、语文学科和信息技术学科专家进行深入研究的领域。结合当前的教育教学实践，可以从以下角度思考、实践。

一、准确把握学习目标与信息技术的关系

学习目标是目的地，信息技术是手段，信息技术是实现学习目标的方法和路径之一。这是进行信息技术与语文课程融合的出发点。在选择使用信息技术手段时，一定要明确三个问题：为什么要使用信息技术手段？信息技术手段能在多大程度上帮助实现学习目标？如何确定学习目标的实现一定是由于信息技术手段的使用而达成的？基于这三个问题准确把握信息技术与学习目标的关系，再考虑信息技术手段的合理利用。

二、准确把握信息技术与学习内容的关系

当前，信息技术手段主要用于创设学习情境、激发学习兴趣等方面，从实现形式上看，主要有图片资源、音视频资源、交互式学习载体等。在教学实践中，哪种方式更适合用于哪种内容，一定要经过深入的思考、设计，必要的时候要进行学情调研。避免出现因为使用了信息技术手段，反而冲淡了学生文本学习体验的结果。

三、准确把握信息技术自身利弊的关系

信息技术手段的优势主要在于生动、形象、便捷，能为学生直观呈现学习所需要的情境，能为学生交流提供更为便捷的条件等。然而，其本身也是存在着利与弊的矛盾统一体。例如，学生学习《红楼梦》中的"宝黛初见"，教师大可不必一开始就为学生播放电视剧的场景，而应该引导学生深入阅读并理解文本，"似蹙非蹙罥烟眉"究竟是什么样子？可以让学生试着说一说、画一画，直接给学生提供生动的画面反而会局限了学生的想象。

6-4 如何开展教学专题研究?

 问题提出

教学专题研究是针对教学过程中存在的突出的、需要解决的关键问题,运用科学方法,有目的、有计划地开展教学研究,进而探索教学规律的研究活动,是深化课程教学改革、推进课程方案和课程标准落实的关键举措。2022 年版课程标准在"课程实施"中明确提出,(学校要)围绕语文课程内容的选择、教学活动的组织、学习任务群的设计和实施等关键问题开展教学研究,落实课程标准要求,推动语文教学变革。

2022 年版课程标准较之前最大的变化,就是凝练出了义务教育语文课程培养的核心素养,从文化自信、语言运用、思维能力、审美创造四个方面回答了语文学科独特的育人价值。从课程内容层面,提出"语文学习任务群"的核心概念,并在各学段、各年级进行了系统设计;同时,也从课程实施层面就教学、评价、教材编写、课程资源开发与利用、教学研究与教师培训等方面给出了具体的操作建议。课程标准和课程设计的落地,需要教师进行实际的教学实施,然后基于教学实施过程中的重难点问题进行专题研究,进而深化课程实施质量,同时为课程标准的修订和进一步完善提供支持。

从这个角度看,围绕重点问题开展教学专题研究,不是"选做题",而是当前课程改革背景下的"必做题",每位教师都应当具备开展教学专题研究的能力,能够围绕一些问题开展切实有效的专题研究,为课程改革的推进贡献力量。然而,现实中能够开展教学专题研究的教师占比并不高,实际教学专题研究的效果也不乐观。

 问题分析

教学专题研究不同于以往传统的以教师为主体的语文教学研究,最独特的价值是牢牢扎根语文本体,推动语文教学进一步关注语言文字运用和语文实践活动开展,进而促进学生核心素养提升,实现语文课程教学的深度变革。

一、开展教学专题研究的前提是确定真实问题

教学专题研究本质上是"研究",要遵循一定的学术标准和学术规范。在教师指导下,学生通过语言文字的学习与运用发现问题、提出问题、解决问题,具有非常鲜明的探究性。教学专题研究在呈现方式上具有一种"聚合辐射"的特点,聚合的是学生思考时所需要研读的学习材料,辐射的是学生在阅读这些富有冲击力的文章后,形成

的多元路径、多维发展、丰富多样的研究问题。[①] 教师要能引导学生从这些富有冲击力和挑战性的学习材料中去发现有研究价值的"真"问题，确立研究的根基。有研究价值的问题通常应该具有目标指向性、过程探究性、结果多样性的特征，学生发现、提出、探究、解决问题的过程是彼此关联、循序渐进的，教学过程也应当据此来安排。

二、开展教学专题研究的关键是学生主体

教师在开展教学专题研究的过程中，要始终以学生为中心，充分发挥组织者、指导者和促进者的作用；要能充分利用教学资源准确把握学生的不同需求，进而充分发挥学生的主体性。教学专题研究的设计、开展、评价、改进等各环节，最好都能以学生参与为主，然后根据学业质量标准，对学生的学习过程和结果进行评价、反馈和指导，实现"学—评—教"的模式建构，进而推动教学目标的达成。在实际教学中，学生发现问题、提出问题的过程经常会被教师无意识"代劳"。例如，教师经常出现的话语是"同学们，通过阅读，你们有没有发现……？"而不是"同学们，通过阅读，你们发现了什么？"教师这种看似有指导意义的问题不经意间就阻碍了学生的思考。

三、开展教学专题研究的重点是评价推动

在传统的教学过程中，评价往往意味着一个阶段的学习活动的结束，惯用的表达方式是"教—学—评"，即教师教学在先，学生学习在中，教师对学生的学习评价在后。学习评价与下一阶段的教和学之间形成了断层，在这种教学模式中，评价本身诊断、改进的功能和价值会衰减。在教学专题研究中，教学环节要能实现"学—评—教"的转换，学生先进行自主学习，在学习过程中发现、提出并尝试探究、解决问题，教师在每个环节中都应该有及时的、可操作、可改进的评价，用以指导学生反思本阶段活动和开展下一阶段活动，这样就能有效避免评价的滞后性，体现出为促进学生学习和发展的评价观。

教学专题研究基于学生学习过程中的真问题展开，将与之相关教学资源进行整合，努力突破现有的基于课时教学的束缚，将眼光放置于课程单元建设，聚焦于学生核心素养培养，是能够推动课程教学改革落地的有益尝试。

 问题解决

尽管教学专题研究已经在个别课程内容的研究上实现了"点"的突破，学理上也

---

① 张秋玲.把语文教学引回自己的家园：走进吴泓"语文研究性学习常态化"实验的逻辑思考［J］.人民教育，2010（22）：32-36.

被证明具有培养学生核心素养的可能性，但在实际教学中却很难被广泛应用，甚至有教师坦言，教学专题研究具有很强的专业性和综合性，不适合在义务教育阶段的语文教学中开展，或者说很难开展。对此，教师可以从以下角度尝试突破。

一、从教学理念上尝试整体性设计

虽然目前学界对教学专题研究的认识不一，实际探索的路径和成果也不同，但是教学专题研究是关涉教学目标设定、教学内容组织、教学方式选择、教学评价达成等多方面的整体性研究，体现出鲜明的整体性特征，在这个理念的维度上是一致的。只有坚持教学专题研究理念上的整体性，才能实现核心素养培养上的综合性，达成"核心素养的四个方面是一个整体"的培养目标。教学专题研究理念的整体性主要体现在三个方面：一是教学目标的整体性。在教学专题研究中，很难界定一个教学活动的设计是指向哪个单一的核心素养目标。例如，通过对三首写故乡的古诗进行比较阅读，思考诗歌在表达情感方面的不同，这样一个教学活动立足于语言文字作品的学习，进而进行思维和审美能力的培养，指向对中华优秀传统文化的了解和体悟。二是教学材料的聚合性。开展教学专题研究，往往是对多种语言材料进行综合分析研究，即使是对单篇的教学研究，也可以加入与教材文本、补充文本的补充或对比。三是教与学方式的多样性。教学专题研究的性质与项目式学习类似，从教与学方式而言，可以是自主探究的，也可以是小组合作的；可以是教授的，也可以是讨论的。

二、从组织形式上尝试自主选择

在传统语文教学模式下，教师是主体，教材是基本依据，教师负责将教材内容传授给学生，以达成育人目标。从教学内容的选择到教学行为的组织，学生更像是舞龙游戏中的"龙身"，跟着教师这个"龙头"，或飞舞腾挪，或盘旋驻定，学生的学习主体性往往很难得到保障。在教学专题研究中，教师可以从教学内容的设计上尝试让学生进行自主选择。例如，可以通过问卷调查或者访谈研究的方式，了解学生已经有的对于作家、作品的认识、态度和兴趣，然后带着学生梳理分析喜欢或者不喜欢的原因，再进行教学指导。例如，教师在进行古诗教学时预先设置问题：你们都学过谁的古诗？喜欢吗？为什么？以此进行学情了解，引导四年级学生尝试古诗专题研究，将课堂时间大胆放给学生，然后确定教学内容，整体的课堂实施效果也非常不错。

三、从实施过程上加强专业研修

很多教师惮于进行教学专题研究，很重要的原因之一是自身专业能力相对薄弱，担心将时间放给学生讨论，课堂会很难掌控，教学目标会跑偏。王富仁认为，语文教师的课文分析，应该有两个版本，一个是自己的版本，另一个是课堂教学中适用于学生接受的版本。自己的版本是作为一个有了更丰富的人生感受和体验、更高的语言审美能力的教师，所能对文本做出的更加深入、更加全面、更加细致和具体的阐释和分析。[①] 教师要引导学生在聚合的学习材料间自由游走，一定要在材料的学习和掌握上高出学生很多量级。只有这样，才能保证让不同学习水平的学生在学习过程中都有收获。为此，加强以文本解读能力提升为核心的专业研修就十分重要。教师要能将自己提升文本阅读、研究能力的方法传授给学生，引导学生"像自己一样"进行阅读、研究，才能逐步实现从"高效率教学"到"高质量教学"的转变，让学生学习、发展的过程清晰可见。

【案例】

小学语文寓言专题学习的实施样例[②]

这个寓言专题教学面向五年级学生，持续时间为 10 课时，包括如下五个阶段：

一、生成问题，确定专题

在这一阶段，师生商讨确定专题研讨的内容，做足准备工作。首先，专题确定是分析、使用和超越教材的过程。苏教版小学语文第 9 册第 12 课为《伊索寓言》，由《蝉和狐狸》《狐狸和葡萄》《牧童和狼》三篇课文组成，且都与谎言和受骗相关。在教学过程中，师生聚焦谎言和受骗，理解了寓言中蕴含的寓意；理解寓意后，学生讲述故事，初步感受寓言"小故事，大道理"的文类特征；在感性体验基础上，比较阅读，学生发现并阐释寓言类文章的特征，除了结构上的小故事大道理外，还有角色大多为动物等，实现了理性升华。其次，在学生发现问题基础上，教师引导学生确定专题。情理无疑是寓言的核心，不同的情理需要寓言故事的叙事做出变化，由此确定以"寓言中的情理与叙事"为专题开展研究性学习。

二、围绕专题，开拓资源

这一阶段便是要围绕专题开发可供学习的资源。首先，作品类资源。除了课内的《伊索寓言》之外，教师还增加了《乌龟与兔子》《蚂蚁和蚱蜢》《替猫戴上铃铛》《马槽中的狗》等文本，将学生求解问题过程中所要学习、掌握的寓言知识、寓言读写能力等融入这些经典文本中。其次，鉴赏类资源。师生通过陈伯吹《论寓言与儿童文学》、严文井《关于寓言的寓言》等论述片段深化对寓言的认识，晓其理，会其意，点方法。最后，导写类资源。准备作家创作寓言的经验谈，如陈蒲清《寓言传》等，以及对寓言的阐释性材料。

三、细分专题，自主探究

在这一阶段，教师赋权给学生，让其拥有学习的自主权，开展独立研究和小组合作探究。首先，布置电子邮件撰写任务：你最喜欢哪则寓言？有没有你不喜欢的寓言？寄封邮件给你的朋友。同时，告诉你的朋友有关寓言情理与叙事的情况。其次，围绕邮件任务中"寓言中的情理与叙事"细分子专题，如寓言故事的虚构性、寓言故

---

① 王富仁.文本分析略谈［J］.语文建设，2014（3）：4–10.

② 管贤强，徐竹琴.小学语文寓言专题学习的实施与挑战［J］.语文建设，2019（4）：10–13.

事情节的突转性、寓言故事的戏剧性、寓言故事层次的完整性、故事与寓意的一致性、《伊索寓言》寓意揭示的方式、《伊索寓言》的角色分类等。再次，让学生阅读作品类资源、鉴赏类资源、导写类资源，个人和小组针对各子专题开展多种形式的研究，相机提供针对性指导。最后，完成本环节的电子邮件撰写任务。

四、读写转化，寓言创作

在这一阶段，教师通过过程化写作引导学生开展寓言创作。教师借鉴了美国教科书寓言创作教学的环节，试图在创作中体验并统整学生对寓言类文章的认识。首先，呈现交际性寓言创作的任务。任务要注重情境性，情境需要包含任务、听众、目的三部分，任务为创作一个寓言，目的是让人了解做人做事的道理，听众为老师和其他同学。其次，头脑风暴，开展预写。（1）选择寓意。学生通过头脑风暴，将父母和其他家庭成员说过的谚语、从书本中积累的短语、生活体验的智慧以思维导图进行呈现，在此基础上确定自己想要传达的做人做事的道理。（2）创建角色。寓言中的角色通常是动物，它们行为像人但仍然具有动物特性。学生需要构思寓言的主要角色和次要角色，并把它们写在学习笔记本上。（3）交代背景。在学习笔记本上写下寓言将发生的地方，如一片森林。（4）构建情节。寓言应该具有完整的故事（如开端、发展、解决等），且主角意图和故事结局具有强烈反差。再次，学生正式起草，开始写作。在撰写时，教师应给予一些提醒。例如，在故事的开始可以描述背景和介绍主要人物，故事的展开可以按照预写的大纲来进行。同时要注意角色的声音，即思考这些动物的说话像谁？像你的校长，还是像你的好朋友？他们用口语还是书面语？每个角色的说话语气应该在寓言中保持不变。要有自己的个性色彩，即写出你说话时使用的那种词，用你说话的方式写句子，分享你对这个话题的想法和看法，确保写作听起来像是你的。最后，校订初稿，最终呈现。修改阶段需要检查寓意和故事细节，它们之间的相互关系，故事多大程度上揭示了寓意，从读者角度考量这个寓言作品。校订阶段主要处理语法结构、拼写错误、标点符号等问题。呈现时可以选择图文结合的方式。

五、作品展示，讲演寓言

首先，将全班个性化设计的寓言作品装订成册，彼此相互阅读分享。其次，在寓言创作基础上，或讲述，或讲述表演结合，通过声音和动作呈现出自己创作的寓言，其中包含着对角色的感受、对故事趣味的领会、对寓意的深悟。展示总结的作用在于统整整个专题学习，统整学生专题学习的收获，同时也持续引导学生相互评价，进一步推动学生自我反思，最终在此基础上找到进阶发展路径。

【案例分析】

本教学案例通过教师引导、师生研讨等方式，确定以"寓言中的情理与叙事"为核心开展教学专题研究，抓住了寓言故事的目标和手段。单纯从"寓言中的情理与叙事"的表达来看，已经超越了惯常意义上对小学生语文学习的目标要求。接下来，教师引导学生聚合学校材料，通过"教材资源＋拓展资源"的方式，为学生呈现出不同类型的围绕同一主题的学习资源，供学生进行学习、选择。教师大胆地赋予学生自主权，让学生参与到教学内容的选择过程中，通过自主研究或者小组合作的方式，完成撰写电子邮件介绍相关内容的实践活动。难能可贵的是，教师在此基础上又增加了读写结合的活动，引导学生创作寓言，并进行分享，还适时通过互动方式进行创作指导和评价，让学生在不知不觉中提升了语言创作和表达能力，发展了核心素养。

🔑 教学建议

当一种新的教学方式出现的时候，大多数教师都会选择观望，等待别人的尝试能给自己一些现成的、可操作性的样例，尤其是对于教学专题研究这样一种操作难度并不低的事情。但如果能有一段上述案例中的经历，师生的共同发展就能生动可见了。因此，教师可以尝试从以下角度着手。

一、设计一个小目标

可以在一个学期教学实施规划中，就一个内容做一次教学专题研究的尝试。用一段相对长的时间，从教学目标设计、课程内容选择、教学和评价方式设定等方面做整体设计。用整体设计的思想开始做，也将整体设计的思想贯穿教学专题研究的始终。

二、积累一些小方法

教学专题研究的关键是让学生真的参与研究活动的全过程，让学生的主体性得到最大程度的体现。小学生的逻辑思维、系统思维能力还不是很强，教师要通过一些行之有效的方法，引导学生想说、能说、会说，并将自己的想法严谨地表达出来。这就需要教师平时的学习引导，如可以通过说说自己喜欢的好朋友、小礼物、动画片人物等，让学生从熟悉的事物开始思考，进而学会表达。

三、专业成长上要有小进步

现实中，很多教师教授学生的方式依然是自己做学生时的学习方式，以既有的学习经历和学习体验复制曾经的学习故事。从教师的专业成长来看，学习和进步体现得比较有限。为了能实现对学生学习过程、学习行为的引导，为了能让每一位学生都得到成长和进步，教师需要不断地坚持自我学习，学习文本解读、比较，从不同类型的学习材料中，加深对学习内容的理解。同时，能将自己学习的过程与思考记录下来，与学生一起学习，真正成为学生学习的领路人、同行人。

参考文献

［1］郑国民，李宇明．义务教育语文课程标准（2022年版）解读［M］．北京：高等教育出版社，2022.

［2］王云峰．语文素养及其培养［J］．中学语文教学，2016（11）：9-12.

［3］郑桂华．义务教育课程标准中"核心素养"之名与实辨析：以语文课程标准为例［J］．中国教育学刊，2023（2）：24-29+54.

［4］陆志平．语文学习任务群的五个关键词［J］．语文建设，2022（11）：13-15.

［5］盛群力．设计单元教学的要义［J］．上海教育科研，2022（3）：1.

［6］周星磊．单元大任务与单元目标的一致性考量［J］．教育研究与评论（小学教育教学），2022（4）：21-24.

［7］薛法根．语文学习任务群的教学解读与实践要义［J］．小学语文教师，2022（9）：19-23.

［8］王荣生．语文课程"学习主题"辨析：语文课程标准文本中的关键词［J］．课程·教材·教法，2023（3）：71-80.

［9］郭堂英，陈家尧．基于语文任务群的学习主题确立［J］．中学语文教学，2023（3）：10-13.

［10］刘徽．大概念教学：素养导向的单元整体设计［M］．北京：教育科学出版社，2022.

［11］王崧舟．任务群视域下小学语文单篇教学样态的转向［J］．江苏教育，2023（5）：31-36.

［12］薛法根．理性思维：做负责任的表达者："思辨性阅读与表达"任务群的内涵解读［J］．语文建设，2022（8）：4-9.

［13］朱文辉，郝晓田，冀蒙．整本书阅读：指向分析、价值剖析与策略探析［J］．教育科学研究，2022（9）：61-66.

［14］荣维东．交际语境写作［M］．北京：语文出版社，2016.

［15］张文质，窦桂梅．小学语文名师作文课堂实录［M］．上海：华东师范大学出版社，2008.

［16］李倩，郑国民．义务教育语文核心素养评价模型的建构与实践应用［J］．中国考试，2023（1）：51-60.

［17］王月芬．重构作业：课程视域下的单元作业［M］．北京：教育科学出版社，2021.

［18］王意如，徐思源 .《义务教育语文课程标准（2022 年版）》解析与课例［M］. 上海：华东师范大学出版社，2023.

［19］孙绍振，孙彦君 . 文学文本解读学［M］. 北京：北京大学出版社，2015.

［20］李煜晖 . 语文专题教学：促进学生共同发展的整体改革［J］. 教育学报，2021（6）：48-57.

276

郑重声明

高等教育出版社依法对本书享有专有出版权。任何未经许可的复制、销售行为均违反《中华人民共和国著作权法》，其行为人将承担相应的民事责任和行政责任；构成犯罪的，将被依法追究刑事责任。为了维护市场秩序，保护读者的合法权益，避免读者误用盗版书造成不良后果，我社将配合行政执法部门和司法机关对违法犯罪的单位和个人进行严厉打击。社会各界人士如发现上述侵权行为，希望及时举报，我社将奖励举报有功人员。

反盗版举报电话 （010）58581999　58582371

反盗版举报邮箱 dd@hep.com.cn

通信地址 北京市西城区德外大街 4 号　高等教育出版社知识产权与法律事务部

邮政编码 100120

读者意见反馈

为收集对教材的意见建议，进一步完善教材编写并做好服务工作、读者可将对本教材的意见建议通过如下渠道反馈至我社。

咨询电话 400-810-0598

反馈邮箱 gjdzfwb@pub.hep.cn

通信地址 北京市朝阳区惠新东街 4 号富盛大厦 1 座　高等教育出版社总编辑办公室

邮政编码 100029